생존의 경제학   한국 경제가 저성장의 바다를 건너기 위하여

이 도서의 국립중앙도서관 출판예정도서목록(CIP)은 서지정보유통지원시스템 홈페이지
(http://seoji.nl.go.kr)와 국가자료공동목록시스템(http://www.nl.go.kr/kolisnet)에서 이
용하실 수 있습니다.

CIP제어번호: CIP2017025262(양장), CIP2017025231(반양장)

생존의 경제학

한국 경제가
저성장의 바다를
건너기 위하여

조윤제 지음

책을 내면서

책을 쓰고 출간한다는 것은 힘든 작업이다. 경제, 사회, 정치 개혁에 관한 책은 더욱 그렇다. 책을 쓰면서, 과연 내가 하고 있는 말이 타당한가, 내가 한국의 경제, 사회, 정치 현상을 올바르게 이해하고 이런 말을 하고 있는 것인가 하는 고민을 수없이 하게 된다. 때로는 책의 집필을 계속하는 것에 대해 깊은 회의에 빠지게 되기도 한다. 책을 출간하게 될 즈음에는 이런 고민은 두려움으로 변한다. 말소리는 입에서 나와 사라지지만, 활자는 지워지지 않고 남는 것이다. 지난 2년여 이 책을 준비하면서 나는 그런 과정을 수없이 오갔다. 그리고 지금은 두려움을 가지고 이 책을 낸다. 나는 과연 바른 분석과 대책을 내놓고 있는 것인가?

2015년 초 한국의 경제, 사회, 정치가 흘러가는 것을 보며 답답한 마음에 이 책의 집필을 준비하기 시작했다. 2016년 가을학기를 끝으로 서강대학교에서 정년퇴임이 예정되어 있었기 때문에 그동안 한국의 경제, 사회, 정치의 흐름을 지켜본 학자로서 이에 대한 개혁 과제를 정리해 책이라도 한 권 내고 학교를 떠나고 싶은 마음도 한몫했다. 때마침 대한발전전략연구원과 탄천연구포럼에서 연구비를 지원해주었다. 그렇게 시작한 이 책은 2016년 가을에 접어들며 초고가 거의 완성되어 출간을 준비하고 있었다. 그러나 필자가 예상치 못하게 당시 문재인 대통령 후보의 싱크탱크 '정책

공간 국민성장'의 소장을 맡게 되면서 출간 계획을 중지하게 되었다. 책의 내용이 정치적으로 해석되는 것을 피하고 책의 출간에 대한 오해를 사고 싶지 않았기 때문이었다.

박근혜 전 대통령의 탄핵으로 대선 일정이 앞당겨져 2017년 5월 대통령 선거가 끝난 후 초고를 다시 꺼내어 읽어보니 이미 국내외 상황이 변한 부분이 적지 않았다. 이 책에서 제언하는 많은 부분이 이미 문재인 정부의 국정과제로 흡수되었다. 해외에서는 미국, 프랑스의 지도자가 바뀌었고, 장기침체에 빠져 있던 세계경제도 세계금융위기가 발생한 지 10년째를 맞으며 미약하나마 회복세를 보이고 있다. 문재인 정부가 들어서 국민들의 높은 기대 속에 새로운 기조로 국정을 운영하기 시작하면서 사회 분위기도 많이 달라졌다. 이러한 새로운 움직임들을 이 책에 충분히 반영하지는 못했다. 그런데도 이 책을 내게 된 것은 이제 막 시작된 이러한 변화들에도 불구하고 아직 큰 틀에서는 지금까지 이어져 온 세계경제의 흐름과 한국의 경제, 정치, 사회의 문제가 그대로 지속되고 있다고 생각되기 때문이다.

이 책의 편집과 교정 작업이 거의 끝나가던 지난 8월 말 필자가 주미 대사로 내정되었다. 다시 이 책의 출간에 대해 고민에 빠졌다. 그러나 용기를 내어 출간하기로 했다. 주영 대사로 3년간 근무하고 2008년 초 귀국한 후 한국 경제의 현상을 다시 파악하는데에 적지 않은 시간이 걸렸고, 이제 언제가 될지 모르지만 주미 대사직을 마치고 귀국했을 때 과연 이 책의 내용이 시의성을 가질수 있을까, 그래도 지금 우리 경제, 사회의 개혁 과제들을 추진해나가야 하는 중요한 시기에 이 책이 작은 참고가 될 수 있지 않을까 하는 생각이 들었다.

지난해부터 이 책의 출간을 격려하고 결정해주신 한울의 김종수 사장님과 박행웅 고문님께 감사드린다. 필자가 출간한 지난 네 권의 책을 모두 편집해준 최규선 팀장이 이번에도 이 책의 편집을 맡아 늘 그가 해온 대로 날카로운 제언과 함께 최선을 다해 편집을 마쳐주었다. 여기서 다 거명할 수는 없으나 이 책의 집필 과정에서 많은 분들의 격려와 도움을 받았다. 이분들의 적극적인 격려와 지원이 없었다면 이 책은 출간되기 어려웠을 것이다. 필자의 조교로 있던 김기창 군, 김지혜 양, 변성민 군, 장석민 군은 자료 수집과 원고 정리를 열심히 도와주었다. 역시 가장 많은 희생을 해준 사람은 주말에도 가사는 전혀 도와주지 않고 거의 책상 앞에만 붙어 있던 남편을 참아준 집사람이었다. 이 모든 분들께, 그리고 탄천연구포럼과 대한발전전략연구원의 연구비 지원에 감사드린다.

원래 필자가 가진 식견이 낮고 좁아 이 책이 가지고 있는 한계가 많다. 그래도 이 책을 읽는 독자들과 오늘날 한국이 처한 상황에 대한 인식을 공유하고 한국 경제, 사회, 정치가 나아가야 할 방향에 대한 우리 사회의 토론을 자극하며 공감을 확대하는 데에 조금이나마 도움이 되었으면 하는 바람으로 감히 이 책을 낸다.

2017년 9월 중순
북아현동 우거에서
조윤제

차
례

생
존
의
경
제
학

서장　　　　　　　　　　　　　위기의 대한민국

대한민국은 정부 수립 이후 지난 약 70년간 한국전쟁의 폐허를 딛고 기적에 가까운 근대화, 산업화, 민주화를 이루어냈다. 그러나 오늘날에는 대한민국의 미래에 대해 희망적 견해를 가진 국민보다 비관적 견해를 가진 국민이 더 많아졌다. 더욱이 미래를 이끌어가야 할 젊은 세대 사이에 이러한 비관적 견해가 빠르게 확산되었다.

　문제는 이러한 비관적 견해의 확산이 단순히 진영 간 싸움에 따른 부추김, 또는 SNS를 통한 선동에 의해서가 아니라 실증적 지표로 나타나는 우리의 경제·사회 현상에서 비롯되었다는 것이다. 과거에 늘 앞선 나라들을 추격하고 추월하기만 하던 한국 경제가 2010년 이후 세계경제 평균을 밑도는 성장률을 보이고 있다. 이대로 가면 한국 경제의 세계 속 위상은 점점 위축될 수밖에 없을 것이다.

한국의 소득분배는 1990년대 중반 이후 악화되기 시작했으며, 현재 한국은 그 악화 속도가 세계에서 가장 빠른 나라 중 하나가 되었다. 지난 20여 년간 국민 90%의 실질소득은 정체되어 있는 반면에 상위 10%의 소득만 꾸준히 증가해왔다. 2013년 상위 10%의 소득 점유율은 45%로 OECD 국가 중 미국 다음으로 높고, 분배 악화 속도는 오히려 미국보다 빠르다. 1950년대에 모두 가난한 상태로 출발해 소득분배가 어떤 나라보다 균등했던 나라가 이제는 아시아에서도 가장 소득격차가 큰 나라로 변해버렸다.

　자살률, 이혼 증가율, 사기 범죄율, 노인 빈곤율, 산업재해 사망률, 국가채무 증가율, 낙태율, 가계부채 등에서 한국은 OECD 국가 중 이미 최고 수준을 기록하고 있다. 반면 출산율, 청년 고용률, 노동생산성, 어린이·청소년 행복지수, 사회안전망 수준은 최하 수준에 머문다. 정부에 대한 국민의 신뢰도, 타인에 대한 신뢰도가 해가 갈수록 추락을 거듭하며 역시 OECD 국가 중 최하 수준에 있다. 부정부패 수준은 지난 20년간 OECD 29개국 중 26위로 제자리걸음을 하며 개선될 기미를 보이지 않았다.

　무엇보다 우려를 자아내는 것은 지난 60년간 경제가 발전하는 데 원동력이 되었던 한국 사회의 역동성이 사라져가고 있다는 것이다. 누구나 열심히 노력하면 성공할 수 있다는 과거의 희망과 낙관론은 '금수저', '흙수저' 등 이른바 '수저론'으로 대체되었다. 각 분야에서 기득권의 착근과 이들에 의한 진입 장벽 구축, 유착·담합 구조의 형성에 의한 지대추구(rent seeking)로 계층 간 이동성의 통로가 점점 좁아졌기 때문이다.

과거 재벌 위주의 성장정책은 오늘날 재벌의 과다한 시장 지배력을 초래했을 뿐 아니라 정치, 사회, 문화, 언론, 법조 등에 대한 이들의 전반적이고 막강한 영향력을 낳아 점점 물질만능적 사회, 금권 사회, 유착·담합 사회를 불러왔다.

지난 50년간 이어진 부동산 가격 급등과 부동산 소유 집중 심화는 불로소득이 이 사회의 물질적 성공과 부의 집중의 주요 원천이 되게 했으며, 오늘날에는 이를 기반으로 한 상속재산이 한 가족과 개인이 누리는 평생의 재산 형성에서 점점 더 큰 비중을 차지하게 되었다. 금수저, 흙수저라는 말이 괜히 나오는 것이 아니다.

5년마다 바뀌는 단임 정권은 한국 사회 전반의 시계(視界)를 단기화하고 있다. 정권이 바뀔 때마다 주요 공직자뿐 아니라, 공공기관장, 각종 단체장, 대주주 없는 금융기관장, 심지어 장기적 안목으로 국가정책을 연구해야 할 국책연구원장도 따라 바뀌게 된다. 그들이 짧은 임기 내에 해낼 수 있는 가시적 목표를 추구하다 보니 한국 사회에는 점점 단기적 시각, 단기적 정책, 단기적 고려만이 지배하게 되었으며, 공공기관도 단기적 성과를 내는 데만 집착하고 있다. 이들을 상대해야 하는 민간부문 역시 비슷한 움직임을 보이며 따라가고 있다.

국가 지도부와 정부의 단기적 시계는 한국 사회 전반의 지배구조를 취약하게 하고 있다. 국가의 지배층에서부터 짧은 임기 내에 그들의 사익을 극대화하려는 풍조가 만연해지며, 국가의 기강이 해이해지고, 도덕적 부패가 만연해왔다. 2016년 초 서울대 사회학과 장덕진(2016.2.2) 교수는 한 언론과의 인터뷰에서 한국의 정권과 지배층을 미국 경제학자 맨커 올슨(Mancur Olson)의 표현을 빌려 '한번 털고 옮겨가면 그만인 유랑 도적단'에 비유한 바 있다. 근처에 살면서 계속 훔쳐가는 도둑은 주민들이 먹고살 것이라도 남기지만, '유랑 도적단'은 모든 것을 털어가기 때문에 더 나쁘다는 것이다. 이는 조금 과장된 표현으로 보이지만 지난 30년간 한국 사회의 한 단면을 묘사하는 것이다.

세대 간 갈등도 점점 깊어져 왔다. 정치권은 젊은이들이 새로운 보금자리를 어떻게 구할 것인가에 대한 배려보다 당장 다음 선거에서 이기기 위한 경기 부양을 위해 너무 쉽게 부동산정책에 손을 대왔다. 부동산 경기를 부추기는 것은 부동산을 소유한 기성세대가 미래에 부동산을 구입해야 하는 젊은 세대에게 막대한 세금을 지우는 것과 같다. 미래세대의 주머니에서 돈을 빼내 현세대, 그것도 부동산을 많이 소유한 사람들에게 돈을 옮겨오는 것과 마찬가지인 것이다. 지금 서울의 아파트 평균 거래 가격은 6억을 넘는다. 수도권도 크게 다르지 않다. 월급이 300만 원인 젊은이가 매달 소득의 절반을 저축하더라도 30년 가까이 모아야 겨우 마련할 수 있는 액수다. 아파트 전세 가격도 거래 가격의 70%를 넘고 있다. 부모의 도움 없이는 수도권에서 살 집을 마련하고 가정을 꾸리기 불가능한 세상이 되어버린 것이다. 이를 정상적인 사회라고 할 수 없다.

한국은 아직도 국가부채 수순이 OECD 국가 중 낮은 편이지만, 그 증가 속도는 가장 빠른 편이다. 더구나 국가예산으로 감당해야 하는 4대강 사업 같은 것을 편법으로 공공기관 기채를 통해서 하다 보니 이러한 공공기관 부채를 포함하면 국가부채는 이미 GDP의 70~80%에 달한다. 부채 문제로 국가적 논쟁을 벌이고 있는 선진국에 비해 크게 낮은 수준이 아니다. 오늘의 경기 부양을 위해 빠르게 미래세대의 부담을 키워왔기 때문이다. 젊은 인구는 줄어들고 기대수명은 늘어나는데, 국가부채와 연금 부실은 결국 미래세대의 어깨에 더 많은 짐을 지우고 있다. 지금 정부와 기성세대가 실질적으로 이러한 경제구조를 만들어가면서 젊은이에게 출산을 장려하고 미래에 대해 낙관적 견해를 가지라고 설교하기는 어려운 노릇이다.

오늘날 한국의 사회, 경제, 정치가 안고 있는 문제는 갑자기 이 땅에 뚝 떨어져 생겨난 것이 아니다. 지난 반세기에 걸친 압축성장 과정에서 이미 배태되어온 문제다. 이들이 대외 환경의 빠른 변화와 상호작용하면서 더욱 깊어지고 굳어진 문제다. 결국 지난 70년간 대한민국 정부가 도입해온 제도와 정책이 한국인의 전통적 행동양식과 문화, 관행, 국내외 환경 변화와 상호작용하며 오늘날 우리가 마주한 특이한 현상들로 나타나게 된 것이다.

역사에 불연속선은 없다. 한 국가와 사회는 늘 연속선을 그리며 변화하고 발전한다. 시대에 따라, 환경에 따라 기울기에 차이를 보일 뿐이다. 지난 60년간 한국 경제는 그 상승의 기울기와 하강의 기울기 모두 과거 산업혁명 이후 어떤 선진국들이 그려온 상승과 하강의 모습보다도 가팔랐다. 앞으로 그 기울기는 지금 우리가 어떤 제도의 바탕과 정책을 도입하며 우리 국가 사회의 기풍을 만들어갈 것인지에 달려 있다.

한 나라의 국민은 그 사회의 과거와 오늘이 만나며 생성된 현상들을 마주하며 살아간다. 투입(input)이 있으면 산출(output)이 있다. 인간의 신체가 입안으로 들어간 음식을 소화하며 화학작용을 일으켜 호르몬과 열량과 감정을 생산하듯이, 한 나라의 정치와 경제도 마찬가지다. 오늘날 우리가 겪고 있는 정치·경제 현상은 우리를 둘러싼 국제경제 환경의 변화와 함께 그동안 우리가 도입하고 실행해온 제도와 정책, 그리고 이에 대한 우리 사회 구성원들의 반응의 결과로서 나타난 것이다. 따라서 이 땅에서 살아온 사람들, 그리고 오늘날 이 땅에서 살고 있는 사람들 그 누구도 지금 우리가 마주한 대한민국의 현상에 대한 책임에서 자유로울 수 없다. 또한 오늘을 살아가는 우리는 앞으로 나타나게 될 대한민국의 현상에 대한 책임을 져야 하는 것이다.

지금 대한민국에 대변혁이 필요하다는 것은 누구나 알고 있다. 경제제도와 경제정책뿐이 아니다. 정치와 사회 전반에 걸친 대혁신이 요구된다. 오히려 후자가 더 중요하다. 경제제도와 경제정책도 후자의 틀 안에서 나오는 것이기 때문이다. 박근혜 전 대통령이 탄핵당하면서 2017년 5월 조기 대선이 치러져 문재인 정부가 들어섰다. 문재인 정부는 국민의 높은 기대감 속에 한국 사회에 새로운 기풍을 불어넣으려 노력하고 있다. 이 책에서 주장하는 상당 부분은 문재인 정부의 국정과제로 이미 선정되어 추진될 계획이다. 그러나 여전히 어떻게 이를 위한 사회적 합의를 도출하고 추진 동력을 확보하며, 또한 무엇보다 중요한 국가지배구조를 어떻게 개편할지는 미지수로 남아 있다.

오늘날 한국이 당면한 문제들은 종적(縱的)으로는 한국의 역사적 과정, 횡적(橫的)으로는 국제 정세 및 세계경제 환경과 연결되어 있다. 하루아침에 발생한 문제가 아니기 때문에 하루아침에 해결할 수 있는 문제도 아니다. 세계의 변화와 연결되어 있어서 우리의 힘만으로 다 해결하기도 어렵다. 현재 한국이 당면한 도전적 과제를 풀어나가려면 국가 지도자와 여야 정당이 국제 정세 변화에 대한 통찰력과 장기적 관점을 가지고 국민과 합심해 적어도 10년 이상 일관성 있는 제도 개혁과 정책 변화를 추진해나가지 않으면 안된다. 오늘날 세상은 하루가 다르게 변화하기 때문에 우리에게 주어진 시간도 많지 않다.

변혁에 성공하려면 결국 제도와 정책, 국민의 의식이 함께 변화해야 한다. 그리고 이러한 대변혁은 지도자의 비전, 비상한 의지와 더불어 국민의 동참이 따라주어야 가능한 일이다. 지난 수십 년간 이어진 여와 야, 진보와 보수 진영 간 분열이 가져오는 극한적 대립 방식, 상대방이 하는 일이라면 어떻게든 반대하고 끌어내려야 내게 기회가 온다는 인식에 바탕을 둔 정치·사회 구조를 가지고는 개혁과 혁신을 제대로 추진해나갈 수 없다.

대한민국의 혁신은 종합적 접근을 필요로 한다. 오늘날 우리가 당면한 문제는 그 뿌리가 매우 깊고 서로 얽혀 있다. 1948년 정부 수립 이후 수십 년에 걸쳐 우리가 도입하고 시행한 제도들이 수백 년간 우리 국민을 지배해온 의식, 사회 풍조와 어우러지면서 나타난 문제이기 때문에 어느 한두 분야의 정책과 제도를 개편해서는 오늘날의 문제를 제대로 치유할 수 없다. 그럴 경우 얼마 지나지 않아 다시 원점으로 회귀하려는 강한 속성에 밀리고 만다. 과거에도 그랬다. 따라서 이제는 우리 사회 전반을 지배해온 보상·유인체계(incentive structure)의 개편을 준비하고 시행해나가야 한다.

한국 국민은 어떤 인센티브가 주어졌을 때 그것을 추구하는 능력에서 세계 어떤 나라 국민보다 뛰어난 모습을 보인다. 이는 우리의 역사와 경험이 증명하며 구체적인 국제 비교 지표(University of Michigan, 2012)에서도 잘 나타난다. 따라서 우리 사회를 바꾸려면 지금과 다른 올바른 보상·유인체계를 만들고, 이와 동시에 반칙과 위법에 대해서는 엄정한 징벌을 가하는 것이 필요하다. 그리고 이를 장기간 일관성 있게 집행해야 변화를 기대할 수 있다. 현재 우리 사회는 깊은 '죄수의 딜레마'에 빠져 있다. 모두가 지키면 모두가 편해지고 공정해지는 법질서를, 남들은 지키지 않고 또한 그러한 행위가 방치되어온 탓에 내가 지키면 내가 더 불리해지는 사회가 되었다. 법질서를 지키면 나만 손해를 보고 남과의 경쟁에서 뒤지게 되어 어떻게든 법질서를 피해보려 한다. 그 결과 우리 모두 불편한 삶, 큰 비용을 부담해야 하는 삶을 살고 있으며, 사회 전체로 볼 때는 높은 거래비용(transaction cost)에 따른 비효율성, 정체 속으로 진행해가는 깊은 '죄수의 딜레마'에 빠져 있는 것이다. 또한 그러한 법질서를 세우지 못한 것은 우리 사회 지배층의 도덕적 권위의 실패에서 비롯된 것이다.

얼마 전 한 중앙일간지에, 학부모가 교사를 찾아와 자녀의 학생부를 고쳐달라고 요구하는 일이 많으며 교사가 그러한 요구를 이기지 못해 들어준다는 기사가 실렸다. 이는 다른 학생들에게 공정하지 못한 일이다. 만약 다른 학부모가 자신의 자녀도 학생부를 더 좋게 고쳐주기를 요구하지 않으면 그들의 자녀는 좋은 대학에 진학하는 데 불리해진다. 문제는 교사들이 그러한 요구를 수용하고 있다는 것이다. 아마도 그 교사는 무언가 스스로 판단하는 데 자신이 없었거나 떳떳하지 못했기 때문에 그랬을 것이다. 한두 아이의 학생부를 부모의 영향에 의해 또는 강요에 의해 자신의 관찰 결과보다 더 잘 써주었다면 다른 학부모의 요구도 떳떳하게 거절하지 못할 것이다. 얼굴을 붉히거나 후한 선물을 준비해 교사를 찾아가는 학부모의 자녀가 교사의 판단을 존중하는 학부모의 자녀보다 경쟁에서 유리한 입장에 서게 되는 것이다.

우리나라 도로에서 운전해보면 우리 사회의 이러한 질서를 바로 체감할 수 있다. 끼어들기, 새치기를 하지 못하는 사람은 때로 약속 시각을 지키기 어렵다. 운전뿐이 아니다. 한국인의 일상적 삶 자체가 그렇게 되어 있다. 모두가 지키면 편한 룰이 모두가 지키지 않기 때문에 불편한 것이 되어 있다. 국민이 모두 나서서 캠페인을 벌이고 상대방도 법규를 지킨다는 신뢰가 구축되며 이와 함께 법규 위반에 대한 철저한 단속과 벌칙이 지속적으로 이어져야 비로소 우리 사회가 깊은 '죄수의 딜레마'에서 빠져나올 수 있을 것이다. 국가 혁신에도 그러한 접근과 노력이 필요하다.

전반적이고 종합적인 개혁은 어떤 시대에나 어려웠던 과제다. 그것은 지도자의 뚜렷한 비전과 통찰력, 그와 함께하는 참모들의 정확한 분석력과 이를 현실적 정책과 제도로 재단해낼 수 있는 전문성, 그리고 이를 받쳐줄 여론과 정치적 세(勢)가 갖춰져야 비로소 성공할 수 있다. 지금 한국은 종합적 개혁이 필요하며, 국민들은 이를 요구하고 있다. 이 시대가 개혁하기 좋은 여건이 갖추어져서 가 아니라, 개혁을 더 미루었을 때 치러야 할 비용이 너무 크고 그 결과가 두렵기 때문이다.

우리 사회에 종합적 개혁이 필요한 이유를 몇 가지만 간단히 들어보자. 첫째, 무엇보다 한국 사회의 인구구조가 빠르게 변하고 있다. 6~7년 후면 은퇴한 베이비붐 세대가 사회에 넘쳐나고 새로 사회에 진출하는 젊은이, 대학에 진학하는 학생은 빠르게 줄어들 게 된다. 지금 한국 사회, 한국 경제는 다른 여건이 똑같더라도 고 령화라는 이유 하나만으로도 활력을 잃고 정체를 향해 가고 있다. 인구의 평균연령이 높아질수록 경제 전체의 생산성은 떨어지게 된 다. 고령화에서 초래되는 의료, 복지 등 국가 부담 증가는 재정 건 전성을 더욱 위협하고, 은퇴한 다수의 노령 세대가 새로이 사회에 진출한 소수의 젊은 세대에게 지우는 부담은 점점 커질 것이다. 이 는 가만있으면 시간이 해결해줄 일이 결코 아니다. 가만있으면 그 부정적 효과는 더 심각해질 뿐이다. 지난 20년간 소득격차는 빠르 게 심화되고, 계층 간 이동 통로는 협소해졌으며, 시장생태계는 거 의 고사 상태로 빠져들었다. 이미 청년들이 외치는 '헬조선'은 지 금과 같은 제도와 정책이 지속되면 더욱더 '헬'이 되어갈 뿐이다.

둘째, 우리를 둘러싼 동북아, 나아가 세계의 기류가 빠르게 변 하고 있다. 불과 지난 30년 사이에 中國은 가난한 농업국가에서 세 계 최대의 제조업 생산국이자 최대의 수출국, 경제 규모 세계 2위 의 나라로 올라섰다. 세계 총생산에서 중국이 차지하는 비중은 3%

에서 15%로 증가했다. 한 국가의 이처럼 빠른 속도의 부상은 세계 경제사에 전례가 없던 일이다. 독일과 일본 경제가 서서히 부상하던 19세기 말과 20세기 초에도 유럽과 동북아시아에서는 긴장이 고조되고 전쟁이 촉발되었다. 새로운 힘(power)이 부상할 때면 늘 이 힘이 기존의 힘과 부딪히며 긴장이 고조되고 싸움이 일어난 것이 인간 세상의 역사다. 미국과 일본, 유럽에서는 고립주의와 보호주의가 빠르게 확산되고 있다. 지난 수 세기를 돌아볼 때 이러한 움직임은 결국 경제 침체와 전쟁, 재난으로 이어지곤 했다. 이미 2016년 한 해만 해도, 자유주의와 개방주의의 선도 국가였던 영국과 미국에서 브렉시트와 트럼프 대통령 당선이라는, 세계가 예상하지 못했던 일들이 일어났다. 2017년 프랑스 대통령 선거에서는 의회에 한 석도 가지고 있지 않던 마크롱이 승리했다. 2008년 세계금융위기 이후 미국과 유럽의 정치 지형은 빠르게 변해왔다. 이탈리아, 독일, 스웨덴, 오스트리아 등에서는 예상치 못했던 극우 정당들이 크게 부상하고 있다.

아시아·태평양 지역에서 미국의 절대적인 군사적·정치적 지배 시대는 저물고 있다. 북한의 대륙간탄도미사일 실험은 이 지역에서 종래 형성되어온 안보 질서의 판을 근본적으로 뒤흔들고 있다. 시간이 지날수록, 그것도 빠르게, 중국은 아시아, 특히 동북아시아 지역에서의 패권을 두고 미국과 다투게 될 것이다. 경제력의 뒷받침 없는 군사력의 지배(dominance)는 오래가지 못한다. 향후 10년 혹은 20년간 미국과 중국 간의 상대적 경제력 변화는 너무나 분명하게 예측되는 것이다. 또한 이 지역에는 일본과 러시아라는 만

만치 않은 강국들이 각자의 이익을 추구하며 갈등의 골을 더 깊게 할 것이다. 한반도는 그 가운데에 위치해 있으며, 이는 향후 대한민국의 안보와 외교에 심대한 도전을 던질 것이다.

합리성을 추구하지만 또한 합리적이지 못한 것이 인간이다. 그리고 그러한 인간들이 모여서 구성한 사회, 국가라는 집단은 더 합리적이지 못할 때가 많다. 개인 또는 집단의 이기주의는 비난받지만, 국가의 이기주의, 애국은 어디에서나 늘 칭송과 격려의 대상이었다. 그것이 인간 사회의 역사다. 같은 신에게 기도하면서 상대방을 많이 죽여달라 하고 이것이 정의라고 믿는 것이 인간 사회의 역사다. 역사는 새로운 세력이 부상할 때 기존 세력이 이를 억제하려는 내부적 충동을 막지 못하고 충돌과 전쟁, 재앙을 가져온 수많은 기록으로 점철되어 있다. 과거 그것이 동북아시아 지역에서 일어났을 때 가장 먼저 피해를 본 곳이 바로 한반도였고, 앞으로도 그럴 것이다.

송나라에서 원나라로, 명나라에서 청나라로 세력이 교체될 때 한반도는 대륙 병사들의 말발굽에 짓밟혔고 그들의 속국화되었다. 전국시대를 마감한 일본이 16세기 말 중국 침략을 시도했을 때 역시 그들의 말발굽에 국토와 민생이 초토화되었다. 다시 일본이 개화해 일어서고 해양세력이 부상하던 19세기 말, 20세기 초, 이 땅은 일본, 청나라, 러시아 등 외국 군대의 전쟁터가 되었고, 결국 조상들이 세워 지켜오던 나라를 일본에 잃게 되었다. 미국의 대일본 승진으로 해방이 되었으나, 이후 나라는 둘로 쪼개졌다. 그리고 지금 남북은 서로를 비방하며 교류와 협력 대신 갈등과 대립, 긴장을 지속하고 있다.

중국의 빠른 경제적·군사적 부상은 결국 앞으로 동북아에서 미국, 일본, 러시아와 주도권 싸움을 일으키며 송에서 원, 명에서 청으로의 세력 전환기 때처럼 분단국가인 한반도의 운명에 수많은 도전을 가져오게 될 것이다. 사회가 통합되고 국민이 단결하며 국가의 힘을 기르고 지식과 인재를 키우며 강한 소프트파워를 가지고 있지 못하면 그러한 도전을 헤쳐가기 어려울 것이다. 그리고 그러한 도전의 시대가 이미 우리 앞에서 전개되기 시작했다.

셋째, 1990년대 이후 세계화가 빠르게 진행되고 중국, 인도, 동유럽 등 신흥국이 빠르게 부상하면서 세계경제의 구조, 국제 경쟁 환경은 크게 달라졌다. 이에 따라 한국의 산업구조, 고용구조가 빠르게 변해왔다. 여기에 국내의 인구구조도 동시에 빠르게 변하고 있다. 그러나 한국 사회에서 작동하는 운영체계와 룰, 패러다임은 1970~1980년대의 그것에서 근본적으로 바뀌지 않았다. 노동시장의 룰과 노사관행, 관료들의 일하는 방식, 일반 직장의 근로문화, 정당이 운영되는 구조와 방식, 국회와 언론계의 관행, 대학의 운영 방식 등이 그렇다. 고용구조, 인터넷 매체 발달에 따른 언론 구조 변화, 법학전문대학원 출범으로 인한 사법부 인력 공급 구조의 변화, 대학 진학 연령 인구의 급감 등 지각 아래에서는 과거 패러다임의 변화를 요구하는 커다란 구조 변화가 일어나고 있는데도, 이 국가 사회의 운영체계는 변하지 않고 있다. 이러한 '낡은 패러다임'과 '새로운 현실'은 지금 우리 사회 곳곳에서 부딪히며 파열음을 내고 있다.

그동안 분명히 좋아진 분야도 있다. 구청, 동회, 우체국의 민원 서비스는 놀랍도록 좋아져 우리의 기분을 밝게 한다. 그러나 많은 부분에서 과거의 관행이 지속되고 있으며, 오히려 나빠진 분야도 있다. 사회 전반에 걸친 재벌의 영향력 확대, 언론의 권력화, 각 분야에서의 유착·담합 구조 심화로 인한 기득권 세력의 공고화, 물질주의 성향의 강화, 공동체의식의 저하, 소득분배의 악화 등이 그것이다.

국가경영이 국가의 영고성쇠를 결정한다. 좋은 국가경영은 국가의 발전을 가져오고 나쁜 국가경영은 국가의 쇠락을 초래한다. 좋은 경제를 위해서는 좋은 제도와 정책을 도입해야 하고 이를 가져올 수 있는 좋은 정치 환경이 조성되어야 한다. 오늘날 한국이 당면한 경제문제에 대해 시장이 스스로 답을 찾아 해결해나가기를 기대할 수는 없다. 경제정책과 경제제도에 대해 아무리 좋은 아이디어와 논의가 있어도 이것이 여론의 반향을 일으켜 정치 과정을 통해 입법화되고 도입되지 않으면 아무 소용이 없다. 지난 약 30년간 우리나라 정치 과정이 그랬다. 그 결과 외환위기를 맞았고, 지금도 위기를 맞아야 겨우 문제 해결을 모색해나가는 '위기 의존형 국가'가 되었다. 경제적 현상은 사회적 현상의 일부이며 경제제도와 경제정책은 정치 과정의 결과다. 그러한 정치 과정은 결국 국가의 지배구조와 시민의식의 영향을 받게 된다.

민주주의가 여태까지 인류가 시도했던 어떤 제도보다 우월한 제도라는 것은 부정할 수 없다. 그러나 민주주의 정부형태에도 여러 가지가 있다. 같은 정부형태라 하더라도 그 나라의 역사와 전통, 제도 수준, 국민의식에 따라 그것이 실제로 작동되는 형태는 각각 다르다. 따라서 어떤 국가지배구조, 어떤 정부형태를 도입할 것인가 하는 논의의 바탕에는 우리의 역사와 전통, 문화, 국민의 행동양식에 대한 깊이 있는 이해가 있어야 하며, 그러한 기반 위에서 민주주의의 기본 정신을 살리는 동시에 책임성과 효율성을 높일 수 있는 제도를 채택해나가야 한다. 외국에서 도입된 제도이지만 우리에게 맞지 않는 제도는 과감히 개편할 수 있어야 한다. 국민의 의식, 전통, 관행, 문화의 변화는 제도의 변화보다 느리기 때문이다. 따라서 이상주의에 집착하기보다 그러한 현실을 인정하고 이 땅에서 효율적으로 작동할 수 있는 제도를 창의적으로 찾아가는 실사구시의 자세가 필요하다.

이제 우리 국민은 1987년 민주화 이후 지난 30년간의 경험에서 교훈을 찾아야 한다. 그러한 성찰 위에서 오늘을 바꾸고 미래를 설계해야 한다. 국가의 의사 결정과 운영을 더욱더 효율화할 방안을 취해나가야 한다. 지금과 같은 진영 간 대립과 갈등의 습성이 지속된다면, 어떤 정치형태나 권력구조를 가져오더라도 국가의 합리적 정책 결정과 제도 개편은 좌절될 것이다. 여야가, 보수와 진보 진영이 서로 건강한 경쟁을 해나가되 이제 미래를 위한 큰 틀에서 연대해 국가 과제를 풀어나가야 한다. 진보의 정체성, 보수의 정체성이란 무엇인가? 해외로부터 이식된 이념, 현실과 유리된 탁상공론에 대한 집착에서 벗어나 실사구시의 정신으로 돌아가야 한다. 나라와 국민의 미래를 잘되게 하는 것보다 더 나은 정체성이란 무엇인가? 영남과 호남, 보수와 진보, 여당과 야당의 갈래로 나뉘고 언론이 이러한 진영 간 분열을 부추기는 상황이 지속되지 않도록 우리 국민은 지혜를 모으고 화해와 타협을 이야기해야 한다.

　세계경제의 큰 흐름, 국내 경제·사회의 구조적 요인들의 진행을 볼 때 이제 우리 경제는 과거와 같은 성장률을 기대할 수 없다. 따라서 이 시대의 과제는 한편으로는 잠재성장률의 빠른 하락을 막기 위해 노력하는 것이며, 다른 한편으로는 고성장 없이도 국민이 행복하게 살 수 있는 사회적 환경을 만들어가는 것이다. 전자를 위해서는 우리 경제제도와 경제정책의 전반적인 개혁을 통해 새로운 보상·유인 체계를 도입해 다시 우리 사회의 역동성을 회복하고 경제 전반의 생산성을 높여나가야 한다. 시장구조를 개혁하고 소득분배를 개선해나가야 한다. 여태까지의 경험을 통해서 볼 때 이러한 과제는 지금과 같은 정치문화, 국가지배구조로는 이루기 어렵다. 따라서 새로운 국가지배구조를 정립하고 진보·보수 진영을 뛰어넘는 사회적 대타협을 이루어 이러한 개혁의 동력을 마련해야 한다. 후자를 위해서는 우리나라의 전반적 정책과 제도의 목표가 좀 더 우리 사회의 균등, 복지, 질서, 사회적 신뢰를 제고하는 데 중점을 두고 재구성되어야 한다. 지난 70년간 전통적 질서의 해체와 고성장 시대를 거치면서 이 사회에 뿌리내리게 된 물질만능주의, 성장지상주의로부터 이제는 질서, 공정, 신뢰, 화합을 더 존중하는 방향으로 국민의식의 변화를 유도할 수 있도록 제도적 개편을 시행해나가야 한다.

　이 책의 1부에서는 지금 한국 경제·사회가 당면한 문제들을 역사, 세계 환경, 제도적 측면에서 분석하려 했다. 2부에서는 한국 경제·사회가 지금과 같은 정체에서 벗어나고 성장 잠재력을 높이기 위해 필요한 노력들을 경제적 기반과 경제 외적 기반의 동시적·종합적 개선이라는 틀에서 정리해보았다. 물론 이 책에서 다루지 못한 중요한 문제도 많다. 교육 혁신, 저출산, 4차 산업혁명, 시민의식, 법조 개혁, 사회 개혁 등은 매우 중요한 문제이지만, 이에 대한 필자의 식견이 짧아 제대로 다루지 못했다.

세상이 하루가 다르게 변하고 있다. 정보통신기술과 우리가 일상생활에서 쓰는 제품의 기능만 그런 것이 아니다. 지구촌 인간의 삶의 양식, 국가의 기능, 공동체의 의미 역시 빠르게 변하고 있다. 세계경제 환경, 주요국의 경제력과 국가의 상대적 지위, 세계 각 지역의 정치 지형 역시 빠르게 변하고 있다. 지금 이 시대는 긴 세계사의 과정에서 볼 때 또 하나의 '대전환기(great transition)'로 훗날 사가(史家)들에 의해 기록될 것임이 분명하다.

한편으로 2008년 세계금융위기 이후 세계의 경제 상황과 정치 지평의 변화는 여러 측면에서 1930년대의 그것과 유사하게 진행되고 있음을 본다. 소득분배의 악화, 과다 부채, 이에 기인하는 총수요 부족, 과잉 공급, 과잉 설비, 생산성 하락으로 선진국뿐 아니라 전 세계적으로 투자와 성장의 정체, 저물가와 저금리가 지속되고 있다. 분배의 악화, 중산층의 붕괴, 신흥국의 빠른 부상은 각국의 국내 정치 지형뿐 아니라 세계 정치 지형의 빠른 변화를 불러오고 있다. 이 역시 1930년대 세계가 겪었던 상황과 크게 다르지 않다. 성장이 빠를 때는 내부의 갈등이 덜하다. 정도의 차이는 있지만 모든 사람들의 파이가 커지기 때문이다. 그러나 어떤 국가에서든 성장이 정체되고 분배가 악화되면 내부의 갈등이 심화된다. 파이를 나누는 문제가 더 중요해지기 때문이다. 그리고 그러한 불만과 갈등 속에서 예상치 못한 방향의 변화가 일어나기도 한다. 그 방향이 잘못될 경우에 개별 국가와 세계는 격랑에 휩쓸리게 된다.

영국의 국민투표에 의한 브렉시트, 미국의 트럼프 대통령 당선, 프랑스의 마크롱 대통령 당선 등 불과 1년 사이에 벌어진 이런 일들은 모두 쉽게 예상치 못했던 일들이다. 주요 선진국에서 중산층이 지향하는 정치적 요구와 정치적으로 추구하는 가치가 빠르게 변화하고 있음을 보여준다. 1930년대에 독일의 히틀러도 민주적 절차에 따라 부상하고 집권한 지도자였다.

오늘날 자본, 정보, 상품의 흐름에 국경은 사라졌다. 이미 전 지구촌에서 자본시장, 정보시장, 상품시장은 하나의 시장으로 통합되었다. 유럽연합(EU)에서는 인력의 흐름에도 국경이 사라졌다. 그러나 국가의 정책, 법제도, 통치제도에는 여전히 주권국가로서의 국경이 굳게 지키고 서 있다. 그리고 최근 미국과 영국은 다시 인력의 이동과 국경 통제를 강화하고 있다. 21세기 시장의 현실과 과거로부터 이어져 아직도 굳건히 자리를 지키고 있는 주권국가제도의 괴리(mismatch)는 이 시대 정치, 경제가 안고 있는 가장 근원적이며 주요한 과제이자 도전으로 부상했다(Cho, 2012).

전후 세계 질서를 주도하던 냉전시대가 1990년대 들어 끝났고, 2000년대 이후 미국의 슈퍼파워 시대가 빠르게 저물고 있다. 중국의 부상과 EU의 결속 강화, 그리고 인도와 브라질 등 신흥경제국의 약진은 이미 세계가 다극화 시대로 들어서고 있음을 보여준다. 세계를 구성하는 주요 국가들의 경제적 무게중심은 19세기 이전의 상태로 빠르게 회귀하고 있다(그림 1). 좀 더 크게 보면 상대적 경제력은 대서양 양안에서 태평양 양안으로 이동하고 있다. 지금 우리가 사는 이 시대에, 그리고 우리의 젊은이들이 살아갈 다음 세대에 지난 4~5세기 동안 세계를 지배해왔던 서양의 우위 시대가 끝나가고 있는 것이다.

1부 한국 경제, 어떻게 보아야 할 것인가

그림 1

중국을 비롯한 주요 강국의 경제사

※ 세계 GDP에서 각국이 차지하는 비율(%).

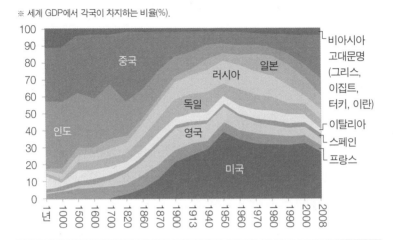

자료: Thompson(2012.6.19).

이제 제2차 세계대전 후 새로이 형성된 국제질서는 무너졌고, 아직 이를 대체할 새로운 질서는 형성되지 않았다. 세계 각국은 이러한 상황에서 각자도생의 길을 찾아 나서고 있다. 특히 동북아시아는 날이 갈수록 미국, 일본, 중국, 러시아 등 세계 강대국들의 힘이 충돌하는 중심 지역으로 부상하고 있다. 과거 역사를 통해 한국은 대륙 중국이라는 단극(單極) 외교에 나라의 존망을 걸었고, 근대에 와서는 중국뿐 아니라 러시아, 일본, 미국의 세력이 한반도에 발을 들여놓았으나 이러한 상황에 제대로 대처하지 못함으로써 일제 식민지가 되고 역시 단극의 시대를 지내왔다. 지금이야말로 대한민국과 한반도는 대륙세력과 해양세력, 세계 최강의 네 나라에 둘러싸여 향후 다극(多極) 외교로 국가의 흥망을 설계해야 하는, 위협의 시대인 동시에 기회의 시대를 맞게 된 것이다.

한국은 이러한 격변의 시대에 어디에 서 있는가? 어디로 흘러가고 있는가? 무엇을 준비해야 하는가? 이러한 질문에 답하려면 먼저 우리 스스로 지금껏 걸어온 길을 되돌아보고, 현재의 지점에 대해 성찰하며, 그 위에서 우리 국가, 우리 사회, 우리 경제가 나아가야 할 길을 모색해야 한다.

국민과 시장이 국가체제 및 통치행위(governance)와 상응하면서 이루어내는 것이 경제현상이며 경제발전이다. 정치체제, 권력구조, 정부형태는 한 나라의 의사 결정 구조를 만들며, 그 나라의 정책은, 그것이 경제정책이건, 사회정책이건, 외교안보정책이건, 이러한 의사 결정 구조를 통해 생성되고 입안되며 시행된다. 한 나라의 영고성쇠는 바로 그러한 의사 결정 구조의 건전성, 효율성, 합리성, 사회적 토양, 그리고 당시 의사 결정 과정을 주도하는 인물들, 그들의 리더십·관점·철학, 나아가 국민이 지닌 시대정신에 좌우된다. 그리고 이 모두는 그 사회의 역사와 전통의 흐름에서 녹아 나오고 있다.

경제학자로서 늦게나마 이러한 사실에 눈을 뜨게 되면서 한국의 지난 70년간의 발전 과정을 돌아보며 놀라운 사실들을 많이 깨닫기도 했다. 그중에서도 무엇보다 중요한 사실은 대한민국이 1948년 정부 수립 과정에서 우리 스스로 살아온 길을 제대로 성찰하지 않은 채 거의 맹목적으로 서구의 제도를 도입해왔다는 것이다. 한반도에 사는 우리 국민이 과거 수 세기 동안 걸어온 길, 그리고 그 과정에서 우리 속에 깊이 각인된 사고와 행동양식에 대한 깊은 이해나 배려 없이 선진국의 제도와 정책을 맹목적으로 모방하고 개혁을 논해왔다는 것이다. 일제 치하에서 나라를 잃은 설움에 자라난 민족주의에 지나치게 빠져 과거를 외면하거나 이를 직시하는 지성이 흐려지기도 했고, 지식인들이 냉철한 시각으로 사실에 천착해 역사와 오늘을 이해하고 설명하려는 용기와 노력이 부족하기도 했다. 그리고 이러한 맹목적인 제도 모방과 발전 과정에서 지금의 한국 정치·경제·사회 구조와 같은 특이한 현상을 잉태하게 되었다.

"해방 직후 한국의 지도자들은 너무나 무비판적으로 혹은 맹목적으로 서구의 제도를 이 땅의 국민들에게 도입했으며 또한 그것이 제대로 정착하도록 하려는 노력도 제대로 하지 않았다"(김인섭, 2016). 서구는 지난 약 250여 년의 시간에 걸쳐 산업과 시장이 발전하고 중산층이 확대되면서 계몽주의, 공리주의, 자유주의 같은 사상이 내생적으로 출현·발전하고 시민들에게 전파되어 흡수되면서 프랑스와 같은 시민혁명을 통해, 혹은 미국과 같은 독립전쟁을 통해, 또는 영국처럼 국왕과 귀족, 귀족과 평민 간 타협에 의한 혁신을 통해 오늘날과 같은 정치제도와 사회제도, 법질서를 정착해왔다. 그러한 과정에서 피를 흘리는 희생과 시행착오를 거듭하며 시민의식이 싹트고 자라면서 오늘날의 제도로 다듬어진 것이다. 산업화가 이루어지고 민주화의 과정을 거치며 수많은 혁명과 전쟁, 혼란과 갈등, 희생을 치르면서 그들이 겪은 삶과 사회 현장이 진화해 하나하나 벽돌을 쌓듯이 새로운 조직과 제도, 질서를 만들어왔다(조윤제, 2009). 그리고 그 과정에서 지식을 쌓는 중산층이 확대되면서 권리와 동시에 책임, 의무를 익히고 합리주의와 민주 시민의식을 키우며 이것을 자식들에게 교육·전수하면서 오늘날 민주주의 정치와 사회질서를 만들어온 것이다. 근대 민주주의를 발전·성숙시켜온 영국에서는 18~19세기에 작은 범죄에도 중형으로 다스렸으며, 이로써 사회의 질서와 규율을 세우고 넘쳐나는 죄수들을 신대륙으로 보내 복역하게 함으로써 오늘날 호주와 같은 식민국가를 세우기도 했다. 그들이 경험한 혁명과 전쟁, 대공황, 수많은 인명의 희생은 결과적으로 오늘날 자본주의의 자율적 시장 규율, 민주주의의 절제와 타협 정신이 자리 잡게 했다.

대한민국 국민은 이러한 과정을 거치지 않았다. 20세기 초까지는 신분과 계급이 엄격하게 정해진 전제 왕정의 백성으로, 1910년 이후 1945년까지는 일제의 압제하에 일왕의 신민으로 살았다. 민주주의가 무엇인지 잘 인식하지도 못한 가운데 갑자기 신생 민주주의 공화국의 시민으로 태어나게 된 것이다. 민주주의와 자본주의는 우리 국민이 내생적인 가치와 철학을 추구하기 위해 투쟁과 갈등, 혁명을 겪으며 발전시켜온 제도가 아니라 제2차 세계대전으로 미국의 대일본 승전과 더불어 하루아침에 우리에게 선물처럼 주어진 제도다. 제헌국회의 헌법은 독일의 바이마르 헌법을 기초로 한 서양의 헌법을 모방해 도입한 것이었다. 그 법을 준수하고 그 법 속에서 살아갈 준비가 되어 있지 않던 국민에게 그러한 헌법, 국가체제, 권력구조, 통치형태가 도입된 것이다. 이것이 순조롭게 작동할 수 없었던 것은 당연한 일이다. 편법과 탈법이 판치고

법과 현실의 관행이 괴리되어 법과 질서를 지키는 사람의 경쟁력이 떨어지고 이를 지키지 않는 사람이 경쟁력을 지니는 사회가 되어버렸다.

신생 대한민국의 지도자와 지배층 대부분은 자신도 민주주의가 작동하는 데 기반이 되는 시민의식을 갖추지 못했을 뿐 아니라 국민에게도 그러한 시민의식을 심어주려는 노력을 별로 하지 않았다. 배우지 않고 아는 사람은 없다. 세계 어떤 나라 시민도 민주 시민의 DNA를 타고나지는 않는다. 민주주의 시민의식은 배우고 익혀서 얻게 되는 것이다. 오늘날 한국인의 대학 진학률, 교육열, 수학(修學) 연수로 따진 교육수준은 어떤 나라 못지않게 높은 수준에 달해 있다. 그러나 한국인은 학교와 가정, 사회에서 민주 시민으로서의 교육을 제대로 받지 못했다. 그 결과 한국인의 시민의식은 합리적 민주주의, 공정하고 효율적인 자본주의를 운용하기에는 여전히 뒤떨어져 있다.

그럼에도 우리는 짧은 기간에 외형상 눈부신 경제발전을 이루어냈다. 그러나 그것은 우리가 민주주의를 제대로 해서, 그리고 자본주의 시장경제를 제대로 해서 얻어낸 결과는 아니었다. 오히려 그것을 잘 지키지 않음으로써 이루어낸 한국적 결과였다. 도입한 법제도와 현실적 운용이 크게 괴리되었던, 어찌 보면 실용적인 접근이었으며, 또 달리 보면 편법적·불법적 행위가 만연한, 과거 선진국과는 궤를 매우 달리하는 발전 방식이었다. 그 결과 지난 70년간의 눈부신 경제적 발전에도 불구하고 오늘날 한국 사회는 개인과 가족의 부(富) 축적에 대해, 개인의 지위에 대해, 정부의 권위에 대해 국민이 정당성을 잘 인정하지 않고 사회적 불신이 어떤 나라보다 깊은 사회가 되었다. 또한 어떤 나라보다 심한 물질주의·금권만능 사회가 되었다.

헌법이란 무엇인가? 국가의 형태, 권력구조, 국민의 권리, 의무, 통치형태, 국가의 치안과 보존, 경제행위와 시장이 추구하는 가치 등에 대해 국가와 시민 간의 계약을 명문화한 것이다. 그러나 필자 스스로 돌아보아도 대학을 졸업하고 사회생활을 하면서 한번도 헌법을 제대로 읽어본 적이 없었다. 겨우 십여 년 전에야 헌법전문을 구해 자세히 읽어보게 되었다. 아마 한국 지식인들 대부분이 그러할 것이다. 학교와 가정에서 사서삼경 읽기를 권유받고 유교적 사회질서와 예절, 충효사상, 연장자와 선배에 대한 복종 등을 배워왔지만, 민주주의의 기본이 되는 개인의 기본적 인권, 자유주의 사상, 시민의 덕목과 의무에 관해서는 제대로 배워본 적이 없었다. 오늘날 대부분의 학부모가 자녀를 밤늦게까지 과외공부를 시키지만, 그들에게 우리는 어떤 국가, 어떤 사회의 틀, 어떤 정신과 자세로 이 공동체에서 살아가야 하는지에 대한 시민의식, 시민정신은 제대로 가르치지 못하고 있다.

이제 우리는 경제적으로 선진국 문턱에 와 있다. 그러나 여기서 더 나아가 진정한 선진국이 되려면 한국 사회의 전반적인 질서가 개선되고 국가 의사 결정 구조가 바뀌어 의사 결정 능력이 제고되어야 하며, 그것을 기반으로 우리 사회의 전반적인, 다시 말해 정치구조, 시장구조, 사회질서에 일대 변화를 이루어내야 한다. 만약 그렇게 하지 못하면 한국은 영원히 선진국 문턱에서 서성거리는 나라, 혹은 과거 아르헨티나나 칠레 등 일부 남미 국가들처럼 선진국 문턱에서 후퇴를 면치 못하는 나라가 될 것이다.

해방 당시 미국의 절대적 영향력하에 있던 우리는 정부를 세우고 헌법을 제정하며 새로운 국가 조직·제도를 도입하면서 서구의 제도를 맹목적으로 모방할 수밖에 없었다. 그러나 지난 70년간 그러한 제도를 운용·발전시켜오면서 이제 그동안 우리가 얻은 경험을 바탕으로 우리에게 더욱 적합하며 효율적으로 작동할 수 있는 국가조직, 법제도와 질서를 창의적으로 구축해나갈 수 있는 지식과 경험이 축적되었다고 생각된다.

국가의 부침은 빨라지고 있다

한 국가는 어떻게 흥하고 쇠하는가? 지난 수천 년 인류 문명 발달의 역사에서 흥했다가 쇠한 나라들은 수없이 많다. 한때 세상의 새로운 길을 열며 기술 발전을 주도하고 새로운 국가조직을 만들어 나름대로 전성기를 구가하며 강국으로 부상해 세계사에 이름을 깊이 새긴 나라들, 예컨대 이집트, 그리스, 카르타고, 몽골, 터키, 페르시아, 인도, 스페인, 네덜란드, 오스트리아, 독일, 일본 등은 모두 화려한 문명과 기술을 보유했던 나라다. 세계의 패권을 놓고 다투고 흔들던 나라도 있다. 로마, 중국, 몽골, 스페인, 영국, 소련(러시아), 미국 등이 그렇다. 이들 모두 인류 역사의 발전을 주도하고 역사의 진행과 더불어 이 세상에 깊은 족적을 남긴 나라다. 이집트, 그리스, 로마, 중국은 고대 서양과 동양의 문명을 열었고, 오늘날에도 그들의 철학과 가치관이 동서양 사상을 주도하고 있다. 영국과 미국은 오늘날 이 시대 거의 대다수 지구촌 시민들이 향유하고 있는 근대 제도와 기술 혁신을 주도하며 세계의 발전을 이끈 나라다.

그러나 이들의 오늘이 다 한결같은 것은 아니다. '영고성쇠', 이들의 운명을 두고 역사는 이렇게 부른다. 이집트, 몽골, 페르시아(이란)는 이미 오늘날 후진국 대열로 물러나 앉았고, 그리스와 스페인, 터키는 쇠락을 거듭하고 있으며, 일본과 영국은 정체 상태에 머물러 있다. 반면에 중국과 인도는 오랜 쇠락 끝에 다시 꿈틀거리며 일어서고 있다. 미국은 원래 민족국가가 아니며 다수의 민족과 인종의 용광로로서 지금도 활발하게 이민을 받아들여 나름대로 역동성을 유지하고 있다.

유라시아 대륙의 맨 끝자락에 붙어 있는 한반도와 이 땅에 사는 우리 민족은 아직 세계사의 중심에 서보지 못했다. 자주 이민족의 침입을 받고, 때로 그들의 지배를 받았으며, 오랜 예속의 역사를 보냈다. 그나마 지금까지 나라를 지켜온 것은 이 땅에 살아온 우리 선조들이 남 같지 않은 끈질김과 저항력, 높은 기상을 가지고 있었기 때문이다. 우리 민족은 유라시아 대륙의 변방에서 이웃을 침략하지 않는 조용한 은자의 나라를 지켜오면서 나름의 우수한 문화를 키우며 살아왔다. 세계 최초로 활자인쇄술을 발명했고, 불교 건축과 예술, 도자기 등 각종 공예의 아름다움은 세계 어디에 내놔도 뛰어나다. 그러나 한반도는 중국, 몽골, 만주로 대표되는 대륙세력에 눌려 그들의 지배를 받기도 했으며, 근대 이후에는 해양세력의 지배를 받기도 했다. 한 번도 세계사의 중심으로 부상하지는 못했다.

1948년 정부 수립 이후 지난 70년의 대한민국 역사는 아마도 한반도에서 여태까지 한민족이 써온 역사 중에서도 가장 자랑스러운 역사일 것이다. 제2차 세계대전 이후 식민통치에서 독립한 나라들 중 산업화와 민주화에 가장 괄목할 기록을 남긴 나라로 떠오른 것이다. 지난 반세기 한국의 경제발전은 세계경제사에 한 페이지를 기록할 만큼 전례를 찾기 어려운 성공이었다. 20세기 전반 세계지도에서 사라졌다가 제2차 세계대전 이후 독립한 가장 낙후한 후진국에서 선진국에 비견할 만한 압축적 경제성장과 정치발전이 전례 없이 짧은 기간에 이 나라에서 일어난 것이다. 원조에 의존해 살던 나라가 불과 반세기가 지나 G20 회의의 한 자리를 차지하고 후진국을 원조하는 나라가 되었다. 오늘날 한국 가요와 드라마에 전 세계 젊은이들이 환호하고 있다. 아마 한반도에 살아온 우리 국민의 역량과 에너지가 이렇게 극적으로 분출되어본 적은 일찍이 없었을 것이다.

그러나 지난 70년의 한국 정치·경제 발전사를 돌아보면 스스로 길을 열어온 것이 아니라 남들이 열어놓은 길을 열심히 뒤쫓은 것이었다. 그 발전과 성장의 핵심은 '선진'이 아니라, '추격(catch-up)'이었다. 지금 한국 사회가 서 있는 자리를 돌아보면 선진국들과의 거리는 좁혀져 있으나 이미 기운은 빠지고 숨은 헐떡거리고 있는 모습이 보인다. 앞선 나라들을 열심히 따라왔지만 이들을 앞서나갈 방도는 준비하지 못했고, 창의적인 길을 개척할 만큼의 지식수준을 충분히 쌓지 못했으며, 국민적 단결력도 갖추지 못했다.

오히려 지난 70년간 빠른 추격과 눈앞의 성과에만 매달려 달려오면서 쌓인 내부의 모순과 기형, 갈등이 지금 우리를 짓누르고 있다. 이는 세계 최저의 출산율, 최고의 자살률, OECD 국가 중 최고의 사기 범죄율, 이혼율, 낙태율, 산업재해 사망률, 최저 수준의 사회적 신뢰도라는 지표로 나타난다. 청년들은 이 사회를 '헬조선'이라 부르고 있다. 정치는 1987년 이후 민주정치체제를 회복하고 민주주의에 진전을 보았으나, 그 내용은 여전히 후진성을 면하지 못하고 있다. 사회 구석구석에서 자라난 갈등과 모순, 부정이 대한민국의 새로운 상징이 되고 있다. 시장은 한국적 특이성을 가진 기형적 자본주의를 발전시켜왔으며, 자본주의 시장경제의 장점을 향유할 수 있게 해주는 시장의 자율 감시 기능, 내부 규율 장치는 결여되어 있다. 담합과 유착이 시장의 기능을 제한하고, 재벌에 의한 독과점, 일감 몰아주기는 시장의 생태계를 고사시켜왔다. 한국이 달리기 시작할 때 잠자고 있던 중국과 인도 등 이웃 아시아 국가들과 신흥경제국들이 깨어나 이제는 우리를 빠르게 추격하며 우리와의 거리를 좁히고 있다.

우리 경제는 도약과 고도성장 반세기 만에 이미 조로 현상을 보이고 있다. 소득분배의 악화, 재벌의 비대와 제조업의 고용 창출력 하락이 빠르게 진행되어왔다. 불과 10년 전 골드만삭스는 2050년 한국의 1인당 소득이 미국 다음으로 높은 세계 2위에 달하고, G7에 비견되는 경제력을 달성하게 될 것으로 예측한 바 있다. 그러한 예측에 많은 한국인이 미래에 대한 기대로 들떴으나, 지금 그러한 예측을 입에 올리는 우리 국민을 찾아보기는 어렵다. 지난 수년간 한국 사회에서는 낙관론보다 미래에 대한 비관론이 빠르게 확산되었다. 이 땅에 사는 사람들이 자신을 위해, 그리고 앞으로 이 땅에서 살아갈 자식들을 위해 붙들고 살아야 할 미래에 대한 희망이 지금 흔들리고 있는 것이다.

지난 10년간 인터넷 포털에서 검색된 단어를 분석해보면, 생계 불안이나 미래에 대한 비관적 전망, 세대와 계층에 따른 갈등 증가, 형평성에 대한 요구 등 우리 사회의 구조적 문제와 갈등에 관한 관심이 점차 증가하고 있음을 알 수 있다(김희삼 엮음, 2015). 지난 20여 년간 사회 이동성에 대한 부정적 인식도 급격히 증대했다. 통계청의 사회조사에서 "본인 세대에 비해 자녀 세대의 사회경제적 지위가 높아질 가능성은 어느 정도로 보는가"라는 질문에 "낮다"라고 응답한 비중은 1994년 4%에서 1999년 11%, 2003년 20%, 2006년 29%, 2011년 43%, 2013년 44%로 빠르게 증가했다. 또한 "인생의 가장 중요한 성공 요인은 행운이나 인맥이 아니라 노력이다"라는 제시문에 장년층은 70% 이상이 동의한 반면, 젊은 층은 50%만이 동의했다(김희삼 엮음, 2015). 똑같은 질문에 대해 일본, 미국, 중국에서는 청년층과 장년층 간에 이처럼 큰 차이는 보이지 않았다(그림 2).

2010년대에 들어 한국 경제의 성장률은 세계경제 평균 성장률에 미치지 못하고 있어 이미 세계 속에서의 한국 경제의 비중은 축소되고 있다. 기업의 매출액과 자산 증가도 2012년 이후 세계

그림 2

연령대별 미래 인식의 차이

※ '인생의 가장 중요한 성공 요인은 행운이나 인맥이 아니라 노력이다'에 대한 의견.

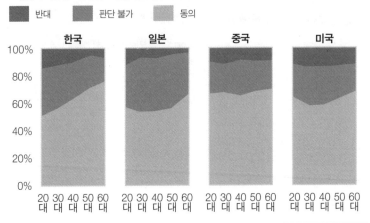

자료: 김준경(2016).

평균 성장률에 미치지 못하고 있다. 이대로 가면 향후 성장률은 더 떨어져 곧 선진국 평균 성장률로 빠르게 수렴하게 될 것으로 예측된다. 이는 달리 말해, 선진국에 대한 추격이 더 이상 일어나지 않고 선진국 문턱에서 주저앉게 된다는 이야기다. 반세기 전 충만한 기세로 동아시아의 네 마리 용 중 하나로 부상하던 한국 경제는 지금 바람 빠진 풍선처럼 서서히 내려앉고 있다. 이제 '추격'이라는 말은 우리 세대에게나 익숙해진 말이다. 이대로 가면 곧 그 추격이 멈추게 된다. 그러는 동안 후발 신흥국의 추격은 빨라지고 있다.

1부 한국 경제, 어떻게 보아야 할 것인가

국가 발전은 경제적 기반과 경제 외적 기반의 결과

한 국가경제의 발전은 '경제적 기반'과 '경제 외적 기반'이 합쳐져 이루어진다. 이 둘이 합쳐 한 나라의 활력을 정하고 그 활력을 유지하는 기풍을 생산해낸다. 오늘날 한국이 당면한 현상은 경제적 기반뿐 아니라 경제 외적 기반의 동시 취약성이다. 경제적 기반은 생산요소의 원활한 공급과 수요, 높은 수준의 과학기술, 부와 소득분배의 형평, 투자와 저축의 균형 등 경제가 발전하기 위한 조건이다. 경제 외적 기반이란 국민의 지성과 품성을 닦는 교육의 질, 강하고 유능한 정부의 뒷받침이 되는 정치, 경쟁과 협력이 조화되는 사회의 질서, 좋은 전통과 관습이 자라는 문화 등을 말한다(조순, 2015).

필자의 견해로는 1980년대 중반까지만 해도 한국의 경제발전과 소득수준은 한국이 가지고 있었던 경제적 기반과 경제 외적 기반에 비해 뒤떨어져 있었다. 그것이 빠른 경제성장과 소득수준의 추격을 가능하게 했던 것이다. 그러나 1990년대 이후에는 오히려 한국의 경제적 기반, 그리고 특히 경제 외적 기반은 한국의 소득수준을 유지하기에도 버거울 정도로 역전되었다. 지금 한국은 아무리 좋은 경제정책을 논하더라도 경제 외적 기반 향상 없이는 여기서 경제와 소득수준이 더 발전해나가기를 기대하기 어려워진 상태에 와 있다.

오늘날 한국 경제가 당면한 여러 문제, 특히 장래 성장 전망을 어둡게 하는 요인들은 어느 날 갑자기 생성된 것이 아니고 우연히 우리에게 나타난 것도 아니다. 역사적 배경과 이유 없는 오늘날의 현상이란 없다. 오늘날 우리가 당면한 여러 문제의 껍질 속에는 멀리는 조선시대, 가까이는 일제시대와 1960년대 이후 고도성장을 시작하던 시기에 태동되어 이미 한국 경제·사회에 내재해 있던 요인들이 자리하고 있다. 과거 우리의 경제적 성공을 이끌던 정부 주도 수출, 재벌 위주 성장 전략, 그리고 그 과정에서 고착되기 시작한 시장구조, 정부와 기업 간 관행, 대기업과 중소기업 생산성의 이중구조, 노동시장의 양극화와 분절화, 부동산 가격의 앙등, 소득과 부의 집중 심화는 과거 정책과 제도의 유산으로서 오늘날 우리의 미래를 어둡게 하고 있는 요인이다.

여기에 한국 경제의 개방화와 세계화, 중국 등 신흥국의 부상은 지난 약 20년 동안 한국 경제의 고용구조와 산업구조를 빠르게 변화시켰다. 동시에 출산율의 급격한 하락과 평균수명의 빠른 연장은 인구구조를 크게 변화시키고 있다. 국민들이 그토록 원했던 정치민주화와 직선제 개헌으로 이룬 이른바 '87년 체제'는 지난 30년간 한국 사회, 한국 경제가 새롭게 마주한 여러 도전에 대해 제대로 된 해법을 찾고 시의적절한 국가 의사 결정으로 대응해나가는 데 실패를 거듭했다.

이 모든 요인이 복합적으로 작용하며 누적되어 나타난 결과는 우리 사회의 정체, 분열, 갈등의 심화다. 타인, 사회, 정부, 국가에 대한 신뢰가 떨어져 사회 전반에서 불신이 깊어지고 있으며, 그에 따라 경제와 사회 전반에 거래비용이 늘어나고 있다. 서로 믿으면 쉽게 성사될 수 있는 문제도 믿지 못해 해결점을 찾지 못하고 이

연·지체되고 있다. 일반인의 삶에서, 시장에서의 거래 행위에서 방어막을 몇 겹을 쳐야 하는 탓에 믿고 협력했을 때보다 훨씬 큰 비용으로 더 열악한 결과를 얻는 경우가 많다. 심각한 '죄수의 딜레마'에 우리 사회가 빠져 있는 것이다.

단순히 제도가 잘못되어 그런 것이 아니다. 우리는 세계에서 좋다고 하는 제도는 거의 다 모방하고 도입해왔다. 문제는 그러한 제도를 제대로 작동하게 하는 문화, 습속, 의식, 관념은 들여오지 못한 채 맹목적으로 제도만 들여온 데서 발생했다. 그리고 그러한 제도가 제대로 작동할 수 있도록 비용과 고통을 감내하려 하지도 않았다.

제대로 세워야 할 한국의 민주주의와 자본주의

민주주의 정치체제와 자본주의 시장경제는 서구에서 수 세기에 걸쳐 갈등과 투쟁, 혁명, 대공황을 거치며 발전·수정되고 다듬어진 제도다. 그리고 나라마다 고유한 역사와 전통, 발전 경험에 따라 민주주의와 자본주의는 조금씩 다른 모습을 취하고 있다. 영미의 자유주의 철학과는 다른 독일의 질서자유주의라는 가치의 추구는 독일식 사회적 시장경제(social market economy)*를 발전시켜왔다. 영국의 페이비언 사회주의(Fabian socialism)는 노동딩의 성장·정책과

* 이는 중국의 '사회주의적 시장경제(socialist market economy)'와는 다른 개념이다.

노동당이 추구하는 가치의 근간을 이루었으며, 자본주의와 자유경쟁시장의 원조라고 할 수 있는 영국에서도 제2차 세계대전 이후 최고 소득세율이 90%가 넘고 상속세율이 80%가 넘으며 수많은 기업이 국유화된 시장경제체제를 운용하기도 했다. 프랑스에서는 강력한 국가의 역할과 국영기업, 주요 금융기관의 국유화가 프랑스 시장경제의 특징을 이루기도 했다.

오늘날 민주주의와 자본주의는 전 세계적으로 비판과 도전에 직면해 있다. 원조국인 영국을 비롯한 미국과 유럽에서도 마찬가지다. 서구로부터 모방하고 이식해온 민주주의와 자본주의가 한국에 와서 특이한 양태로 작동되고 파열음을 내는 것에 대해 이제 우리는 우리의 제도와 제도 운용 방식에 어떠한 문제가 있는지 깊이 성찰하고 창의적으로 새로운 접근 방식을 개발해나가야 한다.

민주주의와 마찬가지로 이 땅에서 자본주의의 역사도 짧다. 자본주의의 토대가 되는 사유재산권제도는 일제 총독부가 일본의 민법과 상법을 한반도에 의용한 '조선민사령'(1912년)에 의해 도입되었다. 조선시대에는 모든 땅과 백성이 왕의 소유였다. 녹전이나 민전을 사대부와 백성에게 하사했지만, 왕은 이를 언제든 거둬들일 수 있었다. 토지등록제도도 없었다. 일제는 경술국치 이후 7년간(1911~1918년) 전국의 지적조사를 시행해 토지등록제도를 도입했다. 이 과정에서 지역 사정에 밝은 지방 아전 출신이 대거 땅을 차지하게 되어 이들이 신흥지주계급으로 부상했다. 주인이 분명치 않은 나머지 땅들은 동양척식주식회사에 귀속되어 일본인의 소유가 되었다. 그 결과 지주계급에 대한 백성들의 존중심도 생기지 않았다.

1925년 총독부가 행한 조사에서 군수급 조선인 관리 300명 가운데 260명이 아전 출신이었다(헨더슨, 2013).

조선시대까지 상공업은 주로 천민의 몫이었다. 일제시대에 신분계급이 무너지면서 과거 상공업에 종사했던 사람들은 새로 집안의 족보를 만들어 다른 생업을 찾아 나섰고, 선대가 객주나 수공업, 보부상 등에 종사했다고 떳떳이 내세우는 집안은 찾기 어려웠다. 이는 수백 년간 대를 이어 여관과 식당을 경영하는 이웃 일본의 전통과는 매우 다르다. 중국에서도 상인과 상업이 존중되었고 오랜 상업 발전의 역사를 가지고 있다.

유럽에서는 중세 이후 자유도시와 상업, 수공업의 동업조합인 길드가 발전해왔다. 지금도 유럽 도시들에는 시내 중심에 길드홀(Guild Hall)이 우뚝 서 있다. 런던 시장(Lord Mayor)이 매년 주최하는 길드홀 연회는 영국에서 가장 성대하게 벌어진다. 필자도 주영 대사 재임 시 이 길드홀 연회에 참석하는 것이 즐거운 일 중 하나였다. 큰 홀에는 각 길드를 상징하는 수많은 깃발이 걸려 있다. 이 길드 조직에서는 도제(apprentice)가 수년간 장인(master)으로부터 훈련을 받고 어느 정도 수공업자로서의 자세와 기술을 익히게 되면 저니맨(journeyman)이라는 자격을 얻어 다른 도시들을 둘러보며 그곳의 동향과 기술을 배우고 돌아와 비로소 자신의 상품을 만들어냈다. 심혈을 기울인 작품(masterpiece)이 길드의 장인들로부터 인정받으면 그도 장인의 자격을 얻는 것이다. 길드와 시장은 자율적 규제와 내부 규율을 세우며 발전했다. 금융업과 회계업도 그러했다.

미국에서는 산업화가 진행되면서 소수의 대자본가들이 시장을 지배하자 반독과점법인 '셔먼법'이 1890년에 제정되었다. 이 법은 경쟁을 제한하는 계약과 모든 형태의 결합 또는 공모를 위법으로 규정했다. 이로써도 충분하지 않자 다시 1914년에 '클레이턴법'을 제정해 모든 불공정한 경쟁 행위를 금지했다. 자본주의 역사가 영국보다 일천한 독일은 전후 질서자유주의 철학에 기초해 사회적 시장경제체제를 정착시켰다. 대표적인 학자 발터 오이켄(Walter Eucken)은 "경제정책은 기존의 독점세력에 의한 권력 남용을 타깃으로 하기보다는 오히려 그러한 독점세력의 존재 자체를 타깃으로 해야 한다"라고 주장했다(조윤제, 2009).

자본주의는 17세기 이후 영국의 자유주의사상과 결합되면서 크게 발전했다. 자유시장경제는 많은 장점이 있다. 오늘날 지구촌의 경제적 번영을 가져오고 75억 인구가 생존할 수 있는 식량과 상품의 생산을 가능하게 한 제도다. 그러나 과잉으로 치닫기 쉽고 자기조정 능력이 부족하다는 내생적 취약점을 안고 있다. 경쟁에서 이긴 자는 더욱 많은 자유를 행사하고 약자의 자유는 축소되는 것이 자본주의의 생리다. 그것이 20세기 들어와 공산주의, 사회주의, 수정자본주의의 출현을 낳게 했다.

한국의 자본주의는 이러한 발전 과정을 거치지 않았다. 일제 총독부는 본토에 비해 투자 환경이 열악한 조선에 산업화를 시작하면서 일본의 신흥 재벌에게 수많은 특혜를 주어 비료·발전·합판 사업 등에 대한 투자를 장려했으며(Woo, 1991), 1960년대 이후 한국 정부도 비슷한 방식의 산업화 전략을 구사했다. 그 과정에서 정경유착, 정부 실력자와의 관계가 사업 성공의 중요한 요소가 되었다.

압축성장 과정에서 정부 지원에 힘입어 대재벌 그룹들이 부상했으며, 시장에서 담합과 유착이 만연하고 분식회계가 일반화되었다. 서구와 같이 시장이 스스로 자율규제와 내부기율을 세우고 행사하는 전통은 제대로 세워지지 않았다. 일감 몰아주기가 공공연하게 행해졌고, 금융시장의 기업행위에 대한 감시와 견제 기능도 자리 잡지 않았다. 그 결과 소액주주들의 사유재산이 제대로 보호되지도 않았다. 과거 은행이 금융부문의 대부분을 차지하고 국유화되었을 때는 정부가 직간접적으로 기업행위의 감시와 감독 기능을 했다. 그러나 자본시장이 확대되고 재벌 소유의 제2금융기관들이 금융시장의 주역이 되면서 시장은 기업행위의 감시·감독·견제 기능을 제대로 수행하지 못하고 있다. 만약 한국 자본시장에서 내부적 감시와 기업 감독 기능이 엄격하게 작동했더라면 2015년 삼성물산과 제일모직의 합병 같은 일도 일어나기 어려웠을 것이다.

시장이라고 해서 다 똑같은 시장은 아니다. 자율감독과 감시 기능이 부재한 시장은 그것이 자라도록 제도적 기반을 마련해주어야 한다. 그리고 그러한 기능이 자리 잡을 때까지 공공의 견제와 감시가 필요하다. 그렇지 않으면 시장은 약육강식의 장이 되며, 시민의 사유재산을 기득권 집단이 담합과 유착으로 편취하는 강자독식 자본주의가 된다. 한국의 경제정책은 맹목적 시장자유주의가 아니라, 이러한 현실적 상황에 대한 배려를 담아 입안되고 추진되어야 한다.

해방 직후 우리나라에서 중등교육 이상 교육받은 인구는 2%

에 지나지 않았다. 오늘날에는 우리 국민의 절반 가까이가 고등교육을 받았다. 이제는 우리 국민이 스스로 창의적인 제도와 정책을 개발할 역량을 지니고 있다. 그 첫걸음은 우리가 오늘날 이 자리에 이르게 되기까지의 우리 역사를 제대로 이해하는 동시에, 그러한 제도들이 발전·확립된 서양 사회의 역사와 철학에 대해서도 더 깊이 이해하는 것이라 생각된다. 그리고 우리가 겪어온 지난 70년에 대한 진솔한 성찰 역시 필요하다.

지금 대한민국이 필요로 하는 것은 정치, 사회, 경제, 문화, 교육의 전반적인 개혁과 혁신이다. 이 개혁과 혁신은 동시적이고 일관되며 유기적으로 일어나야 한다. 그렇지 않고 몇몇 부문의 혁신만으로 그친다면, 이 사회가 다시 원점으로 회귀하려는 강한 힘을 막기 어려울 것이다. 다시 말해, '국가 대혁신'이 일어나야 한다. 우리 사회 구성원의 오늘날과 같은 행동양식을 낳은 전반적인 보상·유인·징벌 체계를 바꾸고 미래 인재를 키워나가야 한다. 이는 국가 지도자들이 앞장서서 해야 할 일이지만, 정부만 나선다고 할 수 있는 일도 아니다. 전 사회적이고 범국민적인 노력으로 확산되어야 가능한 일이다. 이를 위해서는 갈등 구도를 뚫고 나갈 수 있는 강력한 정부와 국가지배구조, 뚜렷한 비전을 가진 헌신적 지도자, 이를 받쳐줄 수 있는 언론과 지식인 집단, 사회적 타협과 합의를 이루어갈 수 있는 시민정신, 지배엘리트의 강한 도덕성과 전문성이 뒷받침되어야 한다. 그리고 이는 진영 간 싸움을 극복하며 보수와 진보가 손을 맞잡고 힘을 합칠 때야 비로소 가능한 일이다.

　　　　　　　　1부 한국 경제, 어떻게 보아야 할 것인가

1장   경제, 역사, 시장

흔히 경제학자들은 경제현상을 정책변수와의 인과관계로 분석하려 한다. 특히 현대 경제학의 훈련을 받은 경제학자들이 그렇다. 금리 인하, 재정지출 확대, 세율 인상, 환율과 관세 수준 변화가 투자와 소비, 수출에 어떻게 영향을 미쳤으며 이것이 다시 경제성장과 1인당 소득 증대에 어떤 영향을 미쳤는지에 대한 계량적·수리적 접근에 익숙해 있는 것이 오늘날의 경제학자들이다. 현대 경제학의 훈련이 바로 이러한 변수들의 인과관계를 분석하는 것이기 때문이다. 필자도 그런 훈련을 받은 경제학자 중 한 사람이다.

그러나 경제정책이나 사회현상의 관찰에 대한 경험이 늘수록 필자는 경제현상이 단순히 경제변수와 경제정책의 인과관계만으로 인한 것이 아니라 사회적·문화적 현상의 일부이며 그러한 사회적·문화적 현상을 이루어온 역사와 관습, 국민정신, 가치체계, 행동양식 등의 결과로 이루어진 것임을 이해하게 되었다. 그리고 이들은 한 나라의 역사적·시대적 환경, 그리고 국제 정세와 맞물려 생성되고 변화하는 것이다.

경제의 발전과 융성, 쇠락은 모두 경제제도, 경제정책과 연결되어 있지만, 동시에 그것은 그러한 경제제도와 경제정책이 태동하고 추진될 수 있었던 시대적·사회적 배경과 그러한 제도 및 정책에 반응하는 시장 주체의 가치·의식 체계, 그리고 그러한 가치·의식 체계와 생활문화를 가져온 역사적 배경과 국내외 정세, 권력구조의 토대, 정치 지도자의 리더십 등 경제 외적 기반과 맞물려일어나게 되는 것이다. 특히 세계경제를 주도하는 중심경제가 아니면서 개방도가 매우 높은 주변경제인 한국 경제의 흐름은 세계경제 환경, 지역·국제 정세의 흐름과 분리해 이해할 수 없다.

해방 후 한국 경제발전의 궤적은 단순히 이승만 정부, 박정희정부, 전두환 정부, 그리고 민주화 이후 정부들의 리더십, 경제정책의 변화에만 기인한 것이 아니라 한반도의 역사적 전환과 사회적 발전을 통해 이해되어야 한다. 가까이는 조선시대의 유교적 관념과 국가통치, 생활방식을 거치며 형성된 이 사회 일반 대중의 가치관, 그들이 생애에서 이루고자 한 목표와 그 성취 방식, 생산과분배, 공동체에 대한 개념, 그리고 이것이 구한말, 일제시대를 거치면서 부분적으로 해체되고 재구성되는 과정을 살펴보며 한국 경제발전 과정을 이해해야 한다. 그리고 이것이 다시 해방 후 대한민국에서 이루어진 토지개혁, 한국전쟁, 신분계급의 완전한 해체, 미국의 막대한 영향, 전후 한일 관계의 궤적과 상호 관계를 이루며 산업화에 대한 국민적 에너지를 발산하게 된 과정 등에 대한 폭넓은 이해 없이 지난 70년간의 한국 정치·경제·사회 발전의 궤적을 제대로 이해하기는 어렵다. 한국 경제가 지금 서 있는 지점과 향후 행로에 대해서도 이러한 관점에서 이해하고 방향을 설정해나갈 필요가 있다.

해방 이후 한국의 경제발전은 그야말로 맹자가 말한 천시(天時)와 지리(地利), 인화(人和)를 갖춘 결과였다. 신분계급이 사라지고 토지가 재분배되어 종래 한국 사회를 지배했던 부(富)의 기반이 무너지면서, 그리고 산업화가 시작되어 수백 년간 살던, 가족의 뿌리가 박힌 고향 땅에서 낯선 도시로 인구가 대거 이주하기 시작하면서, 대한민국의 모든 국민은 정부 수립 이후, 특히 한국전쟁 이후 똑같은 출발점에 서게 되었다. 한반도 수천 년 역사에서 이러한 상황이 국민에게 주어진 경우가 있었던가? 없었다.

조선시대에 약 5~10%의 지배계층인 양반계급에게만 열려 있었던, 일제시대에 대부분의 식민지 조선인에게는 닫혀 있었던 소위 출세와 축재, 입신의 길이 신분 질서의 붕괴와 함께 전 국민에게 열림으로써, 이제 자식을 교육하고 부를 쌓으며 입신출세하겠다는 신분 상승 욕구를 모든 국민이 추구하게 되었고, 이것이 한국 경제발전에 엄청난 동력을 제공했던 것이다. 이러한 과정이 한국 고유의 역사에서 1950년대 이후 수십 년이라는 비교적 짧은 기간에 일어나면서, 과거 한반도뿐만 아니라 세계에서도 그 유래를 찾아보기 어려운 역동성과 고속 성장·발전을 이루게 했다. 필자는 1950년대 중반 이후 1980년대까지의 한국을 둘러싼 국제 환경과 지정학적 요소, 그리고 계층 간 이동 기회가 거의 완전히 열려 있던 한국 사회가 뿜어낸 이 엄청난 에너지와 역동성이 한국 경제발전의 가장 큰 원동력이 되었던 것으로 본다.

그러나 1990년대 이후에는 이미 기득권에 진입한 기업과 개인이 담합과 유착을 통해 진입 장벽을 높이고 지대를 추구하며 계층 간 이동 통로가 협소해지기 시작했고 소득분배가 악화되면서 새로운 계급 질서가 형성되어 다시 한국 사회가 정체되기 시작했다. 1980년대까지 우리에게 유리하게 작용한 세계경제 환경[天時], 그리고 일본에 이웃해 기술과 자본을 다른 개도국에 비해 쉽게 이전받을 수 있었고 인구 대국 중국이 공산체제하에서 잠자고 있었던 지역적 이점[地利]은, 1990년대 일본 경제가 침체되고 중국이 개방과 시장경제체제로 전환하며 기술 추격이 가속화되면서 이제는 우리에게 기회보다 더 많은 위협과 도전을 제기하고 있다.

경제현상과 경제발전은 동시에 사회문화적 현상이기도 하다. 경제 개혁의 과정은 국가권력과 시장권력, 기득권에 의한, 그리고 기득권에 대한 여론의 주도권 싸움의 과정이며, 이해관계 갈등과 대립의 조정 과정이기도 하다. 또한 계층 간, 세대 간 갈등의 폭발과 타협에서 새로운 정책과 제도가 열릴 수 있다. 유착과 담합, 지대추구 행위는 경제적 성과의 배분과 경제적 성과를 이루려는 동기 유발에 직접적인 영향을 미친다.

고전파 경제학에서는 모래알 같은 소비자, 근로자, 생산자가 각자 시장에서의 완전경쟁을 통해 가격과 분배를 정해나간다는 이론적 틀로 시장경제를 설명한다. 그러나 나라에 따라서 차이는 있지만 시장경제가 움직이는 실제 모습은 그것과는 매우 다르다. 기업과 정부라는 조직 내에서 임금체계가 결정되고, 대기업과 중소기업, 조직화된 정규직 노조와 조직화되지 않은 비정규직 간의 상대적 지배력이나 협상력이 가격과 임금, 자원 배분에 영향을 미친다. 노동시장 내에서도 조직화된 내부자와 조직 바깥의 외부자가 있게 되고, 그 결과 양극화와 분절화가 생겨난다. 독과점시장에서의 지배력은 대기업과 중소기업의 거래 가격과 임금격차에 영향을 미친다.

동시에 우리가 흔히 경제학에서 '시장'이라고 하는 것은 다 똑같은 시장이 아니다. 한국과 같이 재벌이 상품시장과 금융시장에서 지배적 지위를 행사하며 이루어지는 시장거래 행위는 우리가 배운 서구 경제학이 태동한 시장의 거래 모습과는 상당히 다르다. 앞서 논한 바와 같이 서구의 자본주의와 한국, 일본, 중국의 자본주의는 각기 발전 과정도 다르고 오늘날 생긴 모습도 다르다. 서구에서도 영국, 미국의 자본주의와 프랑스, 독일, 북유럽의 자본주의는 다른 모습을 하고 있다. 필자도 그렇지만 한국의 경제학자와 정부 관료들은 주로 미국에서 경제학을 배웠으며, 지나치게 영미의 신고전파나 자유주의 경제학에 경도된 모습을 자주 보인다. 그러나 영미에서도 공정 경쟁 질서, 시장의 자율규제, 일반 시민과 소액투자자의 사유재산권 보호가 어떤 과정을 거치며 정착되어왔는지를 깊이 이해하지 못하고 그들의 자유주의 경쟁 방식만 강의실과 교과서에서 배우고 온 경우가 많다.

국가권력을 행사하는 방법, 검찰 및 사법부의 독립성과 법 집행의 공정성은 경제행위의 동기와 보상·징벌 체계에 영향을 미친다. 법의 집행 방식은 법제도 자체만큼 중요하다. 교통법규는 어떤 나라나 거의 비슷하지만, 실제 교통질서는 나라와 도시마다 큰 차이를 보인다. 법규를 어떻게 적용하는가 하는 것은, 법 자체 못지않게 중요하다. 이를 넓은 의미에서 '제도(institutions)'(North, 1990)라고 할 수 있다. 또한 경제정책뿐 아니라 모든 정책이 정치적 과정의 산물로서 결정된다. 따라서 이러한 종합적 틀에서 분석·사고되지 않는 경제정책과 사회정책 논의는 '실학(實學)'이 아니라 '허학(虛學)'에 지나지 않는다.

경제·사회 현상은 항상 연속선상에서 변화하고 발전해나간다. 기울기, 즉 변화 속도의 차이는 있으나 불연속선은 없다. 갑자기 하늘에서 뚝 떨어지거나 땅에서 솟아나는 것이 아니다. 그것도 구름 위에서 보면, 혹은 지층 아래 깊숙한 곳에서 보면 연속된 변화의 결과로서 나타나는 것이다. 먼 해양에서 온도와 습도의 변화로 비구름이 형성되어 태풍이 불어닥치고, 지하 압력이 쌓여 뜨거워지면서 마그마가 서서히 지층을 뚫고 분출되어 화산재를 뿌리며 인간의 생활 위로 쏟아지는 것과 마찬가지다.

1960년대 이후 한국 경제발전의 특징은 고속·압축 성장이 거의 사회주의식 계획경제와 막강한 정부 주도 경제발전 전략하에서 이루어졌다는 것이다. 기업이 사회주의체제와 달리 국영이 아닌 사유기업이었다는 차이는 있었지만, 이들은 마치 지금 중국의 국유기업처럼 정부의 막대한 지원과 보호 아래서 성장했다. 사회주의체제라면 이들의 급성장한 자산과 이윤은 당연히 국가와 국민이 공유해야 할 것이지만, 곧이어 정치와 경제의 민주화가 빠르게 이루어지면서 재벌 총수와 일가족이 기업 성장의 과실을 거의 전부 사유화하게 되었다. 더 나아가 시민의식이 충분히 성숙하지 못한 가운데 선거 과정을 거치며 정치에 대한 재벌의 지배력이 커지고 민주정치체제에서 정책 결정에 대한 정치적·행정적 포획이 자주 일어나면서 경제정책이 국리민복이라는 목표보다 재벌 대기업들의 국제 경쟁력을 위한 규제 완화로 편향되어왔다. 세계적으로 확산되던 세계화와 신자유주의 물결도 이러한 추세에 힘을 실었다.

재벌 총수 일가는 순환출자 등을 통해 소수의 지분으로 전체 계열사 경영권을 쥐며, 계열사 자산에 대한 지배권을 통해 정치, 언론, 학계, 법조계에 대한 영향력을 강화하고, 이를 통해 한국 사회에 대한 확고한 지배세력을 형성하게 되었으며, 최고 세습세력으로 고착화되고 있다. 새로운 기업의 진입 장벽은 높아지고, 기득권에 의한 지대추구는 강해졌다. 이러한 사회적 발전 양상은 과거 한국 경제의 최고 성장동력이었던 역동성을 퇴조시키고 경제의 정체화를 초래하는 요인으로 작용하기 시작했다. 또한 이들이 전 그룹 계열사에 대한 지배권을 이용해 일감 몰아주기로 소액주주들의 사익을 편취하고 공정 경쟁 질서를 해치며 개인의 사유재산권을 실질적으로 침해하는 일이 빈번해졌다.

1993년 정주영의 대권 도전, 김우중의 대권 도전 모색(이종찬, 2015), 2002년 정몽준의 대권 도전은 이미 돈의 힘이 한국 사회를 지배하는 최고의 힘으로 부상했음을 말해준 사례다. 한국 사회는 1960년대 이후 불과 반세기 만에 산업화와 민주화, 세계화의 물결에 휩싸이면서 가치관의 깊은 혼돈과 더불어 기존의 암묵적 질서의 붕괴로 결국 금권만능사회로 진화해오게 된 것이다(조윤제, 2011).

필자가 보기에 현재 우리나라의 경제학계에서 특히 부족한 부분은 우리 스스로에 대한, 우리가 과거에 걸어온 길에 대한 객관적 분석과 이해다. 더 나아가 우리에게 절대적으로 필요한 것이 국제 환경이라는 큰 틀에서 과거 한국 경제의 발전 과정과 현재 한국 경제가 처해 있는 지점을 조명해보는 노력이라 생각한다. 지나친 민족주의적 관점 탓에 일제시대의 경제발전에 관한 연구가 이념적으로 해석되기도 하고, 박정희·이승만 정부에서의 경제정책과 경제적 성과에 대한 좌우 진영 간 논쟁은 지금도 지속되고 있다.

경제에 불연속선이란 없다. 조선시대 말, 일제시대에 태동한 근대 경제 시스템이 해방과 전쟁, 1960년대를 거치며 발전하고 성숙한 것이 오늘날 우리 경제의 모습이다. 한국은 해방 이후 미 군정, 미국의 막대한 원조경제를 거치며 산업화와 수출 진흥을 통해 경제적 자립과 오늘날의 산업구조를 이루어냈다. 전후 브레턴우즈·GATT 체제에 따른 공산품에 대한 대폭적 관세 인하와 무역장벽 완화가 없었다면 자연자원이 부족하고 땅덩어리가 좁으며 인적 자원밖에 가진 것이 없는 우리나라가 제조업 수출로 고속 산업화와 성공적인 경제성장을 이루기는 어려웠을 것이다.

1950년대 이전, 자원과 농산물이 세계 교역의 주를 이루었을 때는 남미와 동남아시아 국가들이 우리보다 빠르게 성장할 수 있었지만, 세계 교역에서 공산품 교역이 급증하면서 한국, 대만과 같은 나라에 기회[天時]가 찾아온 것이다. 그리고 그러한 성공은 우리나라가 놓여 있던 지정학적 위치[地利]에서 더 잘 이해될 수 있다. 왜 그 시기에 고등교육을 받은 인력과 자연자원 더 풍부했던 브라질, 멕시코, 아르헨티나, 칠레, 인도가 아닌 대만, 홍콩, 싱가포르, 한국, 이 네 마리 용이 개도국 경제성장의 총아로 부상할 수 있었겠는가?

한국 경제는 스스로 독립적 행보를 걸어오며 발전하지 않았다. 한국은 세계의 변화를 주도하는 중심국가가 아니라 주변국가였으며 아직도 주변국가에 머물러 있다. 세계와 주변의 변화가 한국 경제가 걸어온 길의 향방에 결정적 영향을 미쳐온 것이다. 지난 100년간은 일본과 미국 경제, 그리고 지난 20여 년간은 중국 경제가 걸어온 길이 한국 경제의 성장 과정에 지대한 영향을 미쳤다. 1930년대 만주 및 중국 대륙에 대한 일본의 침략, 제2차 세계대전 이후 GATT 및 브레턴우즈 체제, 미국의 개도국 원조 방식, 1960년대 이후의 베트남 전쟁, 중동의 석유달러와 유로달러 시장의 성장, 1990년대 이후 중국과 신흥국의 부상 등이 한국 경제가 지금까지 걸어온 길과 직접적 연관을 맺고 있다(Cho, 2001). 또한 한국이 경제적 발전을 향해 걸어온 길은 한국의 지정학적·지경학적 관점과 분리해 이해될 수 없다.

따라서 한국 경제는 정치경제적·역사적·국제정세적 접근을 통한 종합적인 관점에서 이해되어야 한다. 그러한 틀 속에서 지금의 과제를 이해하고 필요한 개혁에 대해 접근해야 한다.

지금 우리나라의 제도, 법률, 조직의 중요한 뼈대는 일제시대에 근대 제도가 이 땅에 도입되면서 성립된 것이다. 구한말 한반도가 열강의 각축장이 되면서 근대 문물이 들어오기 시작하고, 일제 시대에 일본을 통해서 서구 제도가 본격적으로 도입되기 시작했다. 지금 우리가 일상에서 흔히 쓰는 단어 중에도 일제시대에 들어온 것들이 많다. 일본인들은 메이지유신 이후 서양 문물을 도입하면서 수많은 한자어를 만들어냈다. 그리고 우리는 그 단어를 거의 그대로 따라 쓰고 있다. 이는 어느 정도 중국과 대만에서도 마찬가지다. 일본이 동양에서 앞장서서 자주적으로 서양 문물을 받아들였기 때문이다. 지금껏 한국은 일본을 '추격'할 수는 있었다. 하지만 우리가 일본에서 모방해 만든 지금 한국의 문화와 제도, 사회운영 방식으로 일본을 '추월'하기는 어렵다.

미국과 유럽에 대해서도 마찬가지다. 우리가 맹목적으로 그들로부터 모방한 제도와 방식으로는 그들을 추월할 수 없다. 일본은 메이지유신 시대에 주로 유럽을 통해 신문명을 배우고 도입했다. 그들은 '이와쿠라 사절단(岩倉使節團)'을 보내 장기간에 걸쳐 서양을 둘러보고 연구했으며, 자신의 전통과 역사, 나아가야 할 바를 고려해 서양의 제도를 선택적으로 받아들였다. 이와 달리 우리는 일제가 남기고 간 제도 위에 해방 후 주로 미국을 통해 서양 문물을 배우고 도입했다. 한국인은 일본의 제도에 반영된 정도로만 유럽을 알았고, 미국 문명의 뿌리인 유럽의 문명과 제도를 깊이 있게 이해하지는 못했다.

해방 후 지난 70년은 이 땅에 미국의 영향이 절대적으로 강한 시기였다. 그보다 앞선 수천 년간 우리 역사에 없었던 일이 일어난 것이다. 저 수만 리 태평양 건너에 있는 나라에 경제와 안보, 생존을 의존하는 관계를 지속해온 것이다. 19세기 말, 20세기 초 종주국인 청나라에서 일본의 식민지로 전락했고, 다시 일본을 패배시킨 미국의 절대적 영향력하에서 새로운 대한민국은 출발한 것이다. 1980년대까지만 해도 한국의 지도자는 주한 미국 대사와 중요한 국정 사안을 상의해야 하는 처지였다. 우리는 미국을 거의 서구세계의 전부로 여기고 미국에 유학해 공부하며 이를 통해 서구 제도를 배우려고 했다. 그러나 미국 문명의 역사는 일천하고 그 뿌리는 유럽, 특히 영국이다. 더구나 미국은 식민국가로 출발해 연방국가를 이룬 특이한 역사 과정에서 매우 독특한 제도와 문화를 형성·발전시켜왔다. 일찍이 세계 역사에서 그렇게 다양한 민족과 제도의 용광로 같은 국가가 설립된 적이 없었기 때문이다. 서구의 보편적 문화와 제도라고 할 수도 없는 것이다. 자유주의와 개인주의가 어찌 보면 극단적으로 팽배해 있고, 성과주의(meritocracy)의 전통과 개척정신의 전통이 강한 나라다. 해방 후 그것을 따라 하는 것이 한국인이 생각하는 서구화였으나, 한편으로 그것은 미국화에 불과한 것이었다. 유럽의 자본주의와 미국의 자본주의는 여러 면에서 다른 모습을 하고 있고, 경제제도와 경제정책의 방향 역시 그렇다.

이제라도 늦게나마 동도서기(東道西器) 같은 자세로 외국에서 발전된 좋은 제도를 우리 고유의 전통과 문화, 의식체계에 비추어 창의적으로 수용해 발전시켜나가야 한다. 어떻게 보면 한국의 1960~1980년대 경제성장은 자본주의 시장경제를 수용하면서 우리 나름의 방식대로 개발정책을 추진한 실용적 접근의 결과였다고 할 수 있다. 물론 이를 통해 배태된 왜곡 또한 컸으며, 그것들이 오늘날 한국 경제의 발목을 잡고 있는 주요 요소이기도 하다. 그러나 일본의 메이지유신, 덩샤오핑의 개방정책, 리콴유의 싱가포르 선진화 정책 등도 단순한 서구 시장경제 틀의 모방이 아니라 그들 나름의 창의적·실용적 발전 방식으로 성공을 거둔 사례라 할 수 있다. 출발 환경(initial conditions)이 달랐기 때문에 발전에 대한 전략도 달리했던 것이다.

2008년 이후 세계 성장률이 떨어지고 있다. 2011년 이후 중국의 성장률도 가파르게 하락했다. 지난 몇 해 동안 경제학계에서는 '뉴노멀(new normal)'과 '장기침체(secular stagnation)'라는 말이 큰 화두로 떠올랐으며, 이에 대한 논의도 활발하게 진행되었다. 최근에 미국과 유럽 경제가 다소 회복세를 보이고 있으나, 여전히 세계경제는 깊은 구조적 문제와 불확실성에 둘러싸여 있다. 중국의 부상, 미국 경제의 상대적 퇴조, EU 통합, 일본의 정체로 세계경제의 축과 정치적 주도권은 다극화되고 있다. 지금 세계경제는 '대전환기'에 놓여 있는 것이다. 경제는 중국에 의존하고, 안보는 미국에 의존하며, 기술과 부품은 일본에 의존하는 한국은 이러한 전환기에 어떤 영향을 받게 될 것이며, 향후 어떤 입지를 세워나가야 할 것인가?

2장   세계경제 성장의 역사와 전망

필자는 1952년 한국전쟁 중 부산에서 출생했다. 그러니 올해 65세다. 1945년 당시 한국인의 평균수명은 47세에 불과했다. 1960년에 들어 한국인의 평균수명은 62세로 늘어났다. 그러나 당시 남자의 평균 수명이 58.7세였으니 지금 필자는 태어날 당시에, 그리고 어렸을 때 기대되던 평균수명을 넘기며 살고 있는 셈이다. 당시만 해도 환갑잔치에 많은 사람이 몰려들고, 조부나 백부의 환갑잔치에 가려고 거의 온종일 기차와 버스를 타고 시골을 방문하는 일이 흔했다. 살아서 환갑을 넘기는 것이 예사로운 일이 아니었기 때문이다.

필자가 환갑을 넘기며 살게 된 것은 고마운 일이다. 또 다른 고마운 일이 있다. 그것은 필자가 여태까지 인류가 살아온 어떤 시대보다 빠른 성장과 변화의 시대를 살아왔다는 것이다. 인류, 즉 사람 속(屬)이라고 하는 종(種)이 세상에 출현해 살기 시작한 것은 대략 230만~240만 년 전이라고 한다. 인류의 생활양식은 최초 약 220만 년 동안 거의 변화가 없었다. 그러다가 약 10만 년 전부터는 주운 돌과 나무로 수렵 생활을 하는 구석기시대가 시작되었다. 불의 발견도 이때 이루어졌다. 이러한 생활양식이 약 9만 년 동안 지속되다가 약 1만 년 전부터 사람들은 주운 돌을 갈아서 쓰는 신석기시대로 진입했고, 농경과 목축 생활도 시작되었다. 이 기간의 세계 연평균 경제성장률을 따지자면 여전히 소수점에 영을 몇 개나 찍어야 겨우 표현할 수 있을 정도, 즉 거의 0%였을 것이다.

기원후의 경제사를 연구한 학자들에 의하면, 첫 일천 년(first millennium), 그러니까 약 11세기까지 세계경제의 연평균 성장률 역시 0%에 가까웠다(그림 2-1). 이 시기에 서양에서는 그리스와 로마의 문명이 꽃피었고, 중국에서는 한나라와 남북조, 수나라, 당나라, 송나라로 이어진 화려한 문명의 발달이 전개되었다. 그럼에도 이러한 지역에서 일어난 경제성장을 연평균 성장률로 따져보면 여전히 0%에 가깝다는 것이다. 한반도에서는 삼한, 삼국시대, 통일신라, 고려의 개국으로 이어진 시기다. 이 시대, 즉 기원후 첫 일천 년 동안 각 나라의 연평균 1인당 국민소득은 오늘날의 달러 가치로 따지면 대략 400달러 전후였던 것으로 추정된다.

14세기부터 유럽에서 르네상스가 일어나고 과학과 수학이 발전하면서 인류의 경제발전은 서유럽을 중심으로 가속도가 붙기 시작했다. 1500년대에 서유럽의 1인당 평균 소득은 약 800달러에 이르렀고, 중국은 약 600달러, 인도는 약 500달러, 일본도 그와 비슷

그림 2-1

지난 2000년간의 경제사

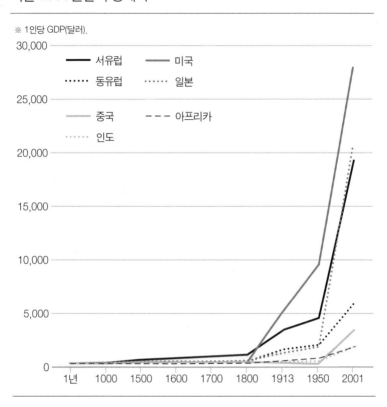

※ 1인당 GDP(달러).

자료: Thompson(2012.6.19).

한 수준이었던 반면에, 아메리카 대륙과 아프리카 대륙의 원주민
경제는 1600년대끼지 여진히 400달러 수준에 머물러 있었다. 두
번째 밀레니엄의 전반부, 그러니까 1000~1500년까지 세계경제의
연평균 성장률은 약 0.1%로 추정된다.

2장 세계경제 성장의 역사와 전망 65

세계경제의 성장률이 빨라지기 시작한 것은 16세기 이후 과
학혁명이 일어나고 나서부터다. 이것이 처음에는 서유럽을 중심으
로 산업혁명을 일으키고 경제가 고도성장을 시작했으며, 19세기
후반에는 미국 경제가 서유럽을 추월하기 시작했다.

아시아와 동유럽은 여전히 19세기 초반까지 1인당 연평균 소
득이 500~600달러 수준에 머물러 있었다. 그때까지 경제성장이
거의 정체되어 있었던 것이다. 조선시대 백성들의 경제생활도 조
선시대 초기나 말기나 500여 년 동안 크게 변화하지 않았다. 여전
히 일반 백성은 초가집에 살며 천수답에 농사를 짓는 농경생활을
하고 있었던 것이다.

영국에서 일어난 산업혁명이 서유럽으로, 다시 미국으로 퍼지
면서 세계경제는 도약을 시작했다. 세계경제의 연평균 실질성장률
은 1700~1820년에 약 0.5%, 1820~1913년에는 약 1.5%, 1913~
1950년에는 약 1.8%, 1950~2012년에는 약 3.8%를 달성했다(그림
2-2). 필자의 생애와 거의 정확하게 맞물리는 이 마지막 기간에 세
계경제는 일찍이 인류 역사에서 겪어보지 못한 최고의 성장률을
구가한 것이다. 경제의 발전과 더불어 이 지구촌은 점점 더 많은
인구를 부양할 수 있게 되었다. 1800년에 9억 명에 불과했던 세계
인구는 2015년에는 75억 명으로 늘어났다.

18세기부터 진행된 영국의 산업혁명으로 유럽에서는 귀족·지
주와 농노·농민이라는 계층이 자본가와 노동자라는 새로운 계층
으로 대체되기 시작했다. 또한 도시화(urbanization)가 진행되면서 농
촌에서 도시로 유입된 수많은 인구가 이른바 '시민계급'을 형성했

그림 2-2

세계의 경제성장률 변화

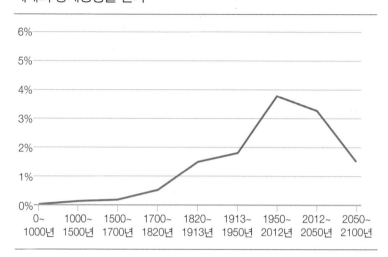

자료: Piketty(2014).

으며, 16~17세기 이후 유럽에서 일어난 계몽주의 운동(enlightenment movement)으로 많은 시민이 자신의 권리와 자유, 책임을 자각하게 되었다. 이러한 변화는 프랑스처럼 구체제를 전복시키는 혁명으로 이어지거나 영국처럼 점진적 제도의 개혁(의회민주주의)을 통해 입헌 군주체제로 발전해나가는 데 영향을 주게 된다. 한편 여러 공국으로 분열되어 있던 독일과 이탈리아는 19세기 후반 통일국가를 이루게 되었다.

과학의 발전, 새로운 발명, 기술 혁신, 산업의 발전은 결국 중산층과 시민계급을 확대시켰으며, 계몽주의 운동과 더불어 높아진 시민의식은 18~19세기 이후 유럽에서 시민 주도의 국가경영 방식을 낳게 되었다. 아테네 이후 '시민', '중산층'이 전제군주와 봉건귀족의 오랜 지배에서 벗어나 다시 역사의 주역으로 부상한 것이다. 18세기까지의 동서양 역사는 주로 군주나 귀족, 그리고 이들의 후원을 받는 성직자, 문인, 예술가의 역사였다.

반면 도시로 몰려든 노동자계급의 열악한 생활환경, 공해, 소득분배 악화, 대기업 출현과 독점화, 노동 착취는 결국 20세기 들어 유럽의 많은 국가들이 혁명이나 선거를 통해 공산주의 혹은 사회주의경제체제로 이행되는 변환을 겪게 했다. 이러한 체제 변화, 국가운영 방식 또는 국가지배구조 변화는 결국 16세기 이후 진행된 과학과 기술 발전으로 경제성장이 빨라지면서 중산층이 형성·확대되었기 때문이다.

지금 시대를 살아가는 사람들 중 상당수는 앞으로도 세계경제가 빠르게 성장하리라고 믿는다. 관성의 법칙이라고 해야 할까. 우리 세대가 생애를 통해 보아온 것이 지속적인 고성장이었기 때문일 것이다. 특히 우리가 살고 있는 이 땅, 대한민국은 지난 50년 동안 과거 이 땅에서뿐 아니라 전 세계에서 유례를 찾아보기 어려운 고도성장을 해왔다. 우리 생애에서 가히 전에 보지 못했던 기적에 가까운 성장을 이룬 것이다. 이웃 중국은 지난 30년간 우리보다 더 장기간에 걸쳐 두 자릿수에 가까운 고도성장을 이어왔다. 그 결과 우리 시대의 국민들은 고성장과 빠른 변화에 익숙해져 버렸다.

'상전벽해', 그것을 필자 세대는 직접 눈으로 보며 성장했고, 지금도 그것이 우리 주위에서 일어나는 것을 보고 있다. 광나루에서 배를 타고 건너야 했던 배밭, 강남이 불과 30여 년 만에 화려한

쇼핑가와 식당가로 둔갑해 서울의 중심으로 바뀌었으며, 말 그대로 허허벌판이던 상하이의 푸둥은 불과 20년 만에 빌딩 숲으로 변했다. 필자가 중국의 금융부문 일을 맡아 처음 베이징을 방문했던 1992년에만 해도 오늘날과 같은 베이징의 모습을 상상하기 어려웠다. 당시 석탄 때는 냄새로 가득한 베이징 시내의 거리에는 인민복을 입은 많은 사람이 할 일 없이 서성대고 있었고, 거리는 구식 자전거로 가득 찼으며, 가을이 되면 소금물에 절인 흰 배추들이 넘쳐났다.

고도성장이 이어질 것이라는 많은 이의 기대와 달리 경제학자들은 향후 세계경제의 성장률이 점점 더 둔화될 것으로 보고 있다. 2012~2050년에는 세계 평균 성장률이 약 3.2%, 2050~2100년에는 다시 1%대로 떨어질 것으로 예측하고 있다(67쪽 그림 2-2). 미국 노스웨스턴대학의 로버트 고든(Gordon, 2016) 같은 학자는 향후 세계경제, 특히 미국 경제의 생산성이 빠르게 떨어질 것으로 예측한다. 그는 설령 앞으로의 기술 발전 속도가 과거 100년 못지않게 획기적인 것이라 하더라도 경제성장에 대한 영향은 과거와 같지 않을 것이며, 특히 지금 강하게 불고 있는 저출산율과 같은 성장의 역풍(headwinds)으로 상당수 경제학자들이 예측하는 것보다 성장률이 더 빠르게 하락할 것이라고 주장한다.

이렇게 향후 세계 성장률이 1950~2012년을 정점으로 지속적으로 하락할 것으로 예측되는 주된 이유는 크게 다섯 가지다. 첫째는 전 세계적으로 출산율이 감소해 노동인구 공급이 줄어들고 나아가 인구가 축소될 것으로 예측된다는 점이다. 1960년대 초만 해

그림 2-3

세계의 출산율 추이

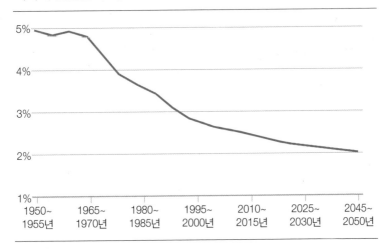

자료: UN Population Division.

도 약 5명에 달하던 세계 평균 출산율은 현재 2.5명으로 떨어졌고, 30년 후에는 약 2명으로 떨어질 것으로 예측된다(그림 2-3). 현재의 인구 수준을 유지하는 데 필요한 '대체출산율'은 2.1명이다. 즉, 여성이 평생 아이 둘은 나아야 인구 수준이 유지가 되는 것이다. 그러나 아프리카 대륙, 남미 일부, 방글라데시, 호주를 제외하고는 대부분 지역에서 출산율이 이미 이 대체출산율을 밑돌고 있다(그림 2-4). 서유럽과 러시아, 일본에서는 이미 인구가 줄어들고 있으며, 한국과 중국도 머지않아 인구가 줄어들 것으로 예측된다. 한국은 2018년부터 경제활동인구가 줄어들고, 2030년을 정점으로 인구가 줄어들 것으로 예측된다. 중국도 이미 2015년부터 경제활동인구가 줄어들고 있으며, 2030년 이후에는 인구가 줄어들 것으로 예

1부 한국 경제, 어떻게 보아야 할 것인가

그림 2-4

대체출산율(2.1명) 대비 출산율

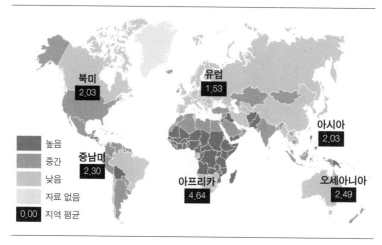

북미
2.03

유럽
1.53

아시아
2.03

높음
중간
낮음
자료 없음
0.00 지역 평균

중남미
2.30

아프리카
4.64

오세아니아
2.49

자료: The Economist(2011.10.22).

측된다.

　둘째, 신기술 출현의 지평이 좁아지고, 혹은 여전히 빠른 기술의 발전이 일어나더라도 그것이 경제 전체의 투자와 고용에 미치는 영향이 과거보다는 훨씬 미약할 것으로 추정된다는 점이다. 기술 발전이 투자와 성장에 가장 심대한 영향을 미친 것은 증기기관의 발명으로 대표되는 19세기의 1차 산업혁명보다 전기와 자동차, 내부연소엔진의 발명, 가정으로 상하수도를 끌어들인 것으로 대표되는 2차 산업혁명의 세계적 확산(20세기 초 중반)이었다. 화장실과 상수도가 가정으로 들어오고, 그을음이 피어오르는 횃불 대신 전기로 어둠이 내려앉은 밤까지 일할 수 있게 되었으며, 하루에 약 4kg의 배설물을 길에 뿌려놓는 마차 대신 자동차로 장거리 이동이

그림 2-5

미국 생산성 증가의 둔화

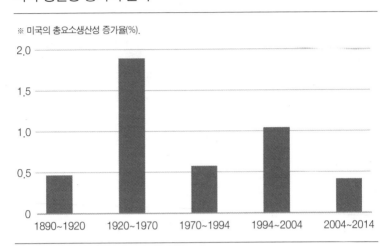

※ 미국의 총요소생산성 증가율(%).

자료: Gordon(2016).

가능해졌으며, 석유와 내부연소엔진의 발명으로 대량생산과 이를
위한 투자가 일어나고 노동생산성이 급증하게 된 것이다.

이에 비하면 정보통신혁명으로 대표되는 3차 산업혁명은 경
제성장에 미치는 효과가 훨씬 적었다고 평가된다. 로버트 고든 교
수는 EICT(Entertainment, Information, Communication Technology)로 대표되
는 3차 산업혁명에 의한 투자와 생산성 향상 효과가 미국에서는
1994~2005년 사이에 반짝하고 끝났다고 주장한다(그림 2-5). 인터
넷 혁명은 인류의 생활방식을 빠르게 바꾸었지만, 고용에 대한 효
과는 미미하거나 오히려 마이너스라는 것이다. 또한 그것이 투자
에 미치는 영향도 그리 크지 않다고 본다. 예컨대 과거의 혁신적
기업가였던 포드나 카네기가 대형 자동차공장, 철강공장에 대해

막대한 투자를 동원할 때와 비교해, 오늘날 혁신적 기업가인 빌 게이츠나 마크 저커버그, 스티브 잡스, 마윈의 기업은 그 정도의 물리적 자본 투자와 인력 투입을 필요로 하지 않는다는 것이다.

지금 진행되고 있는 4차 산업혁명도 마찬가지다. 컴퓨터와 로봇이 사람의 노동을 대체하고 에어비앤비나 우버 등 공유경제가 발전함으로써 오히려 생산품에 대한 수요가 줄어들고 있다. 아마존은 대형 쇼핑몰 건설을 줄이고, 에어비앤비는 호텔 건축 수요를 줄인다. 고든 교수는 상하수도가 없는 집에 살 것인지, 아니면 페이스북 없이 살 것인지 물으면 아마 대부분이 후자의 삶을 택할 것이라면서, 오늘날 정보통신혁명과 과거 2차 산업혁명이 인간의 삶과 경제성장에 미친 영향을 비교했다.

셋째, 소득 불균등이 확대되고 있다는 점이다. 1980년대 이후 많은 선진국에서, 그리고 신흥경제국에서 소득 불균등도가 심화되고 있다. 전체 국민소득에 대한 상위 1% 혹은 상위 10% 소득자의 비중이 지속적으로 증대하고 있다. 고소득자는 그들이 번 돈을 다 쓰기 어려워 소득에 대한 소비 비중이 작다. 반면에 저소득자는 벌어들인 돈이 쓰기에 충분하지 않아 소비 성향이 매우 높다. 소득분배가 악화된다는 것은 그만큼 경제의 전체 소득에 비해 소비 수요가 줄어든다는 것이다. 지난 약 30~40년간 전 세계적으로 지속된 소득 불균등 심화는 세계경제구조 변화와 맞물려 진행되어온 구조적 현상이라고 볼 수 있다. 이 구조적 현상을 바꾸는 일은 쉽지 않다. 그러나 그것이 이제 세계경제의 성장을 제약하는 요인이 되고 있는 것이다.

넷째, 중국이나 인도 등 인구 거대 국가들의 고도성장이 2050년까지는 종료될 것으로 예측된다는 점이다. 서유럽과 미국의 경제는 제2차 세계대전 이후 약 30년간 최고로 빠른 성장을 이뤘다. 스페인은 1960년대 연평균 성장률이 약 8%로 우리나라 1960년대 평균 성장률보다 오히려 높았으며, 이탈리아와 프랑스도 약 6%의 성장률을 기록했다. 그러나 미국과 서유럽 국가의 경제성장률은 1970년대 이후 크게 하락하기 시작해 2000년대 들어서는 1%대에 머물고 있다. 일본의 성장률도 마찬가지다.

다섯째, 과다 부채 문제다. 지금 대부분의 선진국에서는 국가 부채가 과도하게 증가해 더 이상 재정지출 확대로 단기적 경기 부양을 꾀하는 것이 힘들어진 상태다. 민간부문도 마찬가지다. 경제의 금융화, 자산의 증권화 등으로 1980년대 이후 신용이 급증했으며, 그 결과 기업과 가계, 금융기관의 부채도 급증했다. 이러한 과다 부채는 급기야 2008년 세계금융위기를 초래하기도 했다. 신흥국의 부채 문제도 심각하다. 중국은 2009년 금융위기 극복 과정에서 과도한 신용팽창정책을 써 이미 금융 불안을 우려하는 상황이다. 이러한 상황에서 과거 수십 년간 이루어진 신용팽창에 의한 성장 방식도 이미 한계에 이르렀다.

이상의 요인들을 종합해볼 때, 세계는 이미 고성장의 시대를 지나왔다. 미래 세계경제의 흐름은 곧 한국 경제의 흐름을 주도하게 될 것이다. 한국은 어떤 나라보다 개방도와 대외 의존도가 높은 나라이기 때문이다. 더구나 지금 한국 경제에는 앞서 말한 성장의 역풍이 다른 어떤 나라보다 빠르고 강하게 불고 있다.

3장   세계경제 환경과 한국 경제의 주요 변화

최근 들어 '장기침체(secular stagnation)' 혹은 '뉴노멀(new normal)'이라
는 용어를 자주 듣게 된다. 과거에 흔히 듣지 못했던 말이다. '장기
침체'라는 말을 제일 처음 쓴 경제학자는 1930년대 하버드대학 경
제학과 교수로 있던 앨빈 핸슨(Alvin Hansen)으로 알려져 있다. 그는
1939년 미국경제학회(American Economic Association) 연차총회 발표에
서, 당시 미국 경제가 공급 과잉, 수요 부족, 기술 발전 속도 저하,
생산성 저하로 '장기침체'를 맞고 있다고 주장했다. 지난 2013년
하버드대학의 로런스 서머스(Lawrence Summers) 교수는 IMF의 연례
학술회의(IMF Research Conference)에서 제2차 세계대전 이후 잊혔던
이 '장기침체'라는 단어를 다시 끄집어내어 그 위에 저금리, 저물
가, 저성장이 이제 이 시대 세계경제의 '새로운 정상상태(뉴노멀)'를
나타내는 현상이 되었다고 주장했다. 그는 자본 공급(저축)과 자본

수요(투자)를 일치시키는 실질균형금리가 이미 마이너스 수준으로 내려가 있다고 보며, 명목금리가 제로 이하로 내려갈 수 없고 저물가가 지속되는 현재 상황에서는 저투자와 저성장이 지속될 수밖에 없을 것으로 봤다.

서머스 교수는 저성장의 늪에서 빠져나오기 위해서는 지금과 같은 완화적 통화정책만으로는 충분치 않고 미국과 세계 주요국들이 재정 적자를 크게 늘려 수요를 창출해야 한다고 주장하지만, 이에 대한 일반 국민들과 정치권의 반응은 매우 차갑다. 실제로 많은 학자는 핸슨이 주장했던 장기침체를 세계경제가 극복할 수 있었던 것이 케인시언 경제학 또는 케인시언식 경제정책 덕분이었다기보다 제2차 세계대전 발발에 따른 전쟁 특수와 대폭적 재정지출 때문이었다고 보고 있다. 그리고 제2차 세계대전이 끝난 직후에 시작된 베이비붐으로 1960년대 이후 경제활동인구가 크게 증가한 덕분이었다.

그러나 지금 세계는 1940년대처럼 전쟁 특수가 세계경제의 문제를 해결해주기를 기대할 수 없고 기대해서도 안 될 일이다. 정책을 통해, 좋은 정책이 나올 수 있는 정치 과정을 통해, 그러한 정치 과정이 일어날 수 있는 튼실한 국가지배구조 설립을 통해 기대할 수 있는 일이다. 나아가 지구촌 시민의 복리를 위한 국가 간 정책 협력, 제도의 조화 내지 결합이 이루어질 수 있는 새로운 세계질서, 세계의 지배구조(global economic governance)를 통해 세계경제의 새로운 진로를 열어가야 할 때다(Cho, 2011).

지금 이대로 가게 되면 세계경제의 정체는 점점 깊어지고, 국가경제의 침체도 길어질 것이며, 각국은 각자도생의 길을 걸으며 통화전쟁이나 보호주의 경향으로 치달을 가능성이 크다. 이미 그러한 조짐이 유럽과 미국, 일본에서 나타나고 있다. 2장에서 논한 바와 같이 로버트 고든 교수는 향후 세계경제 성장률이 과거에 비해 크게 떨어질 것으로 예측했다. 그의 이러한 예측은 로런스 서머스 교수와 달리 거시경제적 관점에서가 아니라 미시경제적 관점, 생산성 관점에 기초한 것이다. 정보통신혁명에 의한 생산성 향상 효과는 이미 2005년 전후로 반짝하고 끝났으며, 미국을 비롯한 주요 선진국의 생산성 향상은 다시 크게 정체되고 있다.

물론 경제학자의 예측이 항상 맞는 것은 아니다. 역사는 인간이 예측하지 못한 방향으로 물길을 틀어 늘 우리에게 경이로움을 주고 겸손을 배우게 한다. 지난 20세기 후반 세계가 그렇게 많은 신기술을 보급하고 그렇게 빠른 성장을 이루어낼 것이라고 그 이전 사람들은 예측할 수 있었을까? 20세기를 맞이할 때 16억이었던 세계 인구는 20세기가 끝난 2000년에는 60억이 되었으며 2014년에는 75억으로 증가했다. 과학기술의 혁신과 시장경제의 발전이 이 지구촌에서 그 많은 생명이 삶을 영위할 수 있게 해준 것이다.

하지만 현재의 지식과 통계자료로 예견할 수 있는 미래는 그렇게 밝지 못하다. 기술은 인류 사회와 함께 끊임없이 발전해나가면서 인간이 살아가는 방식을 바꾸겠지만, 향후 기술 개발, 소위 이노베이션의 지평(frontier)은 지난 수백 년간 인류가 개척해온 기술의 지평에 비하면 좁으리라는 것이 일반적인 예측이다. 유전자공학, 인공지능, 생화학 등은 인간이 신의 영역을 넘본다고 할 만큼 경이적인 수준으로 발전해나가고 있지만, 이것이 과거 1, 2차 산업혁명과 같은 거대 투자, 다량 생산, 고용 유발 효과는 가져오지 못할 것으로 보고 있다.

우리가 살고 있는 아시아로 눈을 돌려보자. 15세기 이후 기술 발전, 과학혁명, 세계경제 발전을 주도한 곳은 서유럽이다. 이후 서유럽 국가들은 전 세계에 걸쳐 식민지를 확대했다. 선봉은 스페인과 포르투갈이었고, 네덜란드와 영국, 프랑스가 뒤를 이었다. 이는 항해술과 과학기술, 군사력의 발전 덕분이었다. 영국은 자유주의 사상과 전통이 뿌리 깊게 박힌 나라다. 당시 앞선 기술과 산업 경쟁력, 무기를 바탕으로 주로 동인도회사와 같은 민간부문이 식민지를 개척한 다음에 국가의 보호와 지원을 얻어 전 세계 대륙에 침투하기 시작해 인류 최초로 '해가 지지 않는' 제국을 건설했다. 현재 유엔 회원국 193개국 중 172개국이 영국의 침입을 받은 적이 있다고 한다. 한국도 이에 포함되는데 아마 거문도사건을 두고 하는 말이라 생각된다. 이러한 서세동점에 가장 먼저 노출된 아시아 국가들은 인도, 인도네시아, 필리핀, 말레이시아, 베트남, 미얀마 등을 포함하는 인도차이나반도의 국가들이었다. 이들은 모두 서유럽 국가의 식민지가 되었다.

근대에 들어 동북아시아에서는 일본이 지리적 위치로 인해 가장 먼저 서세의 영향을 받기 시작했다. 16세기 이후 포르투갈과 네덜란드의 선박이 드나들면서 그 영향으로 '난학'이 발전·성행했고, 이어서 서양 기술 도입으로 조총 등 무기 개발, 서양 문물 확산이 다른 아시아 국가보다 앞서서 진행되었다. 이러한 경제력 및 군사력을 바탕으로 도요토미 히데요시는 전국통일 이후 명나라를 치겠다는 야심하에 먼저 조선을 침략했다. 오랜 전쟁을 통한 생산양식의 효율화와 서양 기술의 도입으로 13~14세기 이후 일본은 중국, 조선에 비해 빠르게 기술을 발전시키고 경제적 부를 쌓아갔으며, 19세기 중반 미국의 흑선에 의해 쇄국정책이 막을 내렸고, 곧 이어진 메이지유신으로 이른바 '탈아입구(脫亞入歐)'를 표방하면서 아시아 국가 중 가장 먼저 국가지배세력이 나서서 서양 문물을 적극적으로 받아들이기 시작한 나라가 되었다.

특히 메이지유신은 일본을 급격하게 변화시켰다. 메이지유신 이후 일본의 산업 발전은 눈부신 속도로 진행되었다. 방직 기술이 영국과 네덜란드에서 도입되어 면방직산업이 크게 일어났으며, 1883년 '오사카 방직회사'는 이미 세계 최대 규모의 경쟁력 있는 회사가 되었다(Ohno, 2006). 당시 영국의 유일한 왕립지리학회 여성 회원이던 이저벨라 버드 비숍(Isabella Bird Bishop)이 쓴 『한국과 그 이웃 나라들(Korea and Her Neighbors)』(1897년)이라는 매우 재미있는 책을 보면, 1890년대 당시 조선에서 솜바지 등에 사용한 솜의 시장 점유율에서 일본의 방적회사들이 영국의 방적회사들을 밀어내고 있다며 우려하는 대목이 나오기도 한다.

20세기 초반 들어 일본은 이미 서유럽 국가들과 국력, 군사력, 산업 경쟁력을 놓고 어깨를 겨룰 정도로 발전했다. 그들이 꿈꾸던 이른바 '일류국가' 반열에 오른 것이다(Ohno, 2006). 특히 유럽에서 제1차 세계대전을 겪는 동안 전쟁 상대국에 대해 서로 무역 봉쇄(sanction)를 하면서 일본 제품에 대한 수요가 폭발적으로 늘었다.

일본은 이러한 제1차 세계대전의 특수에 힘입어 경상수지 적자에서 벗어나 경상수지 흑자로 돌아섰으며, 그 결과 자본 수입국에서 자본 수출국으로 전환되었다. 그리고 이는 일본의 조선 식민지에 대한 정책도 변화시켰다. 3·1운동의 영향도 있었지만, 조선에서 주로 식량과 농산물을 수탈·수입해가던 정책에서, 1920년대 이후 일본의 경상수지 흑자 전환과 더불어 조선에 자본 투자를 확대해 공장을 짓고 산업화를 시작하게 된 것이다. 이후 일본은 빠르게 향상된 산업 경쟁력과 군사력을 바탕으로 만주 침략을 시작했고, 중일전쟁을 일으켰다. 이어 태평양전쟁을 일으킨 일본은 한때 만주와 몽골, 상하이에 이르는 동북아시아 대륙, 필리핀과 베트남 등 동남아시아, 솔로몬제도 등 남태평양 지역에 이르기까지 아시아와 태평양에 걸쳐 넓은 점령 지역을 가지게 되었다.

원래 동아시아의 맹주였던 중국은 중화사상과 청나라의 쇄국 정책의 지속으로 서양 문물을 적극적으로 받아들이지 않았다. 세상의 지평이 변하고 있는데도 여전히 자신이 세계의 중심이라는 인식에 빠져 있었던 중국은 아편전쟁에서 패한 이후에도 서양 문물을 받아들이는 데 소극적이었다. 결국 중국은 열강의 침략 대상이 되었고 거의 반식민지로 전락했다. 1895년 청일전쟁에서 패한 뒤 민중이 각성하기 시작해 1911년에는 쑨원이 주도한 신해혁명으로 청조가 망하고 중화민국이라는 공화국 체제로 들어섰다. 그러나 위안스카이의 황제 즉위 등 역전과 격변, 군벌의 발호 등 혼란기를 겪으면서 공산주의에 대한 민중의 지지가 확산되었다. 일본의 침략에 대항하기 위해 국공합작이 이루어졌으나, 부패한 국민당 정부를 민중이 외면함으로써 1949년 중국 대륙은 공산당 치하로 넘어가게 되었다.

19세기 후반, 20세기 전반은 서양 문물을 일찍 받아들이고 서양과 거의 대등한 국가 발전을 이룬 일본을 제외한 아시아 국가 대부분이 서양의 침략을 받아 굴욕의 역사를 기록한 시기였다. 세상이 어떻게 돌아가는지도 모른 채 오랫동안 당쟁과 사대주의 사상에 갇혀 우물 안 개구리 같은 인식으로 국가를 통치해온 조선의 왕조와 지배계급은 서양도 아닌 이웃 아시아 국가에 의해 나라가 멸망하고 식민지화되는 치욕을 불러왔다. 대만이 청일전쟁 후 톈진조약에 의해 일본의 식민지화되었다고 하지만, 그 전에 대만은 독립국가가 아니었고, 명나라 이후 중국의 지배를 받아온 섬 지역이었다. 그런 면에서 조선이 일제의 식민지가 된 것은, 과거에 선진문화와 기술을 전수해주기도 하고 오랜 라이벌이기도 했던 이웃 아시아 국가에 의해 식민지화된 최초이자 유일한 경우로서 굴욕적 역사의 전개였다고 하겠다.

1945년 해방과 더불어 한국은 태평양 건너 멀리 놓여 있던 나라, 미국의 절대적 영향력하에 편입되었다. 미국과 독일의 바이마르공화국 헌법을 모방해 급조한 헌법과 국가체제로 정부를 수립하고, 곧이어 다시 외국의 군대들이 이 땅에 들어와 싸우게 된 비극적이고 참혹한 전쟁을 겪었다. 그리고 지금도 3만 명에 가까운 미국의 군대가 주둔하고 있다.

대한민국은 20세기 중반 이후 물밀 듯 밀어닥치는 미국식 제도와 문물을 소화해야 했다. 서구가 수 세기 동안 갈등과 조정, 타협, 혹은 혁명을 거쳐 발전시켜온 것을 해방 이후 하루아침에 이 땅에 이식하게 된 것이다. 그것은 당연히 소화불량과 혼란을 가져왔다. 내생적으로 발전한 것이 아니라 외부에서 급하게 가져온 제도와 체제였기 때문이다. 고 강영훈 전 총리는 이를 "대나무 줄기에 소나무를 이식한 것과 같다"라고 표현하기도 했다(강영훈, 2008). 그리고 그러한 소화불량과 그 후유증은 지금도 우리 사회에서 가치의 혼란과 갈등, 혼미라는 상황으로 이어지고 있다.

　조선은 이웃 일본과 달리 끝내 자각과 자기 주도로 새로운 제도를 받아들이거나 새로운 시대를 열지 못했다. 안타까운 일이다. 조선은 일제의 식민지가 된 이후 1911년 조선총독부가 일본의 민법을 의용해 발표한 '조선민사령'에 의해 비로소 신분에 따른 차별이 없어지고 개인의 기본권이 보장받게 되었으며 근대 제도가 도입되기 시작했다. 지적조사를 하며 토지등기제도를 도입했고, 법적으로 자본주의의 근간이 되는 사유재산권의 개념과 근대적 자본주의 법제도가 도입되었다. 1894년 갑오경장이 있었기는 하지만 형식적인 것에 불과했다. 이미 조선은 허물어진 집과 같은 형세였으며 끝내 스스로 근대화로의 개혁을 이끌어내지 못한 것이다.

　더욱이 그러한 근대화와 산업화는 당시 한반도에 진출해 있던 일본인을 중심으로 이루어졌고, 그에 따른 혜택도 주로 일본인이 향유했다. 조선에 도입된 근대 제도는 일본인의 주도로 운용되었고, 대부분의 조선인은 차별을 받으며 그 외곽에 서 있었다. 일제 시대에 도입된 근대 법제도는 조선총독부가 식민지 조선 사람들을 통치하고 일본의 이익을 위해 식민지의 자원과 인력을 수탈·관리하는 수단으로 유용하게 사용되었지만, 이 땅의 전통적 사고방식이나 생활양식과는 동떨어져 있는 것이었다(헨더슨, 2013; 이영훈 엮음, 2014). 그 결과 이 땅의 사람들은 법을 지키지 않는 것을 오히려 자랑스러워하기도 했고, 법을 어겼다고 체포되고 구금되는 것을 핍박으로 여겼다. 불행하게도 이렇게 형성된 사고와 인식은 해방과 대한민국 정부 수립 이후에도 이어졌다. 거의 모든 사회구성원이 법을 제대로 지키지 않는 가운데 어쩌다 위법 사실로 걸려 불이익을 당하면 그것을 국가의 정당한 권력 행사로 받아들이기보다 운이 없어서라거나 사회가 정의롭지 못해서 그렇게 되었다고 생각하는 것이 사회 전반의 인식으로 널리 뿌리내리게 된 것이다. 그럼에도 불구하고 일제시대에 시작된 근대 교육제도와 행정 시스템, 산업화는 이후 신생 대한민국이 빠른 발전을 이루어나가는 데 상당한 밑바탕을 제공하기도 했다.

제2차 세계대전 이후 세계 질서는 전승국 영국과 미국의 주도로 재편되었다. 이 두 나라는 자유주의의 전통이 깊은 나라로 경제 정책 역시 시장에서의 자유경쟁을 바탕으로 해왔다. 그러나 이들이 발전시킨 시장경제제도의 바탕이 되는 일반 대중의 철학, 가치, 행동양식은 한국인의 그것과는 사뭇 달랐다. 한국에서 시장경제는 그들과는 또 다른 형태와 질서로 발전할 수밖에 없는 것이었다.

천시와 지리를 얻은 한국 경제
(1950년대 말~1980년대)

제2차 세계대전 후 무역·금융 질서는 브레턴우즈·GATT 체제로 출범하게 되었다. 국제통화기금(IMF)은 고정환율제도하에서 경상 거래를 자유화하는 동시에 경상수지 적자 확대로 인한 외환 부족과 이를 시정하기 위한 경제 조정을 돕기 위해 설립되었고, 세계은행(World Bank)은 전후 유럽의 복구와 개도국의 경제발전을 목적으로 설립되었다. 그리고 관세와 무역에 관한 일반협정(GATT)으로 출범한 GATT 체제는 무역의 자유화를 확산하기 위한 대표적인 기구로서 국제기구가 아닌 국가 간 협정으로 출범한 이후에 1995년 WTO라는 국제기구로 전환되었다. 이러한 전후 국제질서는 미국의 리더십과 주도하에 지속되었는데, 일본과 한국을 비롯한 동아시아 주변 국가들은 이러한 새 질서의 주요한 수혜국이 되었다.

무엇보다 GATT 체제에서의 수차례에 걸친 국제적 관세 인하 협상(도쿄라운드, 케네디라운드 등)에 의해 공산품에 대한 관세가 크게 인하되었고, 이는 부존자원이 부족하고 가진 것이 인력밖에 없는 나라들이 제조업을 일으켜 경제를 발전시키고 소득의 빠른 증가를 이룰 수 있는 중요한 계기를 제공했다. 전후 브레턴우즈 체제와 GATT 체제가 본격적으로 자리 잡기 시작한 1950년대 중반 이후, 세계의 제조업 교역은 크게 신장하기 시작했다. 종래의 세계 교역은 주로 농산물과 광산물이 주류를 이루었으나 GATT 체제에 의한 연이은 공산물 관세 인하로 미국과 유럽에서 공산품 수입이 크게

그림 3-1

제조업의 교역 비중 추이

※ 1953년을 1로 하여 총생산 대비 제조업 교역의 비중 추이를 나타낸 것임.

자료: Krugman, Obstfeld and Melitz(2012).

늘면서 공산품이 농산품과 광물자원을 제치고 세계 교역의 주류를
이루게 되었다(그림 3-1). 이러한 상황에서 독일과 일본의 제조업이
다시 빠르게 회복·부상했고 대만과 홍콩, 싱가포르의 보세 가공업
이 1950년대 후반부터 빠르게 성장하기 시작했다. 반면에 농산품
과 자원 대국으로 제2차 세계대전 전까지 빠르게 성장하던 신흥국
아르헨티나, 브라질, 칠레 등 남미 국가들과 필리핀, 말레이시아,
인도네시아, 미얀마 등 동아시아 국가들이 동북아시아 국가들에
비해 성장과 발전이 뒤쳐지게 되있다.

　　한국전쟁 이후 피폐와 대혼란에 빠져 있던 한국도 1960년대
초반에 박정희 정부가 들어서고 정치적 안정을 이루면서 이러한

대열에 본격적으로 동참하게 되었다. 공산품에 대한 관세의 대폭 인하와 제조업 교역의 급신장은, 예전 영국, 스페인, 프랑스, 독일 등의 식민지로서 주로 자원 개발과 농업 플랜테이션을 위주로 한 경제개발 체제를 갖추고 있던 남미·아프리카·동남아시아 지역의 국가들에 비해 뒤처져 있던 동북아시아 신생 독립국가들이 제조업 발전으로 더 빠른 경제성장을 이룰 수 있게 한 계기가 되었다. 특히 동북아시아의 제조업 선진국인 일본이 1960년대 들어 자동차, 석유화학, 조선, 전자 등 중화학공업 수출과 이를 위한 시설을 크게 확대하면서 주변 국가들로 섬유, 합판, 방직 등 경공업의 생산 시설이 이전되기 시작했고, 이로써 대만, 한국, 싱가포르, 홍콩이 이른바 네 마리 작은 용으로 부상하기 시작한 것이다[地利]. 이후 이 네 나라는 권위주의적이지만 안정적인 국내 정치를 기반으로 성공적인 투자 유치와 고도성장을 이어가면서 모두 선진국에 버금가는 산업 발전과 국민소득 성장을 이루었다. 영국 식민지였던 싱가포르와 홍콩은 1인당 국민소득이 이미 선진국 평균 소득을 능가하고 있다. 이어서 1970년대에는 인도네시아, 필리핀, 태국, 말레이시아가 본격적인 개방과 수출 진흥 정책으로 전환함으로써 빠른 성장을 이루기 시작했다.

중국은 1970년대 말 덩샤오핑의 개방정책에 의해, 약 30년 동안 폐쇄되어 있던 공산주의체제를 서서히 바꿔나가기 시작했다. 공산주의체제하에 약 한 세대에 걸쳐 굳어진 근로문화가 하루아침에 바뀔 수는 없었기에 1980년대까지 중국은 그리 괄목할 만한 성장을 보이지 않았다. 필자가 근무하고 있던 1980년대 당시 세계은행의 중국팀은 중국이 여전히 사회주의 근로문화에 갇혀 있으며 이를 바꾸기가 쉽지 않을 것이라고 평가했다. 그러나 1990년대 이후 그동안 잠재해 있던 중국인의 능력이 발현되면서 눈부신 고도성장을 이루기 시작했다. 중국은 단박에 세계 제1의 제조업 국가, 제1의 수출 국가로 뛰어올랐고, 2012년 이후 일본을 제치고 세계 2위의 경제 규모를 이루었다. 이미 구매력 기준으로는 미국을 제치고 제1의 경제 대국이 되었다. 1980년대 이후 약 30년간 중국이 이룬 고도성장은 그보다 앞서 일본, 대만, 한국이 이룩했던 고도성장의 기록을 모두 깨는 괄목할 만한 것이었다.

곧이어 1990년대 초반 독립 이후 거의 사회주의식 경제체제와 자급자족의 폐쇄적 대외 경제정책을 고수하던 인도가 중국의 개방과 빠른 부상에 자극받아 개방정책에 합류함으로써 높은 경제성장률을 기록하기 시작했다. 2014년 이후 인도는 중국보다 더 높은 성장률을 보이고 있으며, 2017년 성장률도 중국에 비해 약 1.5% 가까이 높을 것으로 예측된다. 향후 약 20~30년간 이러한 현상은 지속될 것으로 보인다. 인도 경제가 가진 큰 장점은 인구구조가 매우 젊다는 것이다. 중국의 인구구조가 이미 고령화되고 있고 2030년 이후에는 인구가 감소할 것으로 예측되는 데 비해, 인도의 인구구조는 이 나라가 향후 수십 년간 본격적 고도성장을 시현해나갈 것임을 예고한다. 2050년 이전에 인도가 중국의 경제 규모를 넘어설 것이라는 예측도 존재한다.

여기에다 동구권의 사회주의체제가 무너지고 냉전시대가 종식되면서 1990년대 이후 세계경제는 대변혁을 겪게 되었다.

1990년대 이후 세계화와 한국 경제의 구조 변화: 기회와 위협의 시작

동유럽, 인도, 중국, 러시아, 중앙아시아 국가 등 과거 자유시장경제의 외곽에 있던 나라들이 1990년대 이후 사회주의와 폐쇄적 경제정책을 내던지고 시장경제체제로 편입되면서 세계경제는 빠른 세계화의 물결과 더불어 커다란 구조 변화를 겪어오고 있다. 1990년대 당시 중국, 인도, 소련과 동유럽 국가들은 전체 인구로 보면 전 세계 인구의 절반에 다소 못 미쳤지만, 이들 국가의 인구는 서방 세계보다 훨씬 젊은 구조를 가지고 있었다. 그 결과 생산활동인구는 이들 국가가 전 세계의 절반 이상을 차지하고 있었다. 전 세계 노동인구의 절반 이상이 종래 체제적 차이 때문에, 혹은 식민지 시대의 경험으로 인한 역사적 이유로 자본주의 시장경제체제로부터 고립되어 있다가 본격적으로 시장경제체제에 편입되는 엄청난 변혁이 시작된 것이다.

인구 13억의 중국이 지난 30년간 세계 최대의 제조업 국가, 수출 국가로 떠오르면서, 또한 인도, 인도네시아, 베트남 등 인구가 많은 국가들과 동유럽 국가들의 제조품이 전 세계에 쏟아지면서 공산품의 공급 과잉은 이제 세계경제의 새로운 구조가 되었다.

1990년대 이후 20~30년간은 훗날 역사가들에 의해 세계와 세계경제의 '대변혁기'로 기록될 것이다. 그리고 그 대변혁은 2008년 세계금융위기를 거치며 지금도 진행되고 있다. GATT·브레턴우즈 체제하에서 교역장벽이 완화되고 자유무역이 확대되면서 제조업에서 경쟁력을 잃게 된 미국과 영국은 탈제조업화, 서비스업화로 자국의 경제적 지위를 유지하려 했다. 특히 1990년대 이후 중국 등 신흥국들이 세계의 제조공장화되자 영국과 미국은 '팍스 브리타니카(Pax Britannica)', '팍스 아메리카나(Pax Americana)' 시대에 쌓아온 거대한 국제적 네트워크를 기반으로 구축한 법률·금융·보험 서비스에서의 막강한 경쟁력을 십분 활용해 경제적 지위를 유지하려 했다. 이를 위해 1980년대부터 신흥국 및 개발도상국에 자본시장 개방을 요구하며 워싱턴에 기반을 둔 국제통화기금, 세계은행, 미주개발은행(Inter-American Development Bank) 등 국제기구를 통해, 그리고 여러 주요 싱크탱크를 통해 소위 '신자유주의' 정책을 전 세계 주류 경제정책 패러다임으로 받아들이게 했다. 이른바 '워싱턴 컨센서스(Washington Consensus)'가 생겨난 것이다. 신자유주의 정책 도입은 세계은행, 아시아개발은행, 아프리카개발은행 등 국제금융기구의 차관 공여 조건으로도 자리 잡았다.

미국과 영국 등은 신흥국에 대해 자본시장을 개방하라는 압력을 가했고, 이로써 그때까지 저평가되어 있던 신흥국 주식·채권 시장, 여타 실물자산 등 고수익 투자처를 찾아 신흥국으로 많은 자금이 유입되었다. 또한 중국 등 인구 거대 신흥국에서 값싼 제조업 물품이 쏟아져 나오자 세계는 1980년대 초까지 기승을 부리던 종래의 인플레 위협에서 벗어나 팽창적 재정·통화 정책에도 불구하고 생활물가가 안정되었다. 이를 바탕으로 미국과 유럽, 일본 등 선진국은 저금리정책을 지속했다. 이에 따라 선진국의 여유 자금이 신흥국으로 더욱더 빠르게 유입되고 신흥국에 환율절상 압력이 작용하자 신흥국도 저금리정책을 도입할 수밖에 없는 상황이 되고 결국 전 세계적으로 저금리정책이 확산되는 현상이 일어났다. 다시 말해, 미국을 비롯한 선진국의 저금리정책은 전 세계적으로 저금리정책의 동조화를 가져왔고, 그 결과 상품시장 가격은 여전히 안정되어 있는 반면에 부동산과 주식 등 자산시장에서는 빠른 인플레 현상이 벌어졌다(조윤제, 2016).

금융시장이 개방되고 자본이 국경을 넘나들면서, 그리고 미국과 영국, 그 밖의 유럽계 은행들이 신흥시장에 진출하고 각국에서 금융 자유화 정책이 추진되면서 세계의 금융자산이 지속적으로, 그리고 빠르게 증가했고, 이러한 자산이 주식시장과 주택담보대출 시장으로 흘러가 국내의 자산가격을 부추겼으며, 이는 결국 주식과 주택을 소유한 중산층 시민의 부의 수준을 증대시켜 더욱 많은 부채, 더욱 많은 소비를 가능하게 했고, 이로 인해 경제 호황이 지속되었다. 신흥시장국가(emerging market economies)는 저금리정책 시행에도 불구하고 선진국에 비해 상대적으로 높은 자본수익률로 인해 계속해서 해외 자금이 유입되고 국내경제의 자산가격이 올라가며 투자와 소비가 증가해 경제가 활성화되었으나, 다른 한편으로는 해외 자금 유입 확대로 거품이 발생하고 환율이 불안정해졌으며, 자금 유출입에 따른 경제의 변동성 역시 확대되었다. 이러한 과정에서 외채에 크게 의존해온 멕시코가 1995년 외환위기를 맞고, 이어서 한국을 비롯한 아시아 신흥국들이 결국 1997년 심각한 외환위기와 경제위기를 맞게 된 것이다.

2000년대 들어 이러한 현상은 더욱 심화되었다. 미국과 영국을 중심으로 이른바 '경제의 금융화(financialization of the economy)'가 이루어졌고, 정도의 차이는 있으나 모든 경제가 조금씩 이러한 동조화 현상을 보이면서 국내금융시장, 국제금융시장에서의 자금 흐름의 불안정성이 커졌다. 이것이 결국 2008년 미국의 주택담보대출 금융위기를 불러와 전 세계적 금융위기로까지 확산된 것이다.

1950년대 후반부터 1980년대까지 약 30년간 한국 경제가 도약·발전하는 과정에서 천시와 지리를 제공해주었던 세계경제 환경은 1990년대에 들어서면서 한국 경제 고도성장의 지속 가능성을 위협하는 요소를 발흥시키기 시작했다. 1990년대 초반 이후 한국은 이웃에서 잠자고 있던 중국이라는 거대한 후발산업국의 추격을 받기 시작하면서 기회와 더불어 위협에 직면했는데, 그 기회를 활용하는 과정에서 경제에 커다란 구조적 변화를 겪기 시작했다.

긴 역사를 거치는 동안 한반도의 운명은 바로 옆 거대한 영토를 차지한 대국, 중국의 변화로부터 결정적인 영향을 받아왔다. 1980년대 이후 중국의 개방과 경제 도약의 시작, 그리고 G2로의 부상은 오늘날 한반도에 다시 커다란 기류 변화를 가져오고 있다. 19세기 이전 중국과 한국의 전통적 관계를 지배한 지정학적 힘이 다시금 강해지고 있는 것이다. 1992년 한중 수교는 이러한 변화를 재촉했다. 대중국 투자가 늘어나고 중국의 값싼 노동력에 기초한 경공업 제품, 농산물이 쏟아져 들어오면서, 한국의 비숙련·비정규직 임금은 정체되고 산업구조의 변화가 일어나기 시작했다. 조립가공업, 경공업을 필두로 국내에 있던 공장이 중국과 여타 신흥국으로 옮겨가고 국내 투자가 위축되면서 제조업 고용이 빠르게 감소하기 시작했다.

강성 노조와 노동부문의 경직성으로 인해 수출제조 대기업의 정규직 임금은 빠르게 상승한 반면, 중국의 값싼 노동력과 직접 경쟁해야 하는 중소기업, 경공업 부문에서는 임금이 정체되어 대기업과 중소기업 간 임금격차가 늘어나고 미래 불확실성과 산업구조 조정의 필요성이 커지면서 비정규직 고용이 늘어났다. 또한 대기업에서는 생산의 자동화가 빠르게 진행되었다. 이러한 상황으로 인해 제조업의 고용 비중이 줄기 시작했고, 제조업에서 방출된 인력이 대거 식당, 카페, 치킨집 등 음식숙박업, 소매점, 부동산 중개업 등 영세 서비스 자영업, 혹은 불완전고용 상태에 머물게 되었다. 이들의 전반적 소득은 1990년대 초·중반 이후 정체되거나 오히려 하락하고 있다. 1980년대까지만 해도 성장이 곧 분배 개선이라는 논리가 실질적 경제현상으로 나타나 성장제일주의의 국가정책이 그나마 정당성을 얻을 수 있었으나, 1990년대에 들어서면서 한국 경제에서 이 방정식은 깨지기 시작한 것이다.

산업구조 및 고용구조의 빠른 변화

1990년대 초반 이후 우리나라 제조업의 고용 비율은 크게 줄어들기 시작했다. 윤희숙(2014)에 따르면, 1992~1997년 사이 중국 등 저임금 국가와의 경쟁이 심화되면서 섬유 등 단순노동 제조업의 고용이 42% 감소했다(그림 3-2). 제조업 전체로 살펴보면, 제조업 고

그림 3-2

산업별 취업자 수 변화율(1992~1997년)

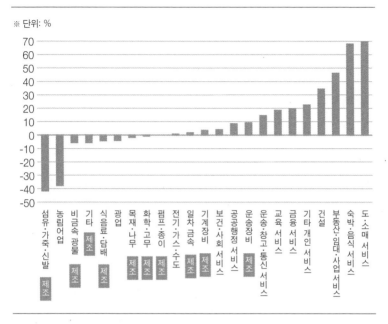

※ 단위: %

자료: 윤희숙(2014).

용은 1991년 516만 명에서 2009년 384만 명으로 크게 감소한 것으로 나타난다.

제조업에서 방출되어 나온 근로자들이 대거 음식숙박업이나 소매업 등 저수익·저임금의 서비스업으로 몰려들면서 취업자 중 서비스업의 고용 비중은 1992년의 50%에서 2011년 70%, 약 1700만 명으로 늘어났다. 짧은 기간에 고용구조가 급변한 것이다. 이처럼 제조업의 고용이 감소하는 동시에 고부가가치의 지식기반 서비스업은 여전히 발전이 더디면서 인력이 생계형, 낮은 생산성의 영

그림 3-3

주요국 제조업 고용 비중 추이

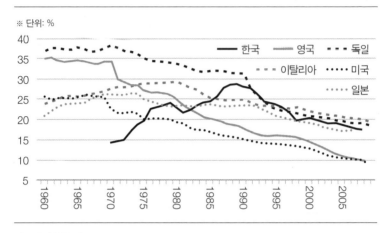

※ 단위: %

범례: 한국 / 영국 / 독일 / 이탈리아 / 미국 / 일본

자료: 윤희숙(2012).

세 서비스업으로 대거 이동했고, 이것이 전반적으로 한국에서 소득분배가 악화되는 데 가장 중요한 요인이 된 것으로 분석된다(조윤제 엮음, 2016). 참고로 현재 우리나라 서비스업의 생산성은 제조업 대비 약 45%로 여타 국가들에 비해 크게 낮은 수준을 보인다.

이는 1990년대 들어 가속화된 세계화와 우리나라 시장의 개방, 중국 경제 및 여타 신흥국의 부상이 결국 국내 제조업의 경쟁력을 위협함으로써 비롯된 결과라고 할 수 있다. 특히 섬유나 신발 등 경공업, 비숙련기술 위주의 산업에서 고용이 크게 줄면서 이들이 주로 생계형의 저생산성·저임금·저수익의 영세 서비스업으로 이동해 발생한 현상이다. 2000년대 이후 서비스업의 생산성 향상은 거의 정체되어 있고, 1인 자영업자의 영업이익은 2000년대 들

그림 3-4

사업체 규모별 평균 임금

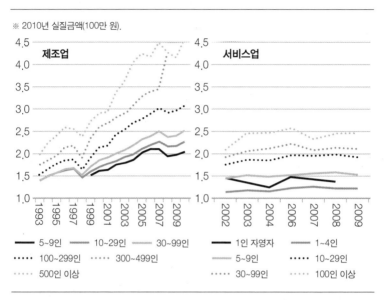

※ 2010년 실질금액(100만 원).

자료: 윤희숙(2012).

어 약 13.9% 감소한 것으로 나타난다(그림 3-4).

2010년 이후 2013년까지 제조업 고용이 다시 조금 늘어났는데(김종일, 2016), 이는 2008년 글로벌 금융위기 이후 원화 환율이 크게 절하되면서 수출제조업의 경쟁력이 제고된 것과 관련이 있을 것으로 추측된다. 그리고 이는 다른 요인(국민연금의 지급 개시 등)과 더불어 일부 통계지표에서 2010년 이후 소득분배가 안정 내지 다소 개선된 것으로 나타난 것과도 무관하지 않은 것으로 볼 수 있다.

이러한 산업구조 변화 시기에 일부 국제 경쟁력을 갖춘 수출제조업, 예를 들어 전자와 자동차, 이와 관련한 부품회사 등은 영업이익이 크게 늘며 해당 기업 근로자의 임금 상승을 주도한 반면에 그렇지 못한, 즉 영세 서비스업을 포함한 다른 산업은 영업이익이 오히려 감소하고 해당 산업에 종사하는 근로자의 임금이 정체된 것이 기업 간, 고용형태별 임금격차를 확대한 한 요인이 되었을 것으로 추측된다.

한국 경제의 구조 변화와 소득분배의 악화[*]

이상과 같은 관점에서 볼 때 1990년대 중반 이후 우리나라 소득분배가 지속적으로 악화되어온 가장 큰 요인으로는 역시 개방화와 세계화, 그리고 중국을 비롯한 신흥국 경제의 부상에 따른 한국 경제의 구조적 변화라고 봐야 할 것이다. 여기에 외환위기 이후 영미식 보수체계의 도입과 확산으로 일부 고소득자의 임금소득이 평균소득보다 훨씬 빠르게 증가하게 된 것도 한 요인으로 보인다.

중국 경제가 본격적으로 부상하기 시작한 1990년대 초반까지만 해도 한국의 경제발전은 수출제조업의 성장과 제조업 고용의 증가로 뒷받침되었다. 상대적으로 생산성이 낮은 농업부문의 인구가 생산성이 높은 제조업으로 대거 이동함으로써 나라 전체로 보아 도시화가 진행되고 소득이 높아지며 분배가 개선되었다. 그러

---

* 이 부분은 조윤제, 「한국의 소득분배, 무엇이 문제인가」, 조윤제 엮음, 『한국의 소득분배: 추세, 원인, 대책』(2016, 한울)에서 인용·발췌한 것임.

나 1990년대 초반 이후에는 오히려 생산성이 높은 제조업에서 생산성이 낮은 영세 서비스업으로 고용이 크게 이동하는, 그 이전과 반대 현상이 시작되면서 소득분배가 빠르게 악화되기 시작한 것이다. 여기에 제조업 내에서도 수출 대기업과 하청 중소기업, 정규직과 비정규직의 임금 격차가 확대되고 우리 사회의 소득격차가 확대되면서 사회적 갈등과 분열이 과거에 비해 더 심각한 병리로 나타나기 시작했다.

성장이 빠르게 일어날 때는 소득격차가 커져도 그에 따른 사회적 갈등이 조금 덜하다. 모든 이들의 소득이 증가하고 생활이 나아지기 때문이다. 하지만 지금과 같이 성장이 정체한 상황에서는 고소득계층의 소득은 여전히 빠르게 증가하는 반면에 저소득계층의 소득은 오히려 감소하게 된다. 늘어나지 않는 파이를 나누는 과정에서 불균등이 심화되다 보니 사회적 갈등이 더 격해지는 것이다. 실제로 우리나라는 1990년대 중반 이후 경제성장률이 크게 하락했는데도 상위 1%, 10%의 소득이 1960~1970년대와 비슷한 속도로 빠르게 늘어났으나 하위 90%의 소득은 거의 정체되어 있었다(그림 3-5). 반면에 하위 30%의 실질소득은 오히려 감소했다.

인구구조의 고령화도 소득분배를 악화시키는 요인이 되어왔다. 은퇴하면 당연히 임금소득이 줄어드는데, 우리나라 연금의 소득대체율은 매우 낮은 편이라 대개 60세 이상 가구주의 소득은 크게 떨어진다. 노인 인구의 비중이 늘고 노인 빈곤율이 높다는 것은 그만큼 나라 전체에 빈곤층이 늘어나는 것을 뜻한다. 인구구조는 고용구조의 변화와 더불어 우리나라의 소득분배를 악화시켜온 주

그림 3-5

소득계층별 평균 근로소득 추이

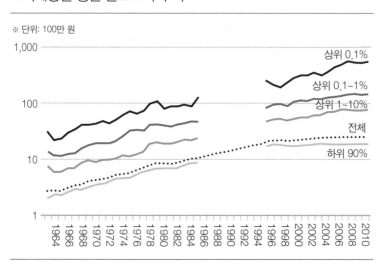

※ 단위: 100만 원

자료: 김낙년(2013).

요인이다. 문제는 앞으로 다른 요인이 없더라도 고령화 속도가 더욱 빨라지면서 소득분배 문제가 더욱 악화될 것이라는 점이다. 2013년 가구주가 60세 이상인 가구는 소득 1분위, 즉 소득수준 하위 10% 가계 중 약 83%를 차지하며, 하위 20% 가계 중 63%를 차지한다. 이는 10% 혹은 그 이하이던 1980년대와 크게 대비된다.

우리나라의 소득분배는 1990년대 이후 세계경제 환경이 변화하고 중국이 부상한 것과 더불어 우리 사회의 기저에서부터 변화가 일어남으로써 소득계층 분화와 격차 심화가 발생하면서 빠르게 악화되기 시작했고, 이는 오늘날 사회적 분열과 갈등을 심화시키는 주된 요인이 되고 있다. 이대로 가면 이러한 현상은 시간이 흐를수록 더욱 첨예하게 우리 앞에 다가오게 될 것이다.

　그동안에는 우리나라의 소득분배가 외환위기를 계기로 악화되었다는 주장이 많았다. 그러나 실제 통계는 1990년대 초·중반부터 이미 소득분배의 악화 추세가 우리 경제에 자리 잡기 시작해그 후 이것이 지속되는 모습을 보여준다. 소득분배 악화는 우리나라만이 겪고 있는 현상은 아니다. 전 세계가 공통으로 경험하고 있는 현상이다. 그러나 우리나라의 소득분배 악화는 그 속도가 어떤나라보다 빠르다. 적색 경고등이 켜진 것이다.

　전 세계적으로 소득분배의 악화를 가져온 주요인으로는 세계화와 기술 혁신, 그리고 인구구조의 변화를 들 수 있다. 1980년대에 시작된 세계화의 물결은 공산주의경제체제 혹은 사회주의경제체제하에서 자유시장경제체제와 다른 길을 걷고 있던 국가들이 시장경제로 편입되면서 가속화되었다. 앞 장에서 논했듯이 중국, 인도의 개방과 구소련, 동유럽의 체제 전환이 시작되면서 세계 노동인구의 약 절반에 달하는 인력을 가진 이들 국가가 제조업과 서비스업의 교역시장에서 주요 경쟁자로 떠오른 것이다. 그 결과 미국등 선진국에서 비숙련노동자의 임금은 더 이상 오르지 않고 정체되었다. 또한 전 세계적으로 확산된 정보통신기술 분야의 기술 혁신은 생산방식에 큰 변화를 초래했다. 단순노동이 컴퓨터나 로봇, 기계 등으로 빠르게 대체되고 기업의 생산과 경영이 글로벌화되면서 대기업은 자국의 자본시장, 노동시장에 국한되지 않고 세계 어느 곳이든 기업 활동에 유리한 노동시장, 자본시장으로 접근과 진출이 가능해졌다. 이것이 국가 간 자본수익률과 기술, 임금수준의

그림 3-6

세계의 지니계수 추이

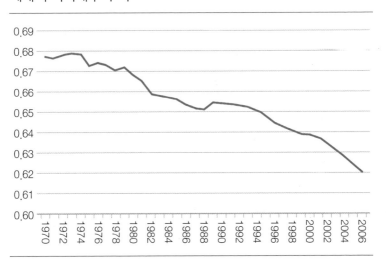

자료: Lipton, IMF(2015).

격차를 줄이면서 국가 간 소득격차가 축소되어왔으나, 국내에서는
오히려 소득격차를 확대시키는 요인으로 작용했다(그림 3-6). 인구
의 고령화로 소득이 없거나 적은 퇴직 인구의 비중이 늘어나면서
경제 전체로 볼 때 하위 소득계층이 늘어나고 있는 것도 소득분배
를 악화시키는 주요 요인이다.

　이러한 모든 추세는 한국에서도 일어나고 있다. 특히 한국은
개방도가 높은 데다 중국에 인접해 있어 이러한 세계적 추세에 가
장 강한 영향을 받아온 나라다. 더구나 인구의 고령화도 세계에서
가장 빠르게 진행되고 있다. 그 결과 한국의 소득분배는 지난 20여
년간 다른 나라들보다 훨씬 빠르게 악화되었다(김낙년, 2013).

그림 3-7

지니계수의 보정 결과: 보정 전과의 비교

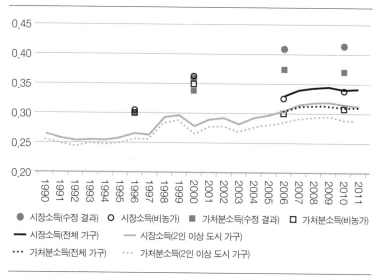

범례:
- ● 시장소득(수정 결과)
- ○ 시장소득(비농가)
- ■ 가처분소득(수정 결과)
- □ 가처분소득(비농가)
- ━ 시장소득(전체 가구)
- ─ 시장소득(2인 이상 도시 가구)
- ••• 가처분소득(전체 가구)
- ⋯ 가처분소득(2인 이상 도시 가구)

자료: 김낙년·김종일(2013).

소득분배 추이를 정확히 볼 수 있는 통계를 구하기는 쉽지 않
다. 아쉽게도 현재 가용한 통계는 모두 한계가 있을 뿐 아니라 새
롭게 구성한 통계도 각기 나름대로 한계를 지니고 있다. 예를 들어
통계청의 가계동향조사의 경우에는 무응답과 상위소득자의 누락,
과소보고(underreporting)가, 국세청 자료의 경우 면세점 이하 소득자
의 누락과 탈세, 그리고 탈세를 위한 자영업자 소득의 과소보고 등
이 통계의 한계로 지적된다. 김낙년·김종일(2013)은 이처럼 누락
또는 과소 보고된 통계의 한계를 여러 자료를 활용해 나름대로 수
정해 현실과 좀 더 가까운 지니계수를 산출하기도 했다(그림 3-7). 이

에 따르면 통계청 가계동향조사에 의해 나타난 것보다 실제로 우리나라 소득분배는 훨씬 더 불균등한 것으로 나타난다.

또한 우리가 평상시에 쓰는 소득이라는 말에는 단순히 임금소득과 자산소득뿐 아니라 자본이득(capital gain) 등도 포함되는데, 이를 모두 포괄하는 소득분배 통계는 현재 찾아볼 수 없다. 또한 자산소득은 누락이나 과소보고가 많으며, 자본이득은 대부분의 통계에 포함되어 있지 않다. 이는 우리나라와 같이 지하경제 규모가 크고 자산소득이 정확히 국세청 통계나 국민소득 통계에 잡히지 않는 나라일수록 실질 소득분배는 통계가 보여주는 소득분배 지표보다 훨씬 나쁠 가능성이 크다는 것을 말해준다(조윤제 엮음, 2016). 우리나라는 아직도 주택 임대소득이나 주식 가격 상승에 의한 자본소득의 실현에 대해서는 대부분 과세하지 않는다.

소득분배를 논할 때 어떤 소득을 기준으로 해야 하는가 하는 문제도 있다. 사실 많은 사람들이 분배의 불균등을 말할 때는 연간소득보다 생애소득을 염두에 두는 경우가 많다. 그러나 거의 모든 통계조사는 연간소득을 기준으로 한다. 국세청 자료를 이용한 통계도 연간소득 기준이다. 이처럼 거의 모든 소득분배 통계는 생애소득이 아닌 연간소득을 기준으로 하고 있다. 따라서 소득분배에 대한 논의는 이러한 통계의 한계를 고려하고 진행할 수밖에 없다.

통상적으로 소득분배의 추이를 보여주는 대표적인 지표로 지니계수와 소득격차를 보여주는 10분위 배수에 의한 소득집중도가 사용된다. 이 외에도 중위소득 수준의 50% 이하를 빈곤층, 150% 이상을 고소득층, 50~150%를 중산층으로 규정하고 이들의 비중

그림 3-8

소득구간별 비중 추이

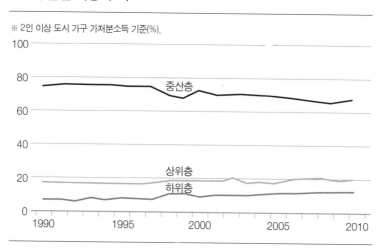

※ 2인 이상 도시 가구 가처분소득 기준(%).

자료: 조윤제·박창귀·강종구(2012).

과 그 변화를 비교하는 것으로 소득분배의 추세를 논하기도 한다. 이러한 세 가지 통계 모두에서 한국의 소득분배는 1990년대 중반 이후 악화되어온 것으로 나타난다(그림 3-8).

2009년 이후부터는 소득분배의 악화가 더 이상 진행되지 않거나 다소 개선되는 모습을 보이기도 하지만, 통계지표 간 상충되는 면도 있어 이를 확신하기는 어렵다. 지니계수는 주로 가계동향조사에 의존해 도출해왔는데, 지니계수 추이도 2인 이상 도시가구의 조사와 1인 이상 전 가구의 동향조사가 서로 조금 다른 추세를 나타낸다. 2인 이상 가구 조사에서는 2009년 이후 지니계수가 개선되는 것으로 나타나지만, 1인 이상 가구 조사에서는 그러한 추세가 나타나지 않는다(그림 3-9). 반면 국세청 자료를 이용한 소득집

그림 3-9

총소득 지니계수 변화 추이

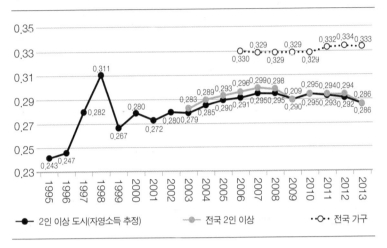

자료: 성명재(2016).

중도 추계는 가계동향조사가 보여주는 소득분배의 정도보다 우리
나라의 소득집중도가 훨씬 높으며 2009년 이후에도 집중도의 심
화가 지속되고 있음을 보여준다. 이에 대해서는 2인 이상 가구 중
노령자 가구 등 한계 가구들이 분화해 1인 가구화되면서 기존 2인
이상 가구의 소득분배는 개선되는 모습을 보이는 반면 전 가구를
포함하는 소득분배는 개선되지 않거나 지속적으로 악화되고 있는
것으로 해석된다(조윤제 엮음, 2016).

　소득집중도에 대해서는 김낙년(2013) 교수가 국세청의 종합소
득세와 근로소득세 자료를 이용해 분석한 바 있다. 이 통계에서는
상위 10%의 소득집중도가 1990년대 중반 이후 빠르게 상승한 것
으로 나타난다. 한국의 상위 10%의 소득집중도는 일본, 영국, 프

그림 3-10

상위 10%에 대한 소득집중도 추이

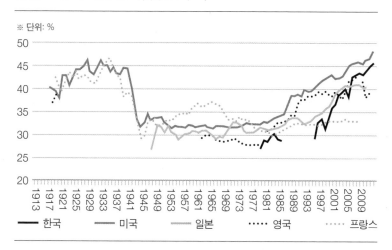

※ 단위: %

한국　　　미국　　　일본　　·····영국　　····프랑스

자료: 김낙년(2013).

랑스보다 높으며, 선진국 중 소득집중도가 가장 높은 국가로 인용
되는 미국보다는 아직 다소 낮지만 집중도 심화 속도는 오히려 한
국이 미국을 앞지르고 있다(그림 3-10). 또한 미국과 영국은 1980년
대부터 소득집중도가 다시 높아지고 있으나, 한국은 1990년대 중·
후반 이후 소득집중도가 빠르게 높아지고 있는 것으로 나타난다.
통계지표로 볼 때 1990년대 중반 이후 한국 사회는 빠르게 10% 대
90%의 국가가 되어온 것이다. 한국의 고소득자들이 임대소득 등
자산소득 비중이 높다는 점, 그리고 자산소득이 소득분배 통계에
잘 잡히지 않는 점을 고려하면 한국의 실질소득분배는 더 빠르게
악화되어왔을 것으로 추정된다.
　　조윤제·박창귀·강종구(2012)의 연구에서도 비슷한 추세를 볼

그림 3-11

상위 1%에 대한 소득집중도 추이

※ 단위: %

자료: 김낙년(2012).

수 있다. 이에 따르면 종합소득세 상위 20%와 하위 20%의 소득격
차는 1990년대 중반 이후 빠르게 증가했다.

임금체계 혹은 직종별 임금수준의 변화를 나타내는 조윤제·
송의영(2015)의 자료에서도 단순노동직과 기업경영자, 행정관리자
간의 임금격차가 점점 더 커진 것으로 나타난다.

대개 근로소득을 기준으로 할 때보다 종합소득을 기준으로 할
때 소득분배의 악화 추세가 더 강하게 나타난다. 김낙년(2012)이 추
계한 20세 이상 인구 중 소득 상위 1%에 대한 소득집중도는 1990
년대 이후 늘어나고 있는데, 특히 종합소득은 근로소득에 비해 그
증가 속도가 훨씬 빠르다(그림 3-11). 이는 근로소득과 함께 사업소
득 및 재산소득 모두 소득 상위계층의 상승률이 높다는 것을 의미

한다.

결론적으로 소득집중도의 통계로 볼 때 우리나라의 소득분배는 1990년대 초·중반 이후 빠르게 악화되고 있으며, 이는 소득 최상위계층의 소득 증가가 1990년대 이전처럼 빠르게 증가한 반면 그 이외 계층의 소득은 정체되고 소득 하위계층의 실질소득은 오히려 감소한 결과라 할 수 있다. 삶이 점점 어려워지고 있다는 서민층의 하소연이 단순히 정부정책에 대한 불평이 아니라 실제로 그렇기 때문이라는 사실을 이러한 통계지표가 말해주고 있다.

분배에 관한 또 다른 통계는 국민소득 통계에서 임금소득과 기업소득 간의 분배를 나타내는 지표다. 국민소득 통계에서는 자영업자의 소득을 기업소득으로 간주한다. 이처럼 전체 국민소득에서 임금소득이 차지하는 비중을 노동소득분배율이라고 하는데, 이는 우리나라에서 자영업자의 비중이 매우 높은 것을 고려할 때 과소 추계되고 있다고 볼 수 있다. 이러한 노동소득분배율도 1996년을 정점으로 점차 감소하는 추세다.

자영업자의 소득은 근로소득과 사업소득으로 나눌 수 있는데, 만약 이를 모두 근로소득으로 간주하고* 노동소득분배율을 재계산하면 이 역시 1990년대 중반 이후 빠르게 하락해온 것으로 보인다(조윤제·박창귀·강종구, 2012; 강종구·박창귀·조윤제, 2012).

이 통계가 보여주는 바와 유사한 추세는 박종규(2013)의 논문

---

* 실제로 우리나라 자영업 가구의 평균 소득은 근로소득 가구 평균 소득의 약 77% 수준인 것으로 나타난다.

에서도 볼 수 있다. 이에 따르면 우리나라의 실질임금은 2008년 이후 정체된 반면에 기업저축은 매우 빠르게 늘어났다. 기업저축의 증가는 OECD 국가들에서 전반적으로 나타나는 현상이나, 한국의 기업저축 상승률은 특히 빨라 2005년에 15.1%이던 것이 2010년에는 19.7%로 증가했다. OECD 25개국 기업저축률을 순위로 보면 한국은 2006년에 12위에서 2010년에 2위로 올라섰는데, 우리보다 기업저축률이 높은 나라는 22%를 기록한 일본이 유일했다.

다른 한편으로 한국은행의 기업경영분석 통계를 보면, 우리나라 기업 중 영업이익이 마이너스이거나 1 이하인 기업, 즉 영업이익으로 이자 비용을 충당하지 못하는 기업의 비중이 지난 수년간 계속 증가한 것으로 나타난다. 대기업의 약 30%와 중소기업의 약 40%가 영업이익으로 이자 비용도 충당하지 못하고 있는 실정이다. 이로부터 유추해볼 수 있는 점은 전반적으로 기업부문에서도 수익의 양극화가 심화되고 있다는 것이다(윤희숙, 2014).

결론적으로, 한국에서 소득분배의 빠른 악화는 결국 세계경제 환경의 변화, 이웃 중국 산업의 급부상 등이 한국 경제에 내재하는 노동부문 경직성, 독과점적 시장구조, 인구 고령화, 중소기업 생산성 제고 실패 등과 상호작용을 하며 진행되어온 것이다.

4장

21세기 세계경제 환경과 한국 경제가 직면한 도전

세계경제 환경의 변화: 역풍의 시작

1960년대 이후 약 30년간 우리 경제의 고도성장을 가능하게 했던 세계경제 환경의 이점은 현시점에는 거의 소멸되어버렸다. 물론 중국이 세계 최대 경제국으로 부상하는 것은 그 이웃에 위치한 우리에게 기회를 제공할 수 있다. 그러나 한국의 제조업이 위협받고 고용구조와 산업구조가 빠르게 변화하며 소득분배가 악화되는 등 기회 못지않게 큰 위협도 가져다주고 있다.

과거 세계 최대 경제로 부상했던 나라와 이웃하거나 직접적인 영향 관계에 있던 나라들은 이에 편승해 자신노 선진 국가로 부상할 수 있었다. 영국의 이웃에 있던 서유럽 국가들, 그리고 영국인들이 세운 미국이 그러하다. 한국도 세계 최대 경제인 미국, 그리고 한때 세계 2위의 경제 규모를 자랑한 일본의 이웃으로 있으면서 그러한 혜택을 보았다. 그러나 중국이 세계 최대 경제로 부상하는 지금 상황은 과거의 그러한 경우와 같다고 볼 수 없다.

과거 세계 최대 경제로 부상했던 나라들은 모두 당시 세계에서 기술과 지식, 제도를 주도했고, 이것이 이웃으로 전파됨으로써 이웃 나라들도 함께 선진화되었다. 영국의 산업혁명이 서유럽, 동유럽으로 전파되었던 것이다. 그런데 현재 중국은 후진국으로서 이웃 국가의 저층 기술 분야에 대해 저가의 대량생산으로 제3시장을 잠식하는 성장 경로를 걸어왔고 앞으로도 주로 그러한 경로를 밟으며 세계 최대 경제로 부상하게 될 것이다. 이 때문에 우리가 확실히 앞서 있고 앞으로도 그러한 우위가 지속될 수 있는 산업에서는 중국이라는 거대 시장을 옆에 둔 장점을 크게 누릴 수 있을 것이나, 다른 한편으로 중국의 추격에 함몰되는 산업은 구조 조정의 압박을 강하게 받게 된다는 큰 어려움도 안게 된다. 크게 보아 인구 거대 후발국 중국의 빠른 부상은 우리나라 산업구조 조정이 매우 빨라야 한다는 큰 압력을 행사하고 있으며, 이는 산업구조와 고용구조의 변화를 초래하고 노동부문의 양극화, 소득분배의 악화를 심화시키고 있다.

향후 30~40년간은 세계경제가 다시 18세기 이전의 경제력 판도로 회귀하는 시기가 될 것이다. 즉, 16~17세기까지만 해도 중국이 세계 최대 경제였으나, 18세기 산업혁명 이후 유럽과 미국, 그리고 19세기 이후 일본 경제의 빠른 부상으로 중국, 인도와 같이 거대 인구를 가진 나라들의 경제력이 상대적으로 크게 위축되었다가 21세기 들어 수 세기 전의 세계경제 판도로 회귀하고 있다는 것이다.

큰 그림으로 보았을 때, 20세기 이후 한국 경제는 세계경제라는 큰 바퀴의 흐름에 따라 변화와 발전을 이어왔으며 향후 행로도 세계경제의 향방과 분리되어 진행될 수 없다. 특히 1990년대 이후 빠르게 진행되어온 세계화는 이제 국가경제와 세계경제의 경계를 거의 허물어버렸다. 따라서 향후 한국 경제의 변화는 세계경제의 변화라는 큰 틀 속에서 이해되고 예측되어야 하며 이를 기반으로 계획될 수밖에 없는 것이다. 국제정치 질서도 경제력 구조를 바탕으로 변화하기 때문에 향후 세계경제 구조의 변화가 국제정치 질서, 특히 동북아의 지정학적 구조와 갈등 구조에 큰 영향을 미치게 될 것은 두말할 필요도 없다.

앞서 논한 바와 같이 세계경제는 지난 약 70여 년 과거 인류 역사상 유례없는 고도성장을 시현했다. 전후 약 20~30년간은 미국과 유럽, 일본의 경제가 고도성장을 이루었고, 그 후에는 이른바 아시아의 작은 용들이, 그리고 지난 약 20~30년간은 중국과 인도, 베트남 등 신흥경제국들이 고도성장을 이어받음으로써 세계경제의 높은 성장세를 이끌어왔다. 그러나 중국 경제의 초고속성장 시대는 이미 끝났다. 중국은 앞으로도 당분간 상대적으로 높은 성장률을 지속하겠으나, 우리나라의 1990년대 이후와 같이 성장률이 지속적으로 차락하게 될 것이다. 인도의 부상이 세계경제 성장세의 약화를 부분적으로 보완해줄 것이나, 중국과 인도 쌍두마차가 끌어오던 성장력에 비하면 그 힘이 떨어질 수밖에 없다. 인도의 성장세도 20~30년 후면 다시 꺾일 것이다. 물론 아프리카 대륙이 오랜 잠에서 깨어나 새로운 성장동력을 제공할 수도 있을 것이다. 현재 아프리카의 출산율과 인구구조를 고려하면 충분히 가능한 이야기다. 아프리카는 전반적으로 인구통계가 정확하지 않아 인구수를 정확히는 알 수 없으나, 이미 10억 이상의 인구를 가지고 있으며 그중 60% 이상이 25세 이하다. 매우 젊은 대륙인 것이다. 제대로 제도가 갖추어지고 교육 기회가 확산되면 머지않아 아프리카 대륙은 단순히 자원생산이 아닌 산업생산 분야에서도 고도성장을 보이게 될 것이다.

그러나 향후 세계경제의 성장세가 지난 70년에 비해 지속적으로 하락할 것이라는 데에는 이론의 여지가 없다. 70년이면 인간의 한 생애에 해당하는 기간이다. 우리 세대는 생애에 걸쳐 인류 역사상 최고의 성장 시대에 살았다. 그리고 그것에 익숙해져 버렸다. 그러나 이제 과거와 같은 성장세를 기대할 수는 없다. 물론 지역과 나라에 따라 과거에 비해 더 높은 성장률을 기록할 나라는 여전히 남아 있다. 그러나 적어도 한반도 남쪽에 살고 있는 우리에게는 그런 시대가 지나간 것이다.

특히 한국의 경제성장률은 1960년대 중반 이후 매우 가파른 곡선을 그리며 올라가다가 2000년대 이후에는 반대로 매우 빠른 속도로 내려오고 있다. 앞서 잠시 논한 대로 한국의 성장은 1950년대 후반 GATT 체제가 본격적으로 자리 잡음으로써 시작되었다. 세계경제 환경의 변화가 도약의 발판을 깔아준 것이다. 여기에 일제강점기와 토지개혁, 한국전쟁을 거치며 신분계급이 붕괴되고 부가 균등하게 분배되면서 모두에게 같은 출발선에서 시작할 기회가 주어진 것이다. 1950년대 이후 이 땅의 오랜 역사에서 일찍이 없었던, 거의 모든 국민에게 공평하게 주어진 신분 상승의 기회를 실현하기 위한 국민의 욕구가 분출되면서 이것이 거대한 성장 에너지와 역동성을 제공해주었다.

그러나 지난 약 60년간 한국 경제의 상승과 하락의 곡선은 과거 어떤 산업 선진국이 걸어온 긴 시간의 부상과 완만한 하향의 곡선과는 매우 다른 양상을 보인다. 이는 후발개도국으로서 추격에 의한 성장을 했고 이후 다른 후발개도국들로부터 추격을 받는 한국 경제의 운명이라고도 할 수 있을 것이다. 이와 동시에 창의적 기술 선진국으로의 발전 경로를 걷지 못하고, 외국에서 도입한 기술과 모방한 제도로 선진국을 뒤따라온 한국 경제의 한계를 드러낸 것이기도 하다. 영국, 미국, 독일, 심지어는 후발 산업국인 일본의 상승과 하강 곡선에 비해 우리의 그것은 반경이 매우 짧고 가파르다(그림 4-1). 사람으로 치자면 조숙과 조로의 현상을 보인 것이다.

이는 상대적으로 빠르게 상승했다가 하락한 한국의 제조업 고용 비중에서도 잘 나타난다(94쪽 그림 3-3 참조). 선진국은 제조업의 완만한 상승과 하락을 거치며 오랜 시간 동안 많은 부와 기술, 지식을 축적했다. 또한 선진국은 제조업 고용이 줄어들 즈음에는 필요한 사회안전망을 구축할 수 있었고, 쇠퇴기에 이것이 그들 사회의 보호막이 되었다. 반면에 한국은 그러한 보호막을 채 구축하기도 전에 빠른 하락세를 맞게 되었다. 다시 말해, 한국은 과거 선진국보다 훨씬 빠른 산업구조 조정을 해나가야 하고, 그것을 지원할 수

그림 4-1

경제성장률 추이 비교

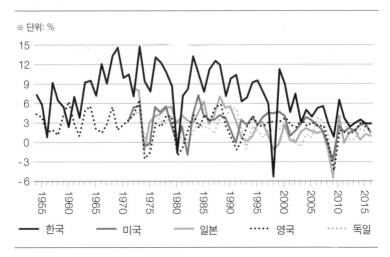

※ 단위: %

자료: OECD Statistics.

있을 만큼 노동시장과 금융시장의 유연성이 확보되어야 하며, 이를 위한 실업보험이나 연금제도 등 사회안전망도 더 빠르게 구축해나가야 하는 운명에 처하게 된 것이다. 또한 사회가 필요로 하는 인력을 양성해 공급하는 교육의 방식, 학교의 교과과정 등 교육제도의 변화도 훨씬 빠르게 일어나야만 한다. 하지만 현실은 그렇지 못하다는 데에 한국 경제가 당면한 큰 딜레마가 있다.

일본은 1990년대에 이미 세계 제2위의 경제 대국, 1인당 국민소득 세계 5위, 세계 3대 수출국, 세계 최대 대외채권국의 지위로 올라선 후에야 장기침체의 길로 들어섰다. 여러 제조업 분야에서 여전히 세계 최고 수준의 기술을 보유하고 있다. 우리는 경제 규모 세계 11위, 1인당 국민소득 38위, 순대외채권 규모는 미미한 상태에서 이미 저성장 기조에 들어서고 있다. 1990년대 초반 일본의 가계저축률은 15%를 상회한 반면, 지금 한국의 가계저축률은 3~4%에 불과하다. 소득 대비 한국의 가계부채 수준은 세계 최고 수준으로 올라가 있다. 즉, 일본은 벌어놓은 것이 든든한 상황에서 장기침체를 맞았고, 한국은 벌어놓은 것이 별로 없고 빚만 잔뜩 늘어난 상태에서 장기침체의 길로 들어선 것이다.

만약 한국이 일본과 같은 '잃어버린 20년'의 길로 들어선다면 한국 사회는 과연 이를 견뎌나갈 수 있을 것인가? 20년 후 한국 사회는 어떤 모습을 하고 어디에 서 있을 것인가?

낡은 패러다임

21세기 들어 세계경제 환경이나 국내의 경제·사회 환경 모두가 변했다. 한국 경제의 성장률은 떨어지고, 분배는 악화되었으며, 강고한 기득권 세력 간의 담합과 유착은 계층 간 이동 통로를 좁히고 있다. 한국 경제가 선진 경제로 진입하는 것은 이제 전반적 시스템 개혁을 통해 사회 전반에 새로운 기풍을 불어넣지 않고는 불가능한 일이 되었다. 경쟁을 촉진하고, 실력과 전문성에 바탕을 둔 경쟁을 통해 지식수준을 꾸준히 발전시키며, 기술을 선도해나가야 한다. 이러한 노력을 통해 지식기반 서비스산업을 일으키고 여기서 부가가치를 창출해나가야 한다. 그러기 위해서는 제도를 개혁하는 것은 물론이고 제도를 운용하는 사람과 관습, 관행을 모두 함께 변화시켜야 한다.

　2010년대 들어 이미 한국 경제의 성장률은 세계경제 평균 성장률을 계속 밑돌고 있다. 그리고 선진국의 평균 경제성장률 수준으로 점점 수렴해가고 있다. 다시 말해, 더 이상 추격(catch-up)이 이루어지지 않고 있다는 이야기다. 이제 한국 경제는 선진국과의 격차를 좀처럼 줄이지 못한 채 세계경제 속에서의 입지도 축소되어 나갈 것이다. 지금과 같은 추세가 계속된다면 우리는 과거 영국, 프랑스, 독일, 일본이 경제적 부상을 통해 누렸던 세계 최고 수준의 소득과 생활수준을 경험하지는 못하게 될 것이다.

인구구조의 변화

한국 경제가 당면한 또 하나의 커다란 구조 변화는 바로 고령화에 따른 인구구조 변화다. 1960~1990년대에는 우리에게 유리하게 작동했던 인구구조의 변화가 2000년대에 들어오면서 큰 부담으로 돌아서기 시작한 것이다. 중간이 불룩한 인구구조는 청장년층이 많아 생산활동이 활발해진다. 반면 머리 부분이 점점 커지는 인구구조는 생산활동인구보다 피부양인구가 점점 많아짐을 의미한다. 더구나 고령으로 갈수록 의료비는 기하급수적으로 늘어 국가의 의료 지원비도 눈덩이처럼 불어나게 된다. 우리는 2000년대부터 이미 이런 과정으로 들어서고 있는 것이다.

전체 근로자 대비 고령 근로자의 비중이 늘어나면, 다시 말해 작업장에서 근로자의 평균연령이 올라가게 되면 생산성도 떨어지게 된다. 가령 자동차 제조라인에서 30대 근로자가 한 시간에 끼워 넣을 수 있는 타이어의 숫자와 50대 근로자가 끼워 넣을 수 있는 타이어의 숫자는 차이가 날 수밖에 없는 것이다.

신고립주의와 보호주의의 재등장, 그리고 세계경제의 불확실성 증대

세계경제의 지평은 지금 매우 높은 불확실성 속에 싸여 있다. 그야 말로 짙은 안개가 깔린 새벽길과 같다고 할 수 있다. 지금 세계의 경제·정치 환경은 여러 면에서 양차 대전, 즉 제1차 세계대전과 제2차 세계대전 사이인 1930년대의 환경과 유사하다. 그때와 같이 지금도 세계경제에 커다란 지각변동이 일어나며 세력 균형이 변화하고 있다. 미국이 19세기 말 대영제국의 경제를 추월하고 제1차 세계대전 후에는 세계경제의 중심 위치를 확고히 다지는 동시에 독일과 일본 경제가 빠르게 부상했던 것처럼, 지금도 세계경제에 커다란 지각변동이 빠르게 일어나고 있는 것이다. 중국과 인도, 인도네시아와 베트남 등 아시아 신흥국의 빠른 부상으로 오늘날 세계경제의 무게중심은 대서양에서 태평양으로 이동하고 있다.

세계는 지난 70년간의 미국, 유럽, 일본 중심의 축에서 서서히 미국, 중국, 인도, EU라는 네 개의 다극체제로 무게중심이 옮겨가는 커다란 지각 변동을 겪고 있다. 기술과 제도의 선진국이 세계의 기술과 시장의 발전을 주도하던 지난 약 2~3세기 동안의 양상이 변화해 개발도상국이 세계 최대의 경제로 다시 부상하며 새로운 세계 경제·금융의 질서를 써나가야 하는 시대를 맞고 있다. 지난 2~3세기와는 매우 다른 세계 정치·경제의 현상들이 일어나고 있으며, 그 과정이 절대 순탄치만은 않을 것이 자명하다.

2008년 세계금융위기는 1991년 소련의 붕괴만큼이나 세계의 경제사와 정치사에서 중요한 의미를 가질 것으로 보인다. 금융위기 이후 미국은 재정 적자가 확대되면서 의회에서 국가부채에 대한 논쟁이 심화되어 더 이상 외국의 분쟁에 개입하기 어려운 상황을 맞게 되었다. 국제사회에 힘의 공백이 생기기 시작하고 있는 것이다. 미군의 이란, 시리아 파병이 불가능하게 되었고, 금융위기 이후 세계경찰로서 미국의 위상에 큰 균열이 생겼다. 국제금융시장의 안전망을 강화하기 위한 IMF 쿼터 증액도 합의 5년 만에야 겨우 미 의회에서 통과되었다. 미국이 국제기구에 대해 행사하는 지도력도 줄어들고 있다. AIIB(아시아인프라투자은행)는 제2차 세계대전 후 최초로 미국의 참여 없이 출범하는 국제기구가 되었다. 지금과 같은 혼돈의 시기에 "미국은 영향력을 잃어버렸고, 중국은 방해자(spoiler)가 되었으며, 소국들은 원치 않는 것을 모두 거부할 수 있게 되었다"(윤영관, 2015: 22). 트럼프의 집권은 미국의 고립주의를 더욱 심화시킬 것이다. 이제 미국은 세계경찰의 역할을 할 경제력도, 의사도 잃어가고 있다. 중국의 부상, EU 단일경제권의 부상과 더불어 국제경제력에서도 세계는 이제 다극화 시대로 접어들었다.

1부 한국 경제, 어떻게 보아야 할 것인가

그야말로 세계경제 질서는 혼돈의 시기로 접어들었고, 강대국이나 중소국이나 이제 각자도생의 길을 찾아 나서는 형국이 되고 있다.

경제의 중심축이 이동하며 지각변동이 일어나고 새로운 강자가 부상할 때 세계가 어떤 과정을 거치게 되는지는 세계사가 잘 말해준다. 새로운 국제경제 질서를 써나가는 데 누가 주도권을 잡을 것인지를 놓고 벌어지는 다툼은 국제 정치·경제에 긴장을 고조시켰고, 이는 종종 군사력을 동원한 전쟁으로까지 발전했다. 제2차 세계대전 종전 이후 소련과 미국 두 절대적 강자 간의 팽팽한 긴장이 40여 년의 냉전시대를 지탱했고, 소련 붕괴 이후 30년간 미국의 슈퍼파워가 세계 경제·안보 질서를 주도했다. 여기저기에서 소규모 균열과 전쟁, 테러가 있기는 했지만, '양극체제' 혹은 '일극체제'는 지난 70년간 대체로 역사에서 보기 드문 긴 시간의 세계 평화의 지킴이 역할을 해왔다. 이것이 또한 세계의 자유무역 질서를 세우고 경제적 번영을 이루는 데 등뼈 역할을 해왔다. 평화 없는 번영과 자유무역 질서는 기대할 수 없다. 역사적으로 볼 때 세계 평화는 오히려 일극체제보다 다극체제에서 더 깨지기 쉽다. 이제 경제력이 다극체제로 발전해나가면서 세계의 정치·안보 질서도 새로운 균형을 찾아가고 있는 중이다. 우리가 살아가는 세계는 지금 그러한 전환기에 들어서 있다.

1929년 미국에서 시작된 주식시장 붕괴는 세계경제를 대공황으로 몰아넣었다. 그때와 2008년 금융위기 때의 공통점은 자산시장의 지나친 거품, 그리고 자산과 소득의 집중으로 인한 총수요 부족 현상이다. 로버트 라이시(Reich, 2015)의 분석에 따르면, 1929년

미국 상위 1%가 소유한 부는 미국 전체 부의 23%에 달했다. 1970
년대에 이 비중은 7%까지 떨어졌다가 2008년 다시 23%로 치솟았
나. 소득이 극히 소수의 부자에게 집중됨으로써 경제 전체의 소비
성향이 떨어지고 총수요가 줄어들게 된 것이다. 다른 한편으로 제
1차 세계대전이 끝난 이후 빠르게 확산된 제2의 산업혁명과 공산
품의 증가는 수요보다 지나치게 많은 공급을 가져왔고, 결국 세계
경제는 1929년 주식시장 붕괴와 더불어 깊은 장기침체의 늪에 들
어서게 되었다.

　　1930년대 이후 케인스식 재정·통화 정책으로 각국에서 경기
가 회복되는 듯했지만, 세계경제는 다시 탄력을 잃고 점점 깊은 대
공황(Great Depression)으로 빠져들었으며, 각국은 자국의 수출 감소
와 공급 과잉을 해결하기 위해 환율 절하와 수입장벽 강화 등 이른
바 '근린궁핍화 정책'을 경쟁적으로 채택하게 되었다. 각국 입장에
서 볼 때는 불가피하고 옳다고 판단되었던 이러한 정책 채택은 세
계경제 전체의 조합으로 보면 재앙이 되어 세계 교역은 더욱 축소
되고 소득은 감소했으며, 늘어난 실업자는 국내 정치를 더욱 불안
정하게 만들었다. 결국 세계가 대공황에서 탈출할 수 있었던 것은
전쟁을 위한 막대한 군비지출을 통한 새로운 수요 창출과 전쟁의
파괴를 복구하는 대규모 공공지출 때문이었다.

　　2008년 미국에서 촉발된 세계금융위기 이후 미국을 위시한
영국, 유로존, 일본의 중앙은행 모두 제로금리와 양적완화(QE)를
포함한 초팽창적 통화정책을 구사해왔다. 이에 따라 한국, 중국,
호주, 캐나다, 스위스, 북유럽 국가 모두 초저금리정책을 도입하게

되었다. 주요 30개국 중앙은행들이 이렇게 한결같이 초저금리정책을 취하게 된 것은 세계 금융정책사에 전례가 없는 일이다. 이는 자본시장이 개방되고 국제금융시장이 통합되어 다른 나라들과 다른 정책을 구사하기 어려워졌기 때문이다. 또한 국제 경쟁력을 잃지 말아야 한다는 국내 정치와 여론의 압박이 심하기 때문이기도 하다. 경기가 위축되어 세수가 줄고 실업수당과 복지지출이 증가해 재정 적자가 확대되며 국가부채가 빠르게 증가함에 따라 유럽이 재정위기를 겪게 되었고, 미국 등 대부분의 국가에서는 재정 적자와 국가부채의 확대가 주요 정치적 쟁점으로 부상하면서 경기부양을 위한 재정정책을 구사하기 어려워졌다. 이에 따라 팽창적 통화정책에 대한 의존은 더 커졌다. 이는 민주주의 정치체제하에서 의회의 심의와 통과 절차를 거쳐야 하는 재정정책보다 통화정책의 구사가 더 빠르고 정치적으로 더 쉽기 때문이기도 하다. 이러한 초저금리정책, 팽창적 통화정책은 세계경제와 주요국 경제가 깊은 공황으로 추락하는 것을 막아냈지만, 그렇다고 위기로부터 세계경제를 안전하게 구하지도 못했다. 오히려 문제의 근본적 해결을 미루며 더 많은 부채를 생산하게 해 각국 경제와 세계경제의 앞날에 대한 불확실성을 높이고 있다(조윤제, 2016).

1930년대 금융시장 붕괴와 대공황은 과다 부채에서 기인했다. 그런데 대공황 시기 기업과 가계의 부채 규모에 비해 현재 주요국의 부채 수위는 더 높다. 기업과 금융기관, 가계, 정부가 모두 그때보다 더 많은 과다 부채를 머리 위에 무겁게 인 채 휘청거리며 서 있는 것이다. 이제 마이너스금리, 제로금리, 초저금리가 아니면 이를 감당키 어려운 지경이 되어버렸다. 이러한 상황은 주요 선진국뿐 아니라 한국과 중국에서도 마찬가지다.

지금 세계경제의 상황을 보면 이러한 곤경에서 탈출하기 위한 수단을 찾기가 쉽지 않아 보인다. 유럽, 일본에서는 제로금리, 양적완화의 약효가 떨어지고 경제 회복이 시들해지면서 마이너스금리까지 도입했다. 그럼에도 성장률은 지지부진하다. 국가부채는 이미 턱밑까지 차올라 수위를 조금만 더 올리면 숨조차 쉬기 어려울 상황에 처해 있다.

주요국 간 통화전쟁은 이미 시작되었고 지금도 지속되고 있다. 이제 금리를 올리고 싶어도 자국 환율에 대한 우려 때문에, 그리고 늘어난 부채에 대한 이자 부담 상승 우려로 쉽게 올리기 힘든 상황이 되어버렸다. 제2차 세계대전 이후 출범한 브레턴우즈 체제는 이미 붕괴되었으며, IMF는 이러한 통화전쟁을 속수무책으로 지켜볼 수밖에 없는 무력한 처지가 되었다. 거시경제정책에 대한 국제 공조의 필요성에 대한 목소리도 허공 속의 공명만 울릴 뿐이다. 기대를 모으며 출발했던 G20 정상회의는 첫 몇 해의 회의에서 반짝 공조의 모양을 갖추었을 뿐 이미 유명무실해져 버렸다.

지금 세계 각국은 각자도생의 길을 찾아가고 있다. 이들의 입장에서는 그럴 수밖에 없는 세계경제 환경이 되어버린 것이다. 개별 국가의 입장에서 보면 불가피하고 바람직한 정책일지라도 이것이 모아지면 세계경제를 다시 재앙의 길로 몰아가는 힘을 가질 수 있다. '구성의 오류'라는 것이다. 제2차 세계대전 이후 세계경제 성장률의 배를 넘던 교역의 신장률은 이제 세계경제 성장률을 하회

할 정도로 위축되고 있다. 이 역시 양차 대전 사이에 일어났던 현상과 유사하다. 수많은 국가 간, 지역 간 FTA의 성사에도 불구하고 교역 신장률은 더욱 위축될지도 모른다.

이 모든 문제의 출현과 확대의 근저에는 지난 약 30~40년간 빠르게 진행된 세계화, 탈냉전, 중국을 비롯한 신흥국 부상, 세계경제 구도와 지각의 변동, 그리고 공급 과잉과 총수요의 부족 현상이라는 급격하면서도 광범위한 세계경제의 구조적 변화라는 문제가 놓여 있다. 그 위에 각국에서의 소득분배 악화라는 문제가 놓여 있다. 이렇게 빠르게 밀어닥치는 구조적 변화가 던지는 도전에 제대로 응전한다는 것은 어떤 상황에서도 쉽지 않다. 과거 역사를 보면 혼돈과 균열이 생기고 오랜 시간의 갈등, 심지어 전쟁과 파괴를 거치며 새로운 질서가 정착되기도 했다.

글로벌 시대 제도의 실패와 혼돈의 지속

오늘날 세계의 교역시장과 정보시장, 자본시장은 거의 하나로 통합되어 있는 반면, 글로벌 차원에서 이에 상응하는 어떠한 제도적 변화도 출현하지 못하고 있다. 지금과 같은 대전환기의 심각한 '제도적 실패'의 지속은 향후 세계경제가 걸어갈 길에 대해 더욱더 큰 불확실성을 던져주고 있다.

하나로 통합된 시장에는 단일한 규제와 질서가 있어야 하는 법이다. 그래야 시장이 거래비용과 혼돈, 불안정성을 줄여 거래가 활성화되고 경제의 번성을 기할 수 있다. 이미 세계경제는 서구라고 불리는 미국과 유럽의 지도력으로는 해결될 수 없는 틀로 발전했다. G7이 G20에 자리를 내어주었지만 현 세계경제의 구도에서는 어느 누구도, 어떤 국가도 지도적 역할을 하기 어렵게 되었다. 반면 새로이 부상하는 세력인 중국은 여전히 개도국으로서 자국의 경제성장, 국내의 정치 상황에 매몰되어 세계경제에 지도력을 발휘할 여건이 되어 있지 않다. 그럴 만한 소프트파워도 아직 갖추지 못했다. 또한 동양과 서양은 경제의 발전과 성장 방식, 시장의 기능, 정부의 역할에 대해 애초부터 인식을 크게 달리하고 있다. 그러한 인식은 오랜 역사에 근원을 둔 것이다. 이러한 상황에서 새로이 부상하는 힘과 이를 견제하려는 기존의 힘 사이에는 안보, 정치, 경제에서 이미 분열과 헤게모니 싸움이 진행되고 있다.

지금 우리를 둘러싸고 있는 정치적·외교적 환경은 17세기 명나라에서 청나라로 대륙의 세력이 옮겨갈 때나 19세기 말 해양세력과 대륙세력이 한반도에서 충돌할 때와 유사해지고 있다. 경제적 환경은 제1차 세계대전과 제2차 세계대전 사이 1930년대에 세계경제가 경험한 장기침체, 각자도생을 위한 보호주의, 통화전쟁 상황과 유사하다.

서구의 정치는 냉전에서 승리하면서 긴장과 균형을 잃었다. 경제정책은 단기적 시계에 의한 경기 부양, 포퓰리즘에 점점 경도되었고 저금리 기조, 자산 거품에 의한 소비 진작을 추구하며 전세계적으로 신용 또는 대출의 빠른 팽창이 일어나게 되었다. 특히 1980년대 이후 금융시장에서 자산의 증권화(asset backed securitization)

가 일어나면서 미국과 영국을 중심으로 신용공급이 빠르게 늘었으며, 1990년대 이후 상업은행과 투자은행의 엄격한 구분이 와해되면서 소위 머니게임이 경제를 주도하게 되었다(조윤제, 2016). 신용공급이 늘어난다는 것은 다른 한편으로 부채가 늘어난다는 말이다. 그야말로 1990년대 이후의 세계경제 붐은 부채 위에 세워진 집(house of debt)이었다(Mian and Sufi, 2014).

대공황 이후 맞은 최대의 금융위기인 2008년 위기에 대해 미국은 다시 미증유의 초저금리와 통화팽창정책으로 대응했다. 이는 그것이 올바른 해법이라는 확신이 있었기 때문이라기보다 달리 대응 방법을 찾지 못했기 때문이었다고 생각된다. 벤 버냉키(Ben S. Bernanke)는 미국 경제와 세계경제를 또 다른 대공황에서 구해냈다는 칭송을 받고 미 연준 의장 자리를 떠났지만, 사실 그를 비롯해 미국의 지도자, 정책담당자들은 이 위기의 극복 과정에 대한 뚜렷한 비전이 없었던 것으로 보인다. 2009년 미국이 제로금리와 양적완화를 시작할 때 이 정책이 7년 이상이나 지속되리라고 예상한 사람은 아마 아무도 없었을 것이다. 재정정책을 적극적으로 구사하기에는 이미 재정 적자와 국가부채 수준이 너무 높았으며, 이것이 정치적 쟁점화된 상황에서 신용경색을 막고 디레버리징(deleveraging: 부채 정리)에 의한 디플레를 막기 위해서는 팽창적 통화정책에 기댈 수밖에 없었던 것이다. 과잉 신용공급과 과다 부채에서 초래한 문제를 다시 '헬리콥터 벤'이라고 불린 버냉키 의장이 종대를 메고 전내미문의 양적완화정책을 펴 통화팽창으로 대응한 것이다. 그러나 이는 문제의 이연, 미봉책일 뿐 근본적 해법이라고 할 수는 없다. 이것 역시 오늘날 미국의 정치경제(political economy)의 한계를 보여주는 것이다. 프랜시스 후쿠야마(Fukuyama, 2006)가 주장한 바와 같이 오늘날의 민주주의, 자본주의가 여태까지 인류가 모색해온 최고, 최종의 제도일 수는 있겠으나, 이제 더 진화할 수 없는 '역사의 종언'에 도달한 것이 아니라 점점 더 많은 한계를 노정하는 제도로서, 끊임없이 진화해나가야 함을 보여주었다고 할 수 있다.

금융위기 직후 기업과 가계의 부채가 축소되는 디레버리징 과정이 전개되면서 미국 경제가 심각하게 위축되었다. 2009년 세계경제는 세계은행이 세계 총생산을 집계하기 시작한 이후 처음으로 마이너스 성장을 했다. 미국뿐 아니라 영국, 유럽도 초저금리와 양적완화정책을 실시했고, 2~3년 후 경제에 푸른 싹(green shoot)이 보인다는 부푼 회복의 기대에도 불구하고 곧 유럽의 재정위기로 이어졌다. 지금 미국 경제와 유럽 경제가 조금씩 회복되고 있으나, 그것이 얼마나 지속력을 가질 수 있을지는 알 수 없다.

중국은 2008년 이후 정부 개입에 의한 막대한 신용팽창으로 고도성장을 이어가며 G2로서 확고히 부상하기는 했으나, 역시 과도한 신용팽창의 결과 2011년 이후 과잉 설비, 부동산 거품, 공장 가동률 하락, 기업 수익률 하락 등 경제가 조정을 받으면서 성장률이 크게 떨어지고 세계경제의 침체에 힘을 보태고 있다. 이에 더해 경제활동인구가 감소하기 시작함으로써 잠재성장률도 떨어지고 있다.

일본은 세계금융위기 이후 국제금융시장에서 안전자산 선호 현상으로 엔화가 다시 급등한 데다 2011년 도호쿠 대지진 여파로 경제가 더욱 위축되자 아베 정권이 '아베노믹스'라는, 역시 논리가 불분명하고 장래가 불투명한 새로운 정책을 들고 나왔다. 5년이 지난 지금 아베노믹스에 대한 회의와 비판은 더 커지고 있다. 결국 아베노믹스가 기댈 만한 것도 통화팽창정책 외에는 마땅히 없었던 것이다. 미국의 양적완화에 대항해 일본도 이를 더 공격적인 형태로 도입함으로써, 엔화의 가치를 떨어뜨려 수출 경쟁력을 회복하고, 기업들의 수익성을 높여 주식시장을 띄우며, 자산 효과에 의한 소비 증대로 디플레에서 벗어나겠다는 것이었다. 재정 개혁과 구조 조정 등 나머지 두 개의 화살을 포함시켜 아베노믹스의 논리적 합치성(consistency)을 채워 넣으려고 했으나, 이는 애당초 정치적으로 기대하기 어려운 것이었다. 2%의 인플레를 달성하게 되면 국채 금리도 올라가야 하는데, 국가부채가 국민총생산의 250%에 달한 상황에서 국채금리가 2% 오르면 1년에 재정 적자가 추가로 국민총생산의 5% 정도 증가하게 되어, 그만큼 조세를 더 거두지 않으면 국가부채는 끊임없이 증가해 일본의 국가신용등급을 위협하게 된다.

유럽도 사정은 마찬가지다. 재정으로 해결해야 할 일들을 정치적 이해가 일치되지 않아 주로 통화완화정책으로 해결해보려 하나, 통화완화정책에 결코 비용이 없는 것은 아니다. 그것은 더 큰 실패, 더 큰 위기가 올 때까지 문제 해결을 미루는 것에 불과하다.

오늘날 주요 국가의 재정이 이렇게 한계 상황까지 오게 된 것은 결국 조세와 세율을 올려 재정 건전성을 확보해야 함에도 세계화의 진행과 세계경제의 구조적 변화 때문에, 그리고 정치인들이 자신의 정치적 입지 강화를 위해 그렇게 하지 못한 결과다. 오늘날 대중민주주의 혹은 상업적 민주주의(commercial democracy) 정치의 한계다. 세계화가 빠르게 진행되면서 각국 정부는 자본과 우수 인력을 서로 자국으로 유치하기 위해 법인세나 소득세를 인하하는 등 조세 경쟁(tax competition)을 벌여왔다. 서로 경쟁적으로 세율을 내림으로써 결국 누구에게도 도움이 되지 않고 전체적으로 세수만 줄어들고 재정 적자만 늘어나게 된 것이다. 세수가 줄어듦에 따라 복지비용도 감당하기 어려워졌다. 신용팽창으로 인한 거품, 과다 부채 탓에 위기에 몰리면 그때는 다시 결국 국가가 나서서 금융기관을 구제할 수밖에 없고, 이는 다시 국가부채의 증가를 초래하게 되는 것이다. 결국 지금 세계 각국의 정치 지도자나 정당은 단기적 시계를 가지고 그 길의 궁극적 도착점이 어딘지 보려 하지 않은 채 지속 가능하지 않은 길을 제동 없이 걸어가고 있는 것이나 다름없다. 경제에 국경은 사라지고 첨예한 국제 경쟁 시대가 도래했으나, 이를 규율할 세계 정부나 세계 재정당국, 세계 중앙은행, 세계 금융감독기구는 출현하지 못하고 있기 때문이다. 경제 현실과 정치 현실 간의 괴리, 시장 현실과 국제제도 간의 괴리가 이러한 상황을 심화시켜오고 있으며, 그러한 상황은 앞으로도 지속될 것으로 보인다.

1930년대 대공황의 곤궁으로부터 미국은 물론 세계경제를 구해낸 것은 결국 전쟁과 재건(reconstructions)이었다. 대공황 이후에도 몇 번 반짝 회복 기미가 비치기는 했지만, 미국과 유럽 경제는 깊은 침체의 터널을 벗어나지 못했다. 통화전쟁, 수입장벽 강화로 인한 무역전쟁이 지속되었고, 각자도생하는 상황에서 세계무역과 경제는 더욱 악화되었다. 결국 전쟁에 의한 막대한 유효 수요 창출, 제2차 세계대전 후 베이비붐으로 인한 노동인구 증가, 인플레 상승으로 인한 실질 부채 규모 감소에 의해 과다 부채 문제가 해결되고 경제가 정상상태로 회복되어 미국과 유럽 선진국은 그 이후 30년간의 경제적 번성 시대를 맞게 된 것이다.

세계는 또 다른 전쟁을 필요로 하는가? 당연히 그런 일이 있어서는 안 될 것이다. 그렇다면 지금 세계는 지난 수십 년간 쌓아온 과다 부채, 여기서 유래된 자산가치의 거품, 과잉 설비, 과잉 공급, 수요 부족, 디플레 압력을 어떻게 풀어나갈 것인가? 공급이 과잉이며 수요가 부족한 상태에서는 본원통화의 공급을 확대하더라도 이것이 곧바로 은행의 신용확대와 투자로 연결되지 않는다. 기업은 과잉 설비를 줄이는 것이 더 시급하기 때문이다. 물건이 팔리지 않고 매출액이 정체되면 결국 기업의 채무불이행이 늘어나며, 그렇게 되면 은행의 자본이 잠식되고 신용긴축이 일어나 불황이 깊어진다. 심하면 다시 금융위기로 치닫게 된다. 이를 막고자 정부가 공적 자금을 투입하게 되면 재정은 더욱 악화된다. 은행 대출이 아닌 회사채, 어음 등을 통해 기채를 한 기업들이 수익성 저하로 부채위기에 몰리면 결국 개인이나 기관, 기금 등이 손실을 감수해나가야 하는데, 이 역시 결국 개인의 자산 감소로 이어져 소비가 위축된다. 이를 피하기 위해 조저금리를 지속하고 돈을 풀어보지만, 더 이상 생산적 활동을 위한 투자는 일어나지 않고 부동산·주식 시장의 거품만 키우게 되는 것이다. 지금 주요국 경제, 세계경제는

그림 4-2

각국의 부채 규모

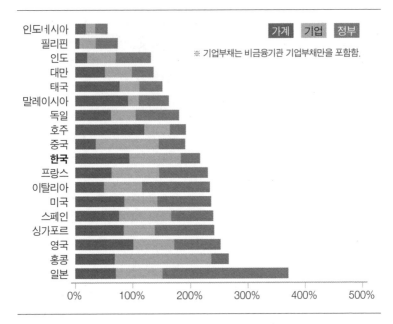

자료: Standard and Chartered Bank(2012).

전반적으로 이런 딜레마에 빠져 있다. 세계금융위기 이후 10년째에 들어서면서 어느 정도 자산 감소와 부채 축소가 이루어져 조금씩 경기가 회복될 것이다. 그러나 이전과 같은 강한 성장세는 이제 기대하기 어려울 것으로 보인다.

한국으로 눈을 돌려보면 문제 해결이 더욱 힘들어 보인다. 한국은 신흥국 평균보다 부채 수준이 훨씬 높다. 선진국 평균보다도 높은 편이다. 특히 정부부채를 제외한 기업부채와 가계부채는 세계 최고 수준이다(그림 4-2).

위기는 고통을 수반하지만 구조 조정의 기회를 제공해주기도 한다. 경쟁력을 잃은 기업을 도태시키고 새로운 기업이 성장할 수 있는 공간을 만들어주는 기회를 제공한다. 그러나 이명박 정부는 세계금융위기를 맞아 단기적 성장률 하락을 막고자 은행을 압박해 무조건 대출 연장, 추가 대출 지원을 하게 했다. 박근혜 정부에서는 부동산 경기 부양을 위해 가계대출에 대한 규제를 완화해 가계부채가 급증했다. 모두 빚을 늘려 집값을 올리고 단기적으로 소비와 투자를 늘려보겠다는 생각이다. 국가경제의 건전성에 대한 장기적 고려는 없고 당장 지금, 올해 성장률을 높이고자 하는 단기적 시각이 지배해왔다.

중국의 조선, 철강, 건설, 석유화학 등의 과다 설비로 한국의 주력 산업인 이들 산업이 중대한 위기를 맞고 있다. 중국은 이제 재료산업, 스마트폰, 반도체 등 거의 모든 산업분야에서 한국을 빠르게 추격하며 위협하고 있다. 2015년 현재 우리나라 기업 중 약 30%가 영업이익으로 이자도 제대로 갚지 못하는 재무 상황을 보이고 있다. 지금과 같은 사상 최저의 금리 상태에서도 이러하니 향후 금리가 오르면 이러한 한계기업은 더욱 늘어날 것이다. 기업 구조 조정으로 이들을 퇴출시키면 실업이 늘고 은행의 손실도 늘어나 신용긴축이 심화되고 경제는 더욱더 움츠러들 수 있다. 특히 산업은행과 수출입은행에 대해서는 추가 증자가 필요하게 되고, 이때 재정 부담이 늘어나 세수를 늘려 이를 충당하지 않으면 국가부채도 늘어나게 될 것이다.

세계금융위기 이후 주요 선진국에서는 거의 모두 부채 감축이 일어났다. 위기가 과다 부채에서 기인했기 때문이다. 그러나 중국과 한국에서는 오히려 부채가 늘어났다. 그리고 그 수준은 이제 감당하기 쉽지 않을 정도로 불어나 있다. 현재의 과다 부채 문제를 해결하려면 세 가지 방법밖에 없다. 첫째는 경제성장이 빨리 일어나 국민총생산 대비 부채비율을 줄이는 것이다. 그러나 이는 현재의 상황에서 기대하기 어렵다. 향후 잠재성장률이 지속적으로 하락할 것으로 예측될 뿐 아니라 지금과 같이 이미 부채가 많은 상황에서는 자본의 한계생산성이 낮아 부채가 총생산액보다 더 빠르게 늘어날 가능성이 크기 때문이다. 둘째는 인플레가 높아져 경상소득 규모가 커지면서 상대적으로 실질 부채 규모가 줄어드는 것이다. 이것도 실현 가능성이 크지 않다. 인플레가 올라가는 주요인은 통화 증발이며, 통화 증발로 인플레가 올라간다는 것은 그만큼 기업이나 가계가 빚을 많이 끌어다 쓰면서 소비와 투자를 늘렸기 때문이다. 물론 수요 때문이 아니라 환율 절하나 유가 상승 등 수입 물가가 올라 인플레가 상승할 수도 있지만, 지금과 같이 전 세계의 공급 과잉이 상존하는 상황에서 그럴 가능성은 매우 낮다. 지금 세계경제는 저성장·저물가 기조로 들어서 있다. 셋째는 기업이 높은 부채를 견디지 못해 부도가 나고 위기가 심화되어 광범위한 기업 구조 조정이 일어나게 되는 경우다. 그러면 부채가 탕감되고(debt relief) 부채의 출자 전환이 일어날 수 있게 된다. 그러나 이 경우에 은행 대출이 부실채권으로 처리되어 은행의 자본 잠식이 일어나게 되며, 이것이 심해지면 다시 정부가 출자를 해야 하기 때문에 결국은 민간기업부채가 정부부채로 옮아가는 결과를 낳게 된다. 우리나라에서 외환위기 이후 정부부채가 크게 늘어난 이유도 여기에 있다. 결국 민간기업의 과다 부채가 납세자의 부담으로 귀결되는 것이다. 혹은 개인이나 기금, 기관투자자와 같은 민간채권자들이 소유한 회사채나 어음이 부도나거나 일정 비율로 '채무 감축'이 일어나게 되면 민간기업의 부채는 축소되는 반면에 민간의 손실 분담으로 자산도 축소된다. 다시 말해, 경제의 대차대조표에서 부채와 자산이 함께 축소되어 경제가 위축되는 결과를 가져온다.* 그 결과 소비가 줄고 신용이 긴축되며 투자가 위축되고 실업이 늘게 되는 것이다(조윤제, 2016). 이 과정에서 오는 경기 침체와 실업의 고통을 줄이기 위해서는 그러한 과정이 서서히 진행되게 해야 하는데, 그렇게 하면 과다 부채가 조정되는 속도도 느려지고, 결국 장기간 경제가 침체를 겪는 것을 감내해나가야 한다. 지금 한국 경제도 이러한 딜레마에 빠져 있는 것이다.

결국 지난 30년간 미국 등 선진국들이 겪어온 고령화와 소득 분배 악화로 인한 소비 성향 감소, 이에 따른 투자 수요 감소, 그리고 생산성 하락으로 인한 장기침체 문제는 한국도 당면한 현실인 것이다. 한국의 높은 부채 수준과 우리 옆에 있는 중국의 과잉 공급 시설을 감안할 때, 우리는 다른 나라보다 그러한 면에서 더 큰 위협과 불확실성을 안고 있다. 한국 경제는 그 자체가 안고 있는 내부적 요인에 의해서뿐 아니라 세계경제가 점차 저성장 국면으로

---

* 노무라종합연구소의 수석 이코노미스트인 리처드 쿠(Koo, 2008)는 일본의 장기 경제 침체의 원인을 대차대조표 축소로 설명한 바 있다.

들어가게 되는 대외적 요인에 의해서도 이대로 가면 잠재성장률이 점점 하락할 수밖에 없다. 그야말로 내우외환에 처한 상황이다. 여기에 대비해나가지 않으면 한국 경제의 미래는 점점 어두워질 것이다.

5장　　　　　한국 경제·사회가 안고 있는 짐들

비상한 시기에는 그 사회의 지도자가 비상한 대책과 전략을 마련해야 하며, 국민은 비상한 각오로 힘을 모아 이에 수반되는 고통을 감수하며 사회 개혁에 동참해주어야 한다. 앞서 언급했듯이 그동안 우리 국민은 적절한 환경에서 적절한 인센티브가 주어지면 세계 최고 수준의 능력을 발휘해왔다. 이 나라와 이 나라 경제가 나아가야 할 방향에 맞추어 지금 이 시대 우리 국민에게 필요한 인센티브를 제공함으로써 국민의 잠재적 능력을 극대화하고 국가를 선진화해나가는 것이야말로 이 나라의 지도층들이 깊이 고민해야 할 과제다.

우리 국가와 사회에 무엇이 부족하여, 어떤 연유로 지금의 혼란과 정체가 오게 되었는지 깊이 분석하고 토론해 새로운 돌파구를 마련해나가야 한다. 우리 국민의 힘만으로, 내부의 노력만으로는 어쩔 수 없는 부분도 많다. 세계경제 환경의 변화, 지정학적 흐름은 우리가 받아들여야 하는 부분이다. 그러나 그 속에서 새로운 전략을 모색하고 내부의 변화를 이루어내야 하는 것은 지금 우리 국민의 몫이다. 지금 우리가 극복해야 할 무거운 짐들이 많은 것이 사실이다. 그러나 그것들을 잘 분석하고 이해한다면 극복이 불가능한 것만은 아닐 것이다.

물질주의의 팽배, 사회적 불신, 가치관의 혼란

1985년부터 미시간대학을 주축으로 하여 5년 간격으로 세계 각국 사람들의 가치관을 조사해온 '세계가치관조사(World Values Survey)'에 따르면, 한국인은 장기적 관점에서 인생을 설계하고 이를 성취하기 위해 열심히 일하는 능력에서 세계 최고 수준이다. 그러나 이 조사에서 한국인은 직업 노동의 보람, 타인에 대한 배려, 사회적 권위에 대한 존중, 인류를 향한 박애, 창조적 상상 등 정신적 가치에 대한 지향이 매우 빈약한 것으로 나타난다(김병연, 2014; 이재열 외, 2013 참조).

한국인의 장기적 행동 전략의 목표는 재산과 지위의 취득에 맞추어져 있다. 이는 다른 나라 국민과 크게 다르지 않다. 그러나 한국의 정신문화가 드러내는 물질주의적 편향은 국제적으로 거의 이상치에 가깝게 나와 있다(김병연, 2014). 이러한 한국인의 성향과 가치관은 1950년대 중반 이후, 과거 1500년간 이 땅의 역사에 일찍이 없었던, 모두가 거의 똑같은 출발점에 서게 된 상황에서 재산과 지위를 얻어 신분 상승을 이루려는 엄청난 국가적 에너지를 분출시켰고, 이는 세계 역사에서 전례를 찾기 어려운 고도성장을 실현시킨 동력이 되기도 했다.

그러나 그 과정에서 쌓아온 불공정 경쟁, 편법과 탈법 행위의 일상화, 지나친 관료주의와 정경유착, 권력의 사유화, 물질주의의 팽배, 시장권력의 경제정책 포획 등으로 공동체의식과 정부에 대한 신뢰, 타인에 대한 신뢰는 점점 추락해왔다. 한국의 사회적 신뢰 수준은 원래 낮았지만, 지난 30년간 이와 관련한 여러 조사에서 점점 더 낮아지는 추세를 그려왔다. "다른 사람들을 신뢰할 수 있는가"라는 질문에 "그렇다"고 응답한 비율, 즉 사회 신뢰도는 한국이 26.6%로 OECD 회원국 평균(36%)보다 훨씬 낮다. 정부 신뢰도 역시 28%로 OECD 35개국 중 29위다. 더욱이 청년층(15~29세)의 정부 신뢰도는 꼴찌 수준이다(OECD, 2016).

사회적 신뢰야말로 한 국가 사회의 가장 중요한 무형자산이다. 사회적 신뢰가 낮을수록 그 사회에서는 모든 거래비용이 늘어나게 된다. 서로 믿으면 쉽게 해결할 수 있는 문제도 서로 믿지 못하는 탓에 해결의 실마리를 찾기 어렵고 거래가 잘 이루어지지 않으며 모든 문제에 대한 결정이 느려지게 된다. 한국 사회는 원래 친족 집단 내에서의 신뢰도는 매우 높은 사회였다. 하지만 민주주의와 자본주의가 발전하고 도시화가 빠르게 진행되면서 이러한 친족 집단이 서서히 해체되었고, 이러한 과정에서 친족 간 신뢰를 시민 간 사회적 신뢰로 발전시키는 데는 실패했다. 이는 정부 수립 이후 우리나라의 법질서, 국가통치, 경제행위, 사법부 운영 등을 특권과 반칙, 편법이 지배함으로써 사회적으로 투명성과 공정성을 확보하지 못했기 때문이라고 생각된다.

1960~1980년대와 같이 모든 국민의 생활수준이 개선되던 때와 달리, 1990년대 이후 90% 국민의 소득이 정체되고, 사회 전체의 부와 소득의 분배가 악화되는 동시에 경제성장이 점차 정체되면서 이러한 사회적 불신의 증가는 이 사회의 장기적 안정성에 중대한 위협이 되고 있다. 이는 앞서 설명한 세계경제 환경의 악화와 더불어 국내경제를 받치고 있는 두 기둥인 경제적 기반과 경제 외적 기반 또한 전반적으로 약화되어온 것을 의미한다.

정치, 언론과 시민의식

한국의 경제수준과 국민의 교육수준, 그리고 세계 환경은 지난 반세기 동안 급변해왔으나, 한국의 정치는 별로 바뀌지 않았다. 이제 정치의 틀과 정치하는 방식이 바뀌어야 한다. 아무리 좋은 생각, 비전이 있어도 여야의 진영 싸움과 상호 비난에 묻혀 공유되지 못한 채 맥을 잃고 버려지게 된다. 여당과 야당, 보수와 진보 간에 현재 한국이 당면한 문제에 대한 인식을 공유하고 양 진영에서 합리적 사고를 가진 이들이 협력해 공동의 목표를 세우고, 이를 향해 적어도 10~20년 동안 일관된 혁신을 지속해나갈 때 한국 경제와 사회는 조금씩 변화의 기운을 태동해 보이게 될 것이다.

정치제도를 바꾸는 것보다 정치문화를 바꾸는 것은 더 어려운 일이다. 정치가 바뀌려면 언론과 국민의 의식도 달라져야 한다. 나쁜 정치를 언론과 국민이 부추기는 한 나쁜 정치는 없어지지 않는다. 지역정서에 의존한 정치, 선동정치를 국민이 선거를 통해 징벌하고 언론이 외면할 수 있어야 문제를 개선해나갈 수 있다. 정치인은 언론이 비추는 조명을 쫓아 행동하기 마련이다. 그러므로 언론은 정당 간 싸움과 폭로정치보다 정책 개발과 정치인 간 건전하고 생산적인 토론에 더 많은 조명을 비추려고 노력해야 한다.

비전이 박약하고 협량한 정치를 하는 지도자를 국민이 외면하고 선거에서 징벌할 수 있는 안목과 인식을 갖추지 못하면 국민은 그런 이들에게 지배당하게 된다. 언론의 역할은 현실의 여러 사실적 정보를 올바로 취합하고 여과해 차가운 평가를 제공함으로써 국민의 인식과 의식을 키워주는 것이다. 언론이 스스로 권력을 추구하며 운동장에 뛰어들어 국민을 편 가르고 선동하며 부화뇌동하게 해서는 안 되는 것이다.

동양 사회의 역사는 지도자가 어리석으면 민심이 떠나고 그 결과 세상이 바뀌게 된다고 가르쳐왔다. 민심이 천심이라는 것이다. 한편으로 이것은 정치가 바뀌려면 시민의식부터 변화가 이루어져야 한다는 것을 뜻한다. 그 낮은 곳에서부터의 변화 없이는 정치체제와 정치하는 방식이라는 상부구조를 바꿀 수 없다. 언론과 시민의식에서부터 변화가 시작되어야 하는 것이다. 다시 말해, 위에서의 변화뿐 아니라 아래에서의 변화도 일어나야 한다. 오히려 후자가 더 중요하다. 그것을 어떻게 시작해나갈 것인지가 지금 대한민국 국민이 당면한 주요 과제다.

우리 스스로에 대한 이해 부족

우리 사회의 혁신은 우리 스스로가 서 있는 지점, 그 지점에 서 있게 된 과정에 대한 이해와 자각에서부터 출발해야 한다고 생각된다. 우리 국민은 지난 한 세기 조선의 멸망, 일제 식민지, 해방 후미 군정, 미국 문화의 대거 유입 등 단절된 제도와 역사의 과정을 거치는 동안 우리 자신에 대한 이해도 잃어갔다. 한국 근대사에 대한 논쟁은 지금도 계속되고 있다. 과거에 우리는 정부를 수립하면서 경황이 없는 와중에, 혹은 즉흥적으로, 혹은 미국의 막강한 후원자적 영향 때문에, 혹은 자주적 생각과 집단지식이 부족했던 탓에 외국의 법과 제도를 맹목적으로 모방해 도입했다. 민주주의 정신을 살리면서도 수백 년간 우리 민족의 몸에 익은 관습과 의식, 관념을 고려한, 제대로 된 국가지배구조를 정립하지 못했다. 거기서부터 오는 단절과 괴리가 아직도 우리나라 정치를 혼란 속에서 헤매게 하고 있다.

우리는 미국이나 영국이, 그 밖의 유럽 국가 혹은 이웃 나라 일본이 어떻게 오늘날과 같은 정치체제와 시장구조를 가지게 되었는지에 대한 충분한 이해 없이 그들의 제도를 맹목적으로 받아들인 측면이 많다. 그렇게 하면 우리도 바로 선진 사회가 될 수 있으리라 착각했는지도 모르겠다. 외국의 선진 기술과 자본, 기계를 도입해 생산공정을 모방하면 경제는 발전할 수 있다. 그러나 선진 제도와 정책을 도입한다고 해서 선진화된 정치와 사회질서가 곧바로 우리 속으로 들어올 수 있는 것은 아니다.

제도와 정책은 원래 그 사회가 추구하는 가치를 실현하기 위해 여러 과정의 토론과 타협을 거치며 숙성되어 모양을 갖추고 자리를 잡게 된다. 우리는 서양이 수 세기에 걸쳐 숙성·발전시켜온 제도를 그대로 가져다 도입했지만, 수 세기에 걸쳐 그들이 발전시켜온 정신과 철학, 가치에 대한 논쟁, 갈등의 수습과 타협의 전통을 체화하지는 못했다. 우리 사회는 서양 사회의 자유주의, 개인주의, 기독교 사상과는 매우 다른 유교 이념에 기초한 철학과 가치, 수직적 사회질서, 전통에 기초한 사회였다.

오늘날 우리 사회·경제가 당면한 많은 문제는 바로 서구에서 수입·이식된 제도와 우리의 전통문화, 관념, 행동양식, 통치 방식의 괴리에서 기인한 것이다. 우리의 가정문화, 학교문화, 직장문화, 사회문화는 여전히 유교적 이념의 유산이 지배하며 영국이나 미국, 독일의 그것과 크게 다르다. 그러나 이것들을 아울러 사회를 이끌어갈 정치와 국가지배구조는 그들과 거의 똑같은 제도와 구조를 도입해 시행하고 있다. 그렇다 보니 정부 수립 이후 '한국적 민주주의'라는 말이 위정자의 입에 붙어 다닐 수밖에 없게 되었으며, 3선 개헌과 유신체제, 5공화국, 6공화국 등을 거치며 불과 30~40년 동안 헌법은 누더기가 되었다. 청와대의 국회 무력화, 사법부 개입, 권력기관의 사찰정치 이용, 정치공작, 위협 등으로 삼권분립은 무력화되었다. 그리고 그러한 실질적 통치 방식의 밑바탕에는 구조적인 정경유착, 관치경제, 부정부패가 자리 잡고 있었다.

1987년 대통령 직선제 헌법의 도입으로 소위 '87년 체제'가 시작되어 정치민주화가 이루어졌으나, 실질적으로는 1997년 외환위기 이후 새로운 경제 패러다임의 도입으로 과거 권위적 통치 방식이 근본적으로 흔들리게 되었다. 기업의 재무구조가 개선됨에 따라 기업은 더 이상 정부의 관치금융에 생사를 맡기지 않아도 되게 되었고, 경제 운영 방식이 조금씩 투명해지면서 정경유착의 기반은 크게 줄어들었다. 정경유착이 줄고, 청와대의 정치자금 지원에 의한 정당 지배가 약화되었으며, 권력기관에 대한 정치적 목적의 이용이 줄어든 동시에, 헌법에 명문화된 국회의 권력이 오롯이 살아나면서, 다른 한편으로 한국은 주요 정책의 입법화 과정에서 여러 가지 혼란을 경험하고, 주요한 국가적 과제에 대한 해결 능력을 상실하게 되었다(조윤제, 2014).

경제에서도 비슷한 현상이 발견된다. 우리의 시장구조, 기업구조, 기업경영 방식이 미국과 영국, 독일, 심지어 일본과 같지 않은데 우리는 이들의 상법을 거의 그대로 도입해 사용하며 시장의 규율을 관리하려 해왔다. 그 결과 편법과 탈법이 일상화되었으며, 심지어 누가 더 편법과 탈법을 잘하느냐에 따라 경쟁력이 정해지는 사회가 되었다. 재벌 그룹이 우리 경제와 사회를 사실상 지배하고 있는데도 회사 관련 규정이 담긴 우리나라 상법에는 재벌이라는 개념이 아예 없다. 유럽 대륙에서 발전한 이 법은 우리나라식의 재벌을 염두에 둘 수 없었기 때문이다. 지금 우리는 재벌에 대한 규제를 공정거래법에 의거해 규정한다. 그 결과 무리와 왜곡이 생기게 되고 실효성을 확보하기 어렵다. 금융 관련 법, 자본시장법에서도 유사한 사례가 발생하고 있다. 자본시장의 중요한 역할은 기업의 투자와 경영 행위를 감시하고 규율(monitoring and governance)하는 것이다. 그러나 우리나라의 자본시장은 재벌 계열 보험사·증권사·자산운용사들이 주류를 이루며 기업 투자 행위에 대한 객관적 감시·감독 기능이 제대로 이루어지지 않고 있다.

지난 60년간의 경제발전 과정에서 우리나라의 상법, 조세법, 금융 관련 법, 공정거래법을 엄격히 적용했을 때 살아남을 수 있는 재벌은 과연 얼마나 되었을까? 지금도 과거 회계장부, 거래 행위에 대해 법의 잣대를 엄격히 들이대 조사하면 아마도 법정에 서는 것으로부터 완전히 자유로울 기업인은 별로 없을 것이다. 이처럼 뒤지면 반드시 나온다는 인식은 여전히 기업인들로 하여금 정권에 줄을 대고 로비력을 확보해 이른바 보험을 들게 하는 현실을 만들고 있다. 중소기업은 중소기업 나름대로 여러 편법과 불법을 일삼아왔다. 회사 경비와 가족 경비가 엄격히 구분되지 않고 회계장부의 신뢰성이 약하기는 대기업보다 오히려 더하다. 소유주 가족의 일원이 출근도 하지 않으면서 감사나 이사로 등록되어 있고 가사도우미가 회사 직원으로 등록되어 회사로부터 임금을 받는 경우를 흔히 본다. 회사 차량을 가정에서 사용하는 것은 다반사다. 선진국 기업에서는 찾아보기 어려운 일들이다. 법제도와 현실 관행의 괴리가 크고 편법 행위가 널리 퍼져 있는 것이다. 한국의 시장구조는 그렇게 형성되어 있으며, 시장은 여전히 그렇게 작동하고 있다.

이러한 편법 행위가 만연한 사회·경제 체제에서 부의 축적과 소득의 격차에 대해 일반 대중의 수용도는 낮을 수밖에 없다. '유전무죄, 무전유죄'의 인식이 깔려 있는 사회에서는 경쟁력을 확보하는 데 편법과 탈법이 주요한 수단이 된다. 어떤 사회에나 이러한 현상이 있기 마련이지만, 법제도와 그 사회의 문화, 행동방식의 실질적 괴리가 큰 사회일수록 이러한 현상이 만연하게 된다. 이미 OECD 회원국이 되어 소득수준만 놓고 볼 때 선진국 문턱에 서 있는 우리나라는 다른 선진국에 비해 그 정도가 매우 심한 편이다. 압축성장의 결과로 양적 수준은 빠르게 선진국을 따라왔으나, 제도의 운용과 시민의식, 시장의 관행은 선진국을 따라가지 못하고 있는 것이다.

지금 우리 사회의 법제도와 현실적 관행의 괴리를 줄여나가는 것이 사회적 신뢰와 사회적 자본을 축적해나가는 데 주요한 관건이 되어 있다. 이를 위해서는 한국의 경제·사회가 걸어온 길을 우리가 더욱 객관적으로 이해할 필요가 있다. 그래야 실사구시적 제도와 정책 접근이 나올 수 있다. 그리고 과거의 불법 행위와 잘못에 대해 우리 사회가 이를 어떻게 받아들이고 처리해나갈 것인가에 대한 성찰을 통해 사회적 합의를 만들어갈 필요가 있다.

저출산과 고령화

한국 경제가 지난 수십 년간 걸어온 길은 인구구조의 변화를 통해 상당 부분 설명될 수 있다. 1955년부터 시작된 베이비붐은 이후

아동시설부터 초·중등학교, 대학 정원의 확대를 가져왔고, 산업인력 공급의 빠른 확대를 가져왔다. 1960년대에서 1980년대까지 한국 경제의 고도성장은 상당 부분 인구구조의 변화, 경제활동인구의 급증으로 설명될 수 있다. 경제학자들은 경제성장에서 인구 증가와 경제활동인구 증가에 기인하는 몫을 '인구배당(demographic dividend)'이라고 부른다. 비슷한 시기에 이루어진 동아시아 국가들의 빠른 성장도 대부분 인구배당에 의해 설명되고 있으며, 최근까지의 중국의 고도성장도 상당 부분 이에 기인한 것으로 분석된다. 경제활동인구가 급격히 늘어나고 이들이 생산에 참여함으로써 국내총생산이 빠르게 늘어나게 된 것이다.

1970년대에 한 해 100만 명에 달하던 한국의 신생아 출생은 이제 40만 명대로 떨어졌다. 2010년대 이후 한국의 인구구조 변화는 한국 경제의 심각한 부정적 요소로 작용해오고 있다. 2010년 이후 대학 진학자 수는 해마다 줄고 있으며, 2017년부터는 경제활동인구가 줄어들 것으로 예측된다. 고졸자의 대학 진학률도 최근 들어 하락하는 추세다(그림 5-1). 최근 약 48만 명에 달하는 연간 진학자 수는 2023년이 되면 약 16만 명이 줄어들게 된다.

경제는 사람이 하는 것이다. 사람이 줄면 당연히 경제성장률은 떨어진다. 노동의 투입이 줄어서만이 아니다. 생산성도 떨어지기 때문이다. 인구가 줄어 근로자의 평균연령이 올라가면 아무래도 작업장에서의 생산성이 떨어지게 된다. 인구 고령화는 노농 투입뿐 아니라 생산성도 떨어뜨려 국민총생산의 증가율을 떨어뜨리게 되는 것이다. 노인은 생활에 필요한 상품에 대한 수요도 젊은이

그림 5-1

고등학교 졸업자의 대학 진학률

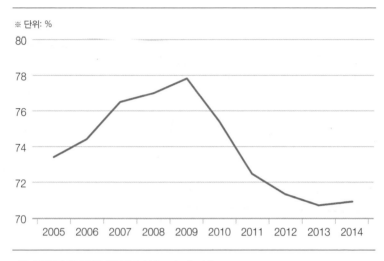

※ 단위: %

자료: 교육통계연구센터 교육통계서비스(kess.kedi.re.kr).

표 5-1

고령화 속도

※ 7%, 14%, 20%는 전체 인구 중 65세 이상 인구 비중임.

	해당 단계가 시작된 연도			다음 단계까지 걸린 기간	
	7%	14%	20%	7 → 14%	14 → 20%
선진국	1950년 이전	1995년	2023년	45년 이상	28년
미국	1942년	2014년	2030년	72년	16년
서유럽	1950년 이전	1975년	2015년	25년 이상	40년
일본	1970년	1994년	2005년	24년	11년
한국	2000년	2018년	2026년	18년	8년

자료: UN.

보다 적다. 노인 비중이 늘어나면 그만큼 거시경제의 총수요도 줄어드는 것이다. 우리나라는 이미 이러한 단계로 접어들고 있으며, 더욱이 고령화 속도가 세계 어떤 나라보다 빠르게 진행되고 있다 (표 5-1). 이는 만약 다른 변화가 일어나지 않는다면 한국의 경제성장률이 빠르게 정체될 것임을 말해준다.

소득격차의 확대

소득분배의 악화에 대해서는 이미 앞에서 자세히 논한 바 있다. 그 주요인은 한국의 산업구조와 고용구조, 인구구조의 변화다. 그리고 그러한 변화가 일어나게 된 세계경제 환경의 변화와 이와 마주친 국내시장의 구조적 경직성이었다. 1990년대 이후 급물살을 탄 세계화와 중국 및 신흥국의 추격으로 산업구조가 빠르게 변화했고, 지금도 조선과 해운, 철강, 건설, 석유화학의 기반이 흔들리고 있다. 이에 따라 제조업의 고용이 줄고 생산성이 낮은 자영 서비스업으로 인구가 대거 이동했다. 또한 대기업의 고용이 상대적으로 줄고 중소기업의 고용이 늘어난 반면에, 대기업과 중소기업의 임금격차는 더욱 확대되었다. 기업은 정규직의 고임금과 고용 조정의 어려움으로 인해 비정규직을 선호하게 되고, 이는 비정규직의 확대와 임금격차의 심화를 가져왔다.

　그 결과 지난 20년간 국민 상위 10%의 소득 증가는 1960~1970년대의 초고속성장 시대의 성장률을 그대로 유지해온 반면,

하위 90%의 소득은 1990년대 중반 이후 정체 상태를 보이고 있다. 한국에서 상위 10%는 2013년 기준 전체 소득의 45%를 가져가 어느새 한국은 아시아에서 가장 소득집중도가 높은 나라가 되었다 (Ahn, 2016).

한국은 이미 소득분배가 매우 편중된 나라일 뿐 아니라 OECD 국가 중에서 소득격차가 가장 빠르게 악화되고 있는 나라인 것으로 나타난다. 이는 다시 말해 그동안 우리 사회에서 끊임없이 제기된 사회적 갈등의 심화가 실제로 지난 20여 년간 빠르게 진행된 소득분배의 악화, 그리고 이를 초래한 대외 환경의 변화와 한국의 경제제도 및 경제정책의 실패에 상당 부분 기인하고 있음을 보여준다. 한국이 지금 소득분배의 지속적 악화를 막아내지 못한다면 향후 사회 분열과 갈등 수준은 더욱 오르게 되고 사회적 안정을 지속하기 어렵다. 이는 지금 한국이 당면한 가장 중요한 도전과제 중 하나다.

낮은 생산성

지난 10여 년간 여러 선진국에서 '총요소생산성(total factor productivity)'이 떨어지고 있는 것이 관찰된다(Gordon, 2016). 한국 경제의 생산성도 빠르게 떨어지고 있다. 표 5-2는 한국개발연구원(KDI)에서 향후 한국 경제의 잠재성장률을 전망한 것이다. 이에 따르면, 총요소생산성의 성장 기여도는 2011~2015년 기간 중 이미 0.8로 떨어져

표 5-2

한국의 잠재성장률 전망 및 성장 기여도

※ 단위: %, %p

기간	실질 GDP (1+2+3)	취업자 수 (1)	물적 자본 (2)	총요소생산성 (3)
2001~2005년	4.6	0.9	2.1	1.5
2006~2010년	4.0	0.5	1.8	1.7
2011~2015년	3.1	1.0	1.3	0.8
2016~2020년	3.0	0.4	1.0	1.6
2021~2025년	2.5	0.1	1.0	1.4
2026~2030년	1.8	-0.2	0.8	1.3
2031~2035년	1.4	-0.4	0.5	1.3

자료: 권규호·조동철(2014).

있다. 정확한 이유는 알 수 없으나, 이 연구에서는 2016~2020년에 생산성이 큰 폭으로 증가할 것으로 가정하고 있다. 그러나 만약 2016~2020년에도 총요소생산성 증가가 지난 5년의 수준에 머문다면 이 기간 중 한국의 잠재성장률은 2.2%에 그치게 된다. 또한 지난 5년간과 같은 수준의 생산성 증가가 이어진다면 2020년대에는 잠재성장률이 1%대로, 2030년대에는 0%대로 떨어지게 된다. 일본의 잃어버린 20년을 쫓아갈 뿐 아니라 오히려 더 빠르게 달려가게 된다. 자료에 따르면, 2030년 이후에는 한국의 경제성장률이 순전히 생산성 향상에만 의존하게 될 것으로 예측되는데, 실제로 일본이나 미국의 경우에서처럼 향후 생산성이 지속적으로 떨어지게 되면 한국의 잠재경제성장률은 0%대에 머물고 성장은 정지하게 될 것이다.

생산성이 지속적으로 하락하게 되는 것은 고령화와 더불어 근로자 평균연령 상승, 그리고 기술 혁신과 생산방식 혁신의 속도가 줄어들고 있기 때문이다(Gordon, 2016). 여기에다 한국의 경우 여러 제도적 비효율성, 사회적 신뢰 저하 및 경제 외적 기반의 취약이 포함된다. 지금 한국은 생산성 향상을 위한 기술연구 투자 확대, 기업지배구조 혁신, 나아가 각 직장에서 일하는 방식, 한국 사회의 비생산적 생활문화와 제도를 혁신해야 하는 커다란 과제를 안고 있다. 만약 한국이 시장생태계를 바꾸고 기업들의 경영 혁신, 규제 합리화, 노동시장 개혁, 모든 직장에서의 일하는 방식 혁신을 이루어내지 못하면 한국 경제의 잠재성장률은 더욱 빠르게 하락하게 되어 머지않아 성장은 멈추게 될 것이다.

한국은 노동생산성 또한 매우 낮은 것으로 나타나 있다. 한국의 노동생산성은 OECD 국가들 중 최하위에 속한다. OECD 상위 50% 국가의 노동생산성의 절반 수준에 머물러 있으며, 지난 5년간 향상이 없다(그림 5-2). 2012년 기준 현대자동차 1대를 만드는 데 투입되는 시간이 미국 공장은 15.4시간, 중국 공장은 18.8시간, 국내 공장은 30.5시간이라고 한다(≪연합뉴스≫, 2013.11.17). 그런데도 시간당 임금은 한국 공장이 미국 공장보다 많다. 한국 노동자의 평균 생산성은 노르웨이, 핀란드의 3분의 1 수준에 머물러 있다. 물론 이들 선진국에 비해 기술 수준과 자본집약도가 낮은 것도 이유가 되겠으나, 그보다는 직장 내 근로 방식과 업무 강도의 차이에 더 큰 이유가 있다.

그림 5-2

OECD 상위 50% 국가와 한국의 노동생산성 격차

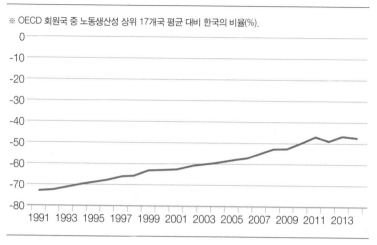

※ OECD 회원국 중 노동생산성 상위 17개국 평균 대비 한국의 비율(%).

자료: OECD.

과다 부채

현재 한국의 기업과 가계가 안고 있는 과다 부채 문제는 향후 한국이 통화정책이나 재정정책 등 거시경제정책 수단으로 경기를 지탱하는 데 한계가 있음을 보여준다. 또한 한국의 금융부문과 경제 전체의 불안정성을 높여 안정적 성장 경로에 경고등이 켜져 있음을 말해준다. 이미 한국은 국민총생산 대비 가계부채와 기업부채의 비율이 세계 어떤 나라보다 높은 수준이나. 2007년 말 605조 원이던 가계부채는 2016년 한 해에만 140조 원이 늘어 현재 1400조 원에 달해 국민총생산의 90%에 근접하는 규모다. 기업의 총부채도 국민총생산의 150%에 달해 있다. 만약 향후 미국이 금리를 빠르게 인상하기 시작하고, 국제금리가 올라가 국내의 금리도 상승하게 되면 한국 경제는 매우 어려운 상황에 직면하게 될 것이다. 가계, 기업의 부실채권이 늘어나고 이것이 금융기관의 자본을 잠식하게 되며 신용경색을 초래해 다시 심각한 금융 불안정을 맞게 될 가능성도 있다(조윤제, 2016).

이미 가계와 기업이 과다한 부채에 짓눌리면서 이로 인해 가계부문의 소비 지출, 기업부문의 투자 확대가 제약을 받고 있다. 미국이 2008년 주택담보대출로 인한 금융위기를 맞을 때보다 지금 우리나라의 가계부채 수준은 낮다. 미국의 기업부문은 한국의 기업부문만큼 높은 부채 수준을 안아본 적이 없다. 2008년 세계금융위기 후 대부분의 선진국에서는 제로금리하에서도 민간부문의 부채가 축소(디레버리징)되어왔다. 이러한 조정이 이루어져야 다시 가계부문이 정상화되고 기업의 투자 여력이 생길 수 있다. 하지만 한국에서는 2008년 이후에도 가계와 기업의 부채가 지속적으로 증대했다. 이는 단기 성장률 제고를 위해 국가가 미래의 성장 가능성을 미리 앞당겨 써버린 것이라 할 수 있다.

중국 경제의 추격

중국이 한국의 산업 기술과 제품 경쟁력을 추격하는 속도는 예사롭지 않다. 이미 많은 산업 부문에서 한국은 중국에 추월당한 상태다. 가격 경쟁력뿐 아니라 제품 질 측면에서도 그렇다. 중국의 국가자본주의(state capitalism)를 기반으로 한 국유기업의 성장은 과거 1970~1980년대 한국의 재벌기업이 일본의 경쟁력을 추격하던 형태와 비슷한 추격을 가능하게 하고 있다. 국유기업은 단기 수익성에 제약받지 않고 자본 투자를 확대해 생산시설을 확대하고 대량 생산과 가격 경쟁력으로 국제시장을 침투하게 된다. 국가가 제공하는 저리 금융, 싼 토지, 그리고 낮은 임금을 바탕으로 먼저 시장을 확보하고 매출을 극대화하는 것을 목표로 삼는다. 이것이 어느 정도 진행되면 수익성을 높이고 재투자로 기술을 개발해 제품의 질을 높이게 된다. 한국의 삼성이 소니를 따라잡은 방식을 지금 중국이 한국 기업을 상대로 되풀이하고 있다.

앞으로 중국이 한국을 추격하는 속도는 더욱 빨라질 것이다. 중국의 기초과학 수준은 이미 한국을 능가한다. 2014년도 전 세계의 주요 학술지에 발표된 과학 논문의 국가별 비율은 미국 20%, 중국 12%, 일본 6.6%, 한국 2.8%였다. 더욱이 이 중 40%의 논문에 중국계 저자의 이름이 들어가 있다. 향후 중국인의 생활수준이 더 향상되고 중국의 세계적 위상이 높아질수록 중국은 해외에서 활동하는 중국계 시민에 대한 흡인력을 높이게 될 것이다. 이러한 점은 중국이 머지않아 기술 선진국이 될 수 있다는 것을 예상하게 한다.

이는 다시 말해 한국 경제가 향후 20년간 빠른 산업구조 조정을 거쳐나가야 하며, 만약 한국의 지식·기술 수준이 빠르게 발전하지 못한다면 한국의 입지는 더욱 좁아지고 거대 중국 경제에 맞서 경쟁력 우위를 점하던 분야도 축소되어 지속적인 발전을 이룰 수 없게 될 것임을 시사한다.

높은 부동산 가격, 부의 대물림, 계층 간 이동성 축소

1960년대 경제개발이 시작된 이후 한국의 GDP보다 훨씬 더 빠르게 오른 것은 땅값과 집값이다. 지난 30년간 물가가 30배 오르는 동안 집값은 3000배 올랐다는 분석도 있다(≪중앙일보≫, 2017.7.12). 특히 1970년대와 1980년대에는 당시 국민총소득액보다 지가 상승에 의한 자본이익(capital gain)이 더 컸던 것으로 나타난다. 이정우 (2010)에 의하면, 이승만 정부에서는 국민총소득의 43.2%, 박정희 정부에서는 248.8%, 전두환 정부에서는 67.9%, 노태우 정부에서는 96.3%, 김영삼 정부에서는 -5.2%, 김대중 정부에서는 -0.6%, 노무현 정부에서는 8.4%의 지가 상승이 있었던 것으로 추정된다. 부동산 가격의 상승은 수도권, 그것도 강남 3구 등 부촌 지역의 상승폭이 훨씬 크고, 따라서 부동산 가격의 상승으로 인한 부의 격차 확대 효과는 중장기적으로 임금격차에 의한 부의 격차 확대보다 훨씬 더 커 한국인이 부를 축적하고 오늘날 부와 소득의 격차를 확대한 주요인이 되었다.

오늘날 우리 주위를 돌아보면, 재벌이나 수출 대기업 등을 제외하면 중소기업을 경영해온 사람이나 고액소득자가 현재의 재산을 이룬 것이 그들의 영역에서 이룬 영업이익이나 소득의 결과라

기보다 보유 부동산, 공장 부지, 사옥의 가치가 크게 오른 결과인 것을 흔히 보게 된다. 현재 우리나라 부동산 소유 집중도는 소득의 집중도보다 훨씬 높다. 2014년 부동산 보유 상위 10%는 하위 10% 에 비해 평균 186배의 부동산을 보유한 것으로 나타난다. 실제로 도심에 토지와 빌딩을 소유한 가계는 그들의 근로소득이나 사업소득보다 부동산의 가격 상승에 의한 자본이익과 임대소득이 훨씬 크다. 그러한 부동산을 가족법인의 소유로 등록함으로써 해당 부동산을 임대해 얻는 소득이 가족의 사업소득이나 근로소득으로 잡히는 경우도 많다. 하지만 이는 가족이 사용하는 차량과 유흥비를 가족법인의 비용으로 계상하는 등 절세를 위해 법인 소유로 등록한 것일 뿐, 이를 통해 얻은 소득은 실질적으로 그 가족의 임대소득이다.

수도권이나 지방의 도시에 사는 가구는 대부분 지난 20년간 자신의 소득보다 자신이 소유한 집값이 훨씬 더 빠르게 오른 것을 경험했을 것이다. 서울에 사는 시민, 특히 강남의 주민들은 그들의 연 임금소득 증가율의 적어도 배 이상의 집값 상승률을 경험했을 것이다. 아마 그들이 평생 저축한 예금액보다 아파트 가격 상승으로 인한 부의 증가가 훨씬 컸을 것이다. 지금도 부동산 가격의 소득 대비 비율은 점점 오르고 있으며, 이는 우리나라 부의 불평등 심화, 그리고 물려받은 자산을 기반으로 하는 불로소득의 증가로 이어지고 있다. 김낙년(2015)에 따르면, 우리나라 국민의 평균 자산에서 부모로부터 물려받은 자산의 비중이 점점 커지고 있는 것으로 나타나는데, 상속재산 대부분도 부동산이다. 같은 자료에서는 성장률이 떨어질수록 상속자산의 개인자산 수준, 나아가 소득과 소비수준에서의 중요성이 더 커진다는 것을 통계자료로 보여준다. 1990년대부터 상속자산이 개인의 총자산에서 차지하는 비중이 오르기 시작해 2000년대 들어와서는 매우 빠르게 상승했다. 1980년대에는 평균 27%, 1990년대에는 29.0%로 상승했고, 2000년대에는 평균 42%로 급등했다.

또한 한국보건사회연구원(여유진 외, 2015)의 최근 사회조사는 젊은 세대일수록 부모의 학력과 경제적 배경이 임금과 직업에 절대적 영향을 미치고 있음을 보여준다. 관리직·전문직 아버지를 둔 자녀가 관리직·전문직인 경우가 평균(19.8%)보다 두 배(42.9%) 이상 높고, 아버지가 단순노무직일 경우에 자녀가 단순노무직인 경우는 평균(1.9%)의 다섯 배(9.4%)에 달했다.

다시 말해, 신분계층이 완전히 해체된 후 약 반세기가 지난 지금 한국 사회에서는 다시 계층이 고착화되고 이것이 대물림되는 현상이 나타나고 있는 것이다. 미국과 같이 자본주의의 역사가 오래된 나라에서도 100대 부자의 70%가 당대의 창업자인 데 반해, 한국에서는 거꾸로 100대 부자의 75%가 부를 물려받은 부자다. 이는 우리나라의 과거 경제발전의 주된 원동력이었던 한국 사회의 역동성이 지난 20~30년간 점차 무너지기 시작했다는 것을 의미하기도 한다.

오늘날 서울의 아파트 평균 거래 가격은 6억을 넘는다. 이는 연봉이 5000만 원인 젊은이들이 그들의 세후 소득 중 매년 25%를 저축한다고 해도 50년 가까이 저축해야 하는 금액이다. 평균 아파트 전세 가격도 매매 가격의 70%를 넘는다. 부모의 도움을 받는 젊은이와 받지 못하는 젊은이는 사회생활에 첫발을 내딛는 순간부터 출발점이 크게 다른 것이다. 후자로서는 자력으로 전세나 매매로 집을 구해 새 가정을 꾸려가기란 도저히 어려운 세상이 된 것이다. 이것을 건강한 사회라고 할 수 없다. 결국 부동산은 오늘날 상속재산의 대부분을 차지하고, 도시 부동산 가격의 급등이야말로 오늘날 금수저, 흙수저 논란을 불러온 가장 큰 요인 중 하나다.

토마 피케티(Piketty, 2014)는 자본주의체제의 소득분배가 갈수록 악화되는 부정적 현상의 근본적 원인을 근로소득 증가율보다 자본수익률이 높은 데서 찾는다. 한국에서는 가계의 대표적인 자본 투자가 부동산 투자이며, 부동산 가격의 지속적이고 빠른 성장이 가계소득 격차 확대의 주요인이 되고 있는 것이다.

지난 박근혜 정부는 경기 부양을 위해 또다시 부동산 경기 띄우기 정책을 펴 아파트값이 소득 증가율보다 훨씬 빠른 속도로 상승했다. 당장 통계에는 나타나지 않지만, 이는 부와 소득의 집중도를 더욱 높이고, 나아가 세대 간 부를 이전시킴으로써 젊은 세대가 짊어져야 할 주택 비용을 크게 증가시킨 것이다. 또한 부모로부터 고가의 부동산을 물려받은 사람과 그렇지 못한 사람 간 격차가 심해지고, 사회적 불평등을 더욱 심화시키게 되는 것이다. 나아가 부동산 가격의 앙등은 생산설비와 상가, 사무실의 임대 비용을 증가시키는데, 이렇게 늘어난 비용은 거의 모든 상품과 서비스의 가격에 전가되어 우리나라 상품의 가격 경쟁력을 떨어뜨리고 최종소비자의 부담을 늘려 다른 나라보다 평균 도시생활비가 높아지는 주요인이 된다.

지금 우리나라 가구의 자산 구성에서 부동산이 차지하는 비중은 약 4분의 3으로, 국제적 비교에서 볼 때 매우 높은, 거의 예외적인 현상을 보인다. 이는 다른 나라와 비교했을 때 소득 대비 부동산 가격이 훨씬 높기 때문이다. 그동안 정부의 부동산정책은 도심 부동산 소유자, 건설업체, 그리고 이들의 광고를 주요 수입원으로 삼는 언론매체 등 관련 업체에 포획되어 지속적으로 부동산 경기를 부추기는 방향으로 전개되어왔음을 부인할 수 없다.

부동산 경기 부양, 부동산 가격 상승 문제는 이제 우리나라 경제의 경쟁력 문제를 넘어 세대·계층 간 갈등, 중장기적 경제의 정체, 금융부문의 불안전성과 위기 가능성이라는 좀 더 큰 사회적 관점에서 접근하고 다루어야 할 문제다.

기득권 세력의 유착·담합 구조 고착화

한국 사회는 여전히 연줄사회다. 학연, 지연, 고시 등 각종 연줄이 개인의 성공에 큰 역할을 한다. 이는 어떤 사회에나 있는 현상이지만, 선진국일수록 각 분야, 각 단계에서의 치열한 경쟁이 존재해 이런 연줄이 개인의 성공에 차지하는 중요성이 낮아지고 실력과 전문성에 의한 경쟁이 더 큰 비중을 차지하게 된다. 아마 이러한 측면에서 보면 한국 사회는 여전히 후진적 사회에 머물러 있다고 볼 수 있다. 한국에서는 출신 지역과 학교, 부처가 어디인지, 사시나 행시 몇 회 출신인지 등이 개인의 사회적·경제적 성공에 커다란 요인이 되며, 이러한 네트워크에 소속되고 이를 유지해 여기서 나오는 지대(rent)를 누리고자 많은 에너지를 쏟는다. 소위 '마당발'이 되는 것이 한국 사회에서 성공의 중요한 요소가 된 것이다. 이 때문에 조찬 모임이나 저녁 술자리, 경조사 장소는 붐비고, 자신의 전문성을 높이는 데 쓸 시간은 줄어든다. 입시지옥이나 사교육 열풍, 공교육 붕괴도 모두 이와 깊이 연관된다. 한국은 아직도 10대나 20대 때 합격한 시험에 의해 평생의 지위와 소득을 누리게 되는 지대사회(rent society)이며, 전 사회적으로 이러한 지대추구 행위가 만연해 있다.

더구나 이런 지연이나 학연, 그 밖의 연줄로 연결된 이들은 공고한 기득권 세력을 형성하며 자신의 배타적 이익을 위해 담합과 유착의 그물을 짜고 이를 유지함으로써 시장과 사회에서 불공정 경쟁을 고착화하고 있다. 공직사회, 공공부문, 민간부문, 법조계를 비롯해 이러한 기득권 세력의 담합과 유착은 전 사회적으로 확대된 채 진행되어왔고, 이는 한국 사회, 한국 경제의 창의성과 역동성을 떨어뜨리는 주요 요인이 되어왔다. 사람들은 본인의 사회적·경제적 성공과 입신에 도움이 되는 방법을 쫓아다니기 마련이다. 연줄사회의 가장 나쁜 점은 실력에 의한 경쟁의 기회를 축소해 그 사회의 지식, 학문, 기술, 제도의 발전을 저해한다는 것이다. 이러한 지식, 학문, 기술, 제도의 발전이야말로 지금 한국이 선진 사회, 선진 국가가 되기 위해 반드시 필요한 것들이다.

한국의 기득권층은 지연, 학연, 고시, 출신 부처, 혼맥(婚脈) 등 복잡하고 광범위한 네트워크를 형성해 정부정책과 심지어 사법적 심판에 강한 영향력을 행사하고 이러한 네트워크의 외곽에 소외되어 있는 사람들의 삶을 더욱 불리한 환경, 낮은 기회의 삶에 가두게 된다. 이는 조선시대의 양반이나 사대부 계급이 엄격한 배타적 신분 질서를 만들어놓고 그들이 부와 권력을 독점하던 시대의 폐습을 답습하는 것이다.

대한민국은 신분 질서가 완전히 무너진 상태에서 1950~1980년대에 거의 모든 국민이 비교적 균등한 출발선에서 부와 권력을 놓고 경쟁하게 되었다. 그러나 그러한 시대가 거의 한 세대에 그치고 1990년대 이후에는 다시 조선시대와 같은 불공정한 경쟁, 계층의 고착화, 불평등한 사회 형태가 나타나기 시작했다. 결국 한국 사회가 역동성을 되찾고 공정한 사회로 나아가려면 이러한 사회적 담합·유착 구조를 혁파해나가지 않으면 안 된다.

국가지배구조의 취약성

지금 한국이 이런 엄중한 시대적 도전을 제대로 헤쳐나가고 경제적 정체와 사회적 분열·해체를 막으려면, 이에 필요한 국가정책 결정을 적시에 내려 일관되게 추진할 수 있는 국가지배구조를 갖추어나가야 한다. 그러나 1987년 민주화 이후 지난 30년간 실험해온 소위 '87년 체제'라 불리는 한국의 국가지배구조는 그러한 가능성에 대해 회의적 판단을 가져다주었다. 5년 단임제의 단기적 시계에 의해 정책이 결정되고 주요 공공기관 인사도 그러한 틀에서 결정되어 국가가 나아가야 할 방향에 대한 장기적 고려와 전략은 실종된 채 단기적 시계와 판단이 지배하고 있다.

필자가 보기에 지금 한국의 국가지배구조는 여러 측면에서 한계를 드러내고 있다. 무엇보다 큰 한계는 국민이 민주적 절차를 거쳐 선출한 대통령으로 대표되는 행정부의 기능을 또 다른 민주적 절차를 거쳐 선출한 국회에 큰 권한을 주어 행정부를 견제하게 함으로써 생기는, 이중적 민주주의 정통성(dual democracy legitimacy)에 따른 취약점을 깊이 앓고 있다는 것이다. 그리고 대통령(행정부)과 국회의 협력을 연결할 수 있는 어떠한 법적·제도적·관행적 장치도 갖추어져 있지 않다는 점이다. 그 결과, 현재 한국의 민주주의는 많은 시민의 희생을 대가로 발전해왔지만 실제 운용에서는 형식적·절차적 민주주의에 머물고 있으며, 국가의 주요 의사를 결정해나가는 데에 많은 비효율성과 한계를 안고 있다.

대의민주주의의 기둥이 되는 정당의 기능이 매우 취약할 뿐 아니라 집권 여당이 되더라도 어떤 의미에서의 집권 여당인지가 분명하지 않다. 대통령과 여당이 어떻게 정책의 입안과 입법화를 놓고 협력하는지, 그리고 어떻게 국정에 공동 책임을 지는지가 모호하다. 과연 집권 여당과 그 당의 후보로서 선출된 대통령과 청와대가 같은 가치와 이념, 국정 목표를 공유하는지에 대해서도 의문이 갈 때가 많다. 우리나라의 헌법에서는 대통령과 여당의 관계를 규정하는 어떤 조문도 찾아볼 수 없다. 대통령의 인기가 떨어지면 당에서 탈당을 요구하기도 해 민주화 이후 우리나라에서는 총 31

개월간 여당 없는 대통령의 국정운영이 지속되기도 했다.

과거 독재정권 시절 국회는 무력화되어 있었다. 헌법에 정해진 국회의 권한이 약해서라기보다 실제로 청와대가 공천권과 당운영비, 선거자금을 지원하면서 정당을 시배했기 때문이다. 그리고 이는 청와대와 재벌 간 정경유착에 기반을 두고 있었다. 또한 청와대가 국정원 등 권력기관을 이용해 야당을 협박 또는 회유하거나 정치자금을 지원하면서, 헌법에 명시된 국회의 권한을 무력화하면서 국회를 행정부의 시녀화했다. 행정부 독재의 폐해와 정책 집행의 효율성이 공존한 시기였다

그러나 민주화 이후 여러 정권을 거치면서, 그리고 외환위기 이후 우리나라 경제구조가 바뀌면서 헌법에 명시된 국회의 권한이 오롯이 살아났을 뿐 아니라 과거 시행령 등 하위 규정에 의거해 집행될 수 있었던 정책 중 상당 부분이 국회의 입법화를 거치게 되어 실제 국회의 권한은 과거에 비해 막강해졌다(조윤제, 2009). 그런데 이러한 국회가 뿌리가 얕고 지역에 편중된 지지를 받으며 정책 기능이 취약한 정당들의 당리당략과 국회의원 개개인의 이해관계에 따라 움직이게 되면, 장기적 국가전략을 추구할 수 있는 정책의 입법화 과정이 불확실해지고 국가의 정책 결정이 방향을 잃은 채 정체되기 쉽다. 한국의 지난 70년간의 의정사에서 10년 이상 같은 당명을 유지한 정당은 민주공화당, 신민당, 한나라당 정도다.

대의민주주의가 제대로 작동하려면 가치에 기반을 둔 정당, 합리적 토론과 대안을 통한 정치적 논쟁을 진행할 수 있는 튼튼한 정당이 존재해야 한다. 또한 이를 제대로 감시할 수 있는 객관적이

고 성숙한 언론과 시민사회, 그리고 정당의 인기영합적 정책을 견제할 수 있는 사회적 기제가 어느 정도 밑받침되어야 한다. 가령 민주주의의 발전사가 오래된 영국에서는 상원(the House of Lords)과 같이 선거를 통해 선출되지 않는 국가기구가 민주주의 정치제도의 태생적 한계를 보완해준다. 이러한 사회적 기제가 국가의 주요 의제에 대한 객관적이고 미래지향적 토론의 장을 만들어 사회적 여론을 주도해가고 있는 것이다. 미국의 상원제도도 어느 정도 비슷한 역할을 하고 있다. 18세기 말 미국 헌법이 제정되면서 로마시대의 원로원(Senate)을 모델로 삼아 도입된 상원제도는 인구 비례에 상관없이 각 주에서 존경받는 원로를 두 명씩 뽑아 상원으로 보내, 인구 비례에 따른 투표로 선출되는 하원이 빠지기 쉬운 포퓰리즘과 단기적 시각을 보완하기 위해 마련된 제도다. 1923년까지 미국의 상원의원은 직접선거로 선출되지 않고 주지사의 지명으로 상원에 보내졌다. 오늘날 영국의 상원도 세습귀족이거나 법조인, 국교회 인사와 총리의 추천을 받아 여왕이 임명하는 종신귀족으로 구성된다. 이들은 모두 각자의 전문 분야에서 일가를 이룬 사람이다.

민주주의는 하루아침에 성숙될 수 없다. 민주주의제도가 합리적이며 미래지향적으로 작동할 수 있게 하는 하부구조가 제대로 발전되어 있지 않은 가운데 국회의 막강한 권력에 기반을 둔 의회 중심의 국가운영은 자칫 국가의 발전을 저해할 수도 있다.

한국의 권력구조, 국가지배구조는 향후 한국의 정치, 사회, 경제가 걸어가게 될 길에 지대한 영향을 미치는 요소다. 한국과 서구의 국가지배구조에 관해서는 필자의 저서 『한국의 권력구조와 경제정책』(2009)에서 권력구조와 시장구조, 국가권력과 시장권력의 관계가 발전해온 과정, 그리고 효율적 의사 결정과 경제 개혁을 뒷받침할 수 있는 국가지배구조에 관한 정치경제적(political economy) 관점에서 보다 자세히 논한 바 있다.

공동체 시민의식

오늘날 한국이 당면한 수많은 국내 문제에 대해 궁극적인 책임을 져야 하는 것은 결국 우리 국민이다. 그리고 한국 사회의 지배엘리트들이다. 어떤 사회나 그 사회를 이끌어가는 사람은 전체의 10%도 되지 않는 지배엘리트 그룹이다. 그동안 한국 경제·사회가 마주해온 많은 문제를 제대로 풀어내지 못하고 오늘날의 현상이 있게 만든 일차적 책임은 바로 이들에게 있다. 그러나 민주사회에서 국가 지도자나 국회의원을 선출하는 권력은 일반 국민이 가지고 있다. 우리 국민이 지역정서에 매여서, 혹은 선동적 정치와 언론의 영향에 쉽게 동화되어 투표를 반복한 결과로 나타난 것이 결국 오늘날과 같은 정당의 행태와 정치의 수준인 것이다. 어떤 사회에서나 정치나 언론은 그 사회 국민의 의식을 반영하며, 국민은 그것이 좋은 정치이든 나쁜 정치이든 그에 대한 궁극적인 책임이 있다.

지금 우리 국민의 60% 이상이 아파트에 살고 있지만 벽 하나를 사이에 둔 이웃의 이름을 알고 그들과 소통하고 지내는 사람은 얼마 되지 않는다. 같은 건물에 살고 있는 주민들 간에 공동체정신도 찾아보기 어렵다. 이렇게 한국인 일상의 기저부터 민주적 의사 결정의 토대가 제대로 갖춰지지 않았는데, 어떻게 사회 상층부의 민주주의가 잘 돌아갈 것을 기대할 수 있을 것인가. 정당은 가장 낮은 단계의 정치문화에 부응하면서 발전한다. 더욱이 한국은 OECD 국가 중에서도 투표율, 특히 국회나 시의회 의원을 선출할 때 투표율이 가장 낮은 나라 중의 하나다.

"지역 공동체의 결정이 거주자들의 의견을 반영하지 않는다면, 공동체 일원들이 지역 봉사활동에 참가할 그 어떤 의무도 느끼지 못한다면, 또 이웃과 함께 뭔가를 위해 노력할 필요성이 없다고 생각한다면 어떻게 시민들이 하지 않는 일들을 정당들이 대신해줄 것이라고 기대할 수 있을 것인가"(패스트라이쉬, 2016.1.2).

결국 시민이 늘 깨어 있어야 바른 지도자를 선출할 수 있고, 바른 정치를 기대할 수 있으며, 바른 정책과 제도가 생산될 수 있다. 2016년 겨울, 촛불을 들고 나온 수백만 시민에게서 그런 희망을 보았다. 그러나 공동체 시민의식이 우리 국민의 일상에 깊이 자리 잡고 이것이 자녀 교육을 통해 전수될 때, 우리 국민은 더 충실한 민주주의·자본주의 사회를 향유할 수 있게 될 것이다.

무엇을 어떻게 바꾸어야 하는가

한국은 서구가 수 세기에 걸쳐 차례로 경험하게 되었던 산업화, 민주화, 세계화를 거의 한 세대 만에 압축적으로 경험하면서 이에 따른 사회적 갈등과 스트레스, 변화를 겪으며 오늘날 사회, 경제, 정치 전반에서 독특한 모습을 형성해왔다(조윤제, 2011). 따라서 지금 한국 사회가 당면한 도전을 헤쳐나가기 위한 개혁에도 종합적·압축적·창의적 접근이 필요하다.

　나라마다 다른 사회적 변천 과정을 거치며 생성된 국가지배구조와 생산·분배에 관한 제도는 사회 각 집단 간 갈등과 타협의 결과로서 나타나게 된 것이며, 선진국에서는 이들 간에 상호보완성이 안정적으로 존재한다. 우리는 흔히 스웨덴이나 덴마크, 네덜란드, 또는 독일 모델을 벤치마킹해야 한다고 하지만, 그들과 우리는 지금껏 걸어온 경로에 큰 차이가 있다. 사회적·문화적 환경과 습속도 크게 다르다. 따라서 그들의 제도를 그대로 이식하면 그것이 한국 사회에서는 새로운 변종을 낳아 부작용과 왜곡 현상을 가져오기도 한다.

　독일은 19세기 후반 격심한 계급투쟁으로 인해 통일된 국가체제의 위기가 심화되자 국가가 주도적으로 계급 간 타협을 촉구하는 개혁을 단행했다. 이때 연금제도, 복지제도의 도입도 함께 이루어졌다. 나치스와 히틀러가 민주적 선거를 통해 부상한 과정을 경험한 독일은 오늘날 시민교육이 일상화되어 있다. 나치즘의 폐해를 반성하고 공생이라는 시민사회의 전통을 부활시키려는 것이다. 또한 세금을 더 거두어 불운하거나 생활력이 없는 사람에게 공적 지원을 제공하고, 공동체적 쟁점을 주민회의와 자치조직을 통해 해소하는 오랜 습속과 규범을 사회운영의 기본 원리로 세워왔다. 개인의 자유를 존중하지만 나만을 생각하는 자유주의는 국가를 망칠 수 있다는 공동체정신을 가르쳐왔다. 이것이 소위 '질서자유주의'라는 것이다.

빠른 근대화 과정에서 우리 사회는 서양의 제도를 자국 고유의 전통, 문화와 어떻게 접목할 것인지 진지하게 고민해보고 도입하지 못했다. 일본은 개화기에 '탈아입구'라는 캐치프레이즈를 내걸기는 했지만, 일본 사회의 관점에서 서양 문물을 취사선택해 도입하려 했다. 이와 달리 해방 후 제헌의회에서 불과 한 달 반 만에 제정된 대한민국 헌법은 상당 부분 독일 바이마르 헌법을 모방해 급조한 것이었다. 오늘날 대만 정치제도의 뿌리를 이루는 중화민국의 지배구조도 당시 서양의 제도와 체제를 맹목적으로 모방한 것이 아니었다. 국민당 정부는 1946년 쑨원의 삼민주의 사상에 입각해 중화민국 헌법을 제정해 공포했으며, 1949년 국민당 정부가 중국 본토에서 밀려나 대만으로 온 후에도 이 헌법 위에서 국가를 통치해나갔다. 중화민국 헌법에는 동양의 전통적 국가지배체제와 서양의 민주주의제도를 접목하고자 한 흔적이 강하다.

맹목적·무비판적으로 도입한 제도가 잘 작동하면 다행이지만, 그렇지 않은 경우가 대부분이다. 이제 우리도 새롭게 나라를 세워간다는 각오로 우리에게 맞는 제도를 창의적으로 도입함으로써 우리 사회를 혁신해나가야 한다.

이제 한국은 사회 각 분야에서 지식수준, 창의성, 기술력, 생산성, 제도와 시스템의 효율성, 사회적 합리성 등 국가 전반의 실력을 제고하지 않고는 선진국으로의 진입이 어려울뿐더러 국가의 상대적 위상이 점점 추락하게 될 수밖에 없다. 이미 한국은 많은 분야에서 정규직 근로자의 임금수준이 그들의 생산성에 비해 높아 국제 경쟁력을 잃고 있다. 한국의 제조업체들은 이제 베트남, 우크 라이나 등지로 공장을 옮기고 있다. 그곳에서 한국 임금수준의 3 분의 1밖에 되지 않는 임금을 주고 기술자나 근로자를 고용해 같은 제품을 생산해내는데, 이렇게 해외에 진출한 기업에서는 이들이 우리나라 기술자나 근로자 못지않은 기술 습득력과 생산성을 가지고 일한다고 말한다.

한국 제조업은 주로 일본과의 보완·분업 체계를 통해 발전·성장해오면서 초기에는 단순 조립에 의존했다(지금은 첨단 조립으로 발전했지만). 그런데 시간이 지난 오늘날에도 여전히 핵심 부품의 생산 기술을 확보하지는 못했다. 기계의 디자인, 설계와 같은 소프트웨어도 마찬가지다. 최첨단 기술의 개발·확보 능력을 갖추지 못했고, 기초과학 수준은 아직 선진국과 비교해 크게 뒤처진다. 그러나 보수나 임금은 이미 선진국과 비슷한 수준이다. 근로자 입장에서는 한국의 높은 부동산 가격이나 임대료를 감당하려면 그만큼 높은 임금을 요구할 수밖에 없다. 여기서 나타나는 현상은 무엇인가? 대기업은 생산시설을 해외로 옮기기 시작해 제조업 일자리가 줄어들고, 줄어드는 일자리를 기득권을 가지고 지키려는 조직화된 대기업 중심 노조의 정규직 근로자와 그렇지 못한 비정규직 근로자 간 임금격차나 갈등이 더욱 깊어졌다. 일자리가 줄어들어 소득에 대한 지분 싸움이 더 치열해진 것이다. 기업은 정규직 노동자의 높은 임금수준에 대해 비정규직 노동자나 하청 중소기업 노동자의 낮은 임금수준으로 전체 임금수준의 평균을 낮춰 영업수지를 맞추고 경쟁력을 유지하려 한다. 대기업 노조 정규직은 생산성에 비해 과다한 임금수준을, 하청 중소기업이나 용역업체 비정규직은 실질 생산성과 노동 제공에 비해 낮은 임금을 받고 있다. 그리고 이 때문에 한국의 소득분배는 더욱 악화되고 있다.

재벌 대기업 중심의 시장구조도 이러한 소득분배 악화, 노동시장 분절화의 한 요인이 되고 있다. 거의 모든 산업에서 재벌 대기업이 막강한 시장 지배력을 행사하는 가운데, 하청 중소기업이 생산한 제품은 원청 대기업으로부터 제값을 받기 어렵다. 중소기업의 낮은 생산성도 문제의 주된 요인이지만, 원청 대기업의 소위 납품가 후려치기로 하청 중소기업 생산품의 가격이 낮게 매겨져 이것이 하청 중소기업의 더 낮은 생산성·부가가치·수익성으로 이어지고, 그 결과 하청 중소기업은 자본시장에서의 자금 조달이나 노동시장에서의 인재 확보, 기술 개발에 대한 투자 능력도 제한된다. 그렇다고 이들이 해외시장에서 활로를 찾을 수 있는 능력을 갖춘 것도 아니다. 그동안 우리나라 중소기업이 경쟁력을 키우지 못했기 때문이다. 영국, 미국과 같은 선발 제조업 국가뿐 아니라 일본, 독일의 제조업에서도 부품과 완제품 제조가 수직구조를 이루며 함께 발전해왔다. 중소부품기업이 첨단 기술을 개발해가며 대기업과 함께 성장해온 것이다. 그러나 우리나라는 정부 주도의 수출 위주 산업화를 추진하던 당시 대규모 조립제조업에서 시작해 부품을 해외에 의존하며 발전해왔기 때문에 부품 중소기업의 첨단

2부 무엇을 어떻게 바꾸어야 하는가

기술이 발전하지 못했다. 그러는 동안 대기업은 국내의 값싼 노동력과 제품 생산에 필요한 부품 및 원자재의 해외 수입에 의존해 대량생산으로 수익을 올리며 성장해왔다. 또한 중소기업이 자라 대기업이 된 것이 아니라 정부 지원하에 처음부터 대기업이 만들어지고 이들이 중소기업들과 하청 관계를 형성함에 따라 중소기업이 대기업에 종속되어 대기업과의 가격 협상력이 원천적으로 위축되어 있었다. 결국 한국의 특이한 산업 발전 과정이 오늘날과 같은 기형적인 산업구조와 기업구조를 만든 것이다.

한국은 1990년대 이후 대기업이 생산시설의 해외 이전과 자동화를 추진하면서 대기업의 안정적 일자리가 줄어들고 있다. 한국은 과거 일본식 종신고용제를 도입해왔으나, 오늘날 한국 근로자가 한 직장에서 근무하는 평균 연수는 5~6년에 지나지 않는다. 이는 OECD 회원국 중에서 가장 짧은 근속기간이다. 더욱이 청년층에서는 1년이 채 되지 않아 직장을 옮기는 일이 흔하다. 이는 장기적으로 기업이 근로자 훈련·연수에 대한 투자를 줄이고, 근로자의 생산성이 더욱 떨어지며, 고용 불안이나 소득분배의 악화를 지속시키는 원인이 될 것이다.

한국의 노동시장은 경직화되어 있고 정규직의 고용 보호 정도는 높으나 실질적으로 평균 근속기간은 매우 짧으며 평균 은퇴 연령은 53세로 매우 낮은 편이다. 결과적으로 한국의 높은 고용 보호 수준은 근로자를 실질적으로 보호하지 못한 채 오히려 비정규직을 양산하는 동시에 퇴직 연령을 크게 낮추고 있는 것이다. 지금 한국은 이러한 현상의 근인을 깊이 들여다보고 경제정책을 펴나가야 한다. 여태까지와 같은 부동산 경기 부양, 재정지출 및 대출 확대, 금리 인하 등 단기 부양책으로 이러한 구조적이며 장기적인 문제가 해결될 수 있는 것은 아니다.

한국 경제의 활력을 되살리고 한국이 진정한 선진국으로 도약할 수 있게 하려면, 앞서 지적했듯이 지금 한국 경제·사회가 안고 있는 문제들에 대한 종합적 분석과 개혁이 필요하다. 지금 한국 경제가 당면한 문제를 풀어나가기 위해서는 경제적 기반의 개선뿐 아니라 경제 외적 기반의 개선도 함께 이루어져야 하며, 또한 그렇게 해야 그 효과가 지속성을 가질 수 있을 것이다. 그리고 그 가장 중요한 핵심은 역동성을 회복하고 경제생태계를 부활시키는 것이다. 이는 시장구조 개혁 소득분배 개선, 공정거래 질서 강화, 그리고 생산성 향상을 위한 제도 혁신, 사람에 대한 투자 확대, 각 분야 및 각 단계에서의 경쟁 강화, 지대추구 행위 축소에서 찾아나가야 한다.

한국 경제의 고성장 시대는 이미 막을 내렸다. 세계경제의 큰 흐름, 한국이 안고 있는 구조적 요인을 종합해볼 때 경제성장률은 앞으로도 지속적으로 떨어지게 될 것이다. 우리가 도입하고 구성해온 정책과 제도의 틀이 지난 반세기 동안은 고성장을 목표로 한 것이었다면, 이제는 고성장 없이도 행복한 사회를 만들어나가는 것으로 틀을 바꾸어야 한다. 물론 잠재성장률을 높이기 위한 구조조정과 개혁, 혁신은 최대한 추진해나가야 한다. 그러나 그에 못지않게 이제는 분배의 형평성, 시장경쟁의 공정성, 사회안전망의 강화, 국민 모두에게 기본적 삶을 보장해주는 따뜻한 사회 건설이라는 목표를 위해 정책과 제도의 대전환을 이루어내야 한다. 국민이나 정부가 과거와 같이 고성장에 대한 집착에 매여 있고 정부의 유능함을 금년과 내년의 성장률을 높이는 능력으로만 평가하게 되면, 결국 구조 조정과 혁신은 외면한 채 부동산 경기 띄우기, 단기적 부양정책을 남발하게 되어 미래 성장 잠재력은 더욱 떨어지게 되고 구조적 왜곡만 심화될 뿐이다.

이러한 종합적 개혁을 추진해나가는 과정에는 기득권층의 저항과 많은 갈등의 소용돌이가 생기게 될 것이다. 따라서 지금 우리 사회를 개혁·혁신해나가려면 지도자의 비전과 강력한 리더십, 이를 받쳐줄 수 있는 국가지배구조가 필요하다. 또한 이러한 목표에 대한 국민의 공감과 지지가 필요하다.

지금 개혁을 위해 우리가 꼭 해내야 할 것이 사회적 대타협이다. 혁명이 아니고서는 일방적 개혁이 일어날 수 없다. 민주사회에서의 개혁은 주고받는 타협을 통해 이루어질 수 있다. 지금 우리 경제·사회가 풀어야 할 우선적 과제는 재벌 개혁과 노동 개혁을 포함하는 시장구조 개혁, 그리고 복지 개혁과 조세 개혁, 교육 개혁, 국가지배구조와 관료 시스템의 개편이다. 그리고 북핵 위협에서 벗어나 장기적으로 평화적 통일을 이루기 위한 외교안보전략에 대한 국민적 합의 모색이다.

우리 국민이 모두 지금의 자리에서 한 발짝씩 물러서서 지금 우리가 당면한 과제들을 장기적 안목에서 보고 토의하며 해법을 찾아나가야 한다. 시장생태계가 메말라 있고 소득분배가 이처럼 악화된 상황에서는 아무래도 기득권층과 고소득층이 더 많은 양보를 감수해야 한다. 노동부문 내에서도 마찬가지다. 정규직의 양보 없이 비정규직이 줄고 임금격차가 줄어들 수 없다. 한편으로 세수와 재정 규모를 늘리고, 실업수당과 복지수당, 의료 지원, 무상 교육을 늘려가야 한다. 그동안 비과세되던 수식 양도 차익, 주택 임대소득 등 자본소득에 대한 과세를 중산층 이상 부유층이 받아들여야 한다. 그리고 지난 수십 년간 우리 사회에 그물처럼 형성되어 온 유착·담합 구조의 점진적 해체를 기득권층이 솔선해서 추진해 나가야 한다. 그래야 지대추구 행위가 줄고 공정한 경쟁 질서가 정착되며 조금씩 역동성이 되살아나고 사회적 신뢰가 쌓이게 될 것이다.

어떤 정부, 어떤 정권이 들어서더라도 그들이 추구하는 목표와 정책의 60~70% 정도만 이루려 하고 나머지 30~40%는 야당과 그 지지자들이 추구하는 것을 받아들이는 정치 관행을 세워나가야 한다. 최근 선거 과정을 보면, 여당과 야당이 내세운 공약 가운데 서로 공통적인 목표를 추구하는 것이 더 많다. 이 시대의 과제에 대한 기본적 이해는 비슷한 것이다. 정권교체가 이루어지더라도 야당이 된 정당들이 이러한 공통적 정책 목표에 대해 협조하는 전통을 세워나가면 장기적으로 우리나라가 당면한 과제를 조금씩 더 잘 풀어나갈 수 있을 것이다. 과거의 정치 질서와는 다른 정치 질서를 만들어가지 않고서는 결코 이 시대가 요구하는 개혁을 제대로 이루어낼 수 없으며 우리 경제와 사회가 겪고 있는 현재의 정체와 교착에서 벗어날 수 없을 것이다.

6장 경제적 기반과 경제 외적 기반의 동시 개선

한국 경제의 산적한 문제를 해결하는 것은 단순히 경제정책의 개선만으로는 불가능하다. 경제성장이 경제적 기반뿐 아니라 경제 외적 기반에 의해 발목이 잡혀 있기 때문이다. 경제는 '경제적 기반'과 함께 정치적·사회적·문화적 기반과 같은 '경제 외적 기반'에 발판을 두고 발전·성장한다. 경제적 기반이란 그 나라의 인적·물적 자원, 기술력, 도로와 항만 등 인프라, 경제정책 및 경제제도의 종합적 틀(framework) 등을 말한다. 한편 경제 외적 기반이란 그 나라의 통치구조 및 지도력, 행정 조직 및 역량, 사법제도를 운용하는 방식, 사회질서, 전반적 지식수준, 문화와 기풍 등을 말한다.

지금 한국 사회를 신진화하고 더욱 안정되고 행복한 사회를 만들기 위해서는 여러 부문의 개혁이 필요하다. 그 개혁의 핵심 축은 국가지배구조의 개편, 시장구조의 개편, 그리고 사회 혁신이다.

그러한 큰 틀의 변화를 추진하는 기반 위에서 양극화와 분배의 개선, 교육제도의 개선, 지식과 기술 수준의 제고, 생산성 향상이 일어날 수 있는 사회 전반적 인센티브 구조의 변화, 기업지배구조와 직장문화의 변화를 추진해나가야 한다.

이러한 개혁을 추진하려면 먼저 개혁을 이끌어갈 주체세력을 형성하고 추진 동력을 마련해야 한다. 그 주체세력은 진보와 보수를 아울러 이념보다 실사구시의 자세에 입각해 우리 전통의 습속과 서양 세계의 역사, 문화, 관념에 대한 깊은 이해를 가진 지식인, 언론인, 정치인이 주축이 되어야 한다. 추진 동력은 결국 사회적 대타협을 통해 마련되어야 한다. 경영진과 근로자가 타협하고 기득권 세력이 양보할 수 있어야 진정한 변화와 혁신이 일어날 수 있다. 어느 한쪽의 승리로만 돌아가는 개혁은 혁명이 아니고는 일어날 수 없다.

여야의 정쟁, 진보·보수의 당파 싸움에 갇혀서는 아무리 좋은 방안과 비전이 있어도 그것을 추구할 동력을 얻지 못하게 된다. 따라서 여야 양 진영의 합리적 인사를 아우르고 그들의 통합된 힘을 얻는 것이 중요하다. 정당의 재구성이 필요할 수도 있다. 그리고 그 주체세력들이 선공후사(先公後私)의 자세로 국민의 지지를 모으며, 약 10~20여 년에 걸친 지속적이고 일관성 있는 개혁을 추진해나가야 한다. 변화는 하루아침에 오지 않는다. 지속적이고 끈질긴 개혁을 해나가야 변화를 이룰 수 있다. 그 과정에서 많은 갈등이 생길 수도 있을 것이다. 그러나 그러한 혁신적 시대가 향후 약 20여 년 지속되면 한국 사회가 실질적으로 지금과 다른 사회가 될 수 있을 것이다.

지금 한국의 민주주의, 자본주의가 많은 문제를 안고 있다는 것은 앞에서도 언급했다. 우리는 민주주의체제, 시장경제체제를 국가가 추구하는 최고의 가치와 제도로 삼아왔지만, 실질적인 측면에서 이들은 사실상 제대로 작동하고 있지 않다. 2016년 겨울, 시민들이 광장에서 촛불집회를 열고, 결국 대통령이 국회의 탄핵의결을 받고, 헌법재판소의 판결에 따라 파면을 당하는, 법적 절차에 따른 평화적 시민혁명을 이루어내 성숙한 민주주의를 향해 한걸음 더 도약하기는 했다. 그러나 여전히 한국의 민주주의는 여러면에서 맹목적·관념적으로 도입되고 운영됨으로써 그것이 개개인의 자유와 인권 신장에는 크게 기여했으나 국가의 발전보다 정체를 가져온 측면도 존재한다. 또한 오늘날 시장경제체제는 강자와 기득권자의 독과점체제, 재벌 계열사를 중심으로 한 담합과 유착이 시장에 만연해져 공정한 경쟁과 혁신적이고 역동적인 시장생태계를 만들어내지 못하고 있다.

민주주의는 원래 많은 한계가 있는 제도다. 그러나 인권, 평등, 자유라는 가치를 실현하는 데서는 다른 어떤 제도보다 우월한 제도다. 하지만 민주주의를 도입했다고 해서 다 똑같은 정치형태, 국가지배구조를 갖추어야 하는 것은 아니다. 민주주의의 핵심적 가치를 추구하면서도 그 나라 고유의 역사와 전통, 습속, 사회적 기제에 맞추어 얼마든지 창조적인 통치형태를 만들 수 있으며, 이것이야말로 그 나라 지도자와 구성원이 추구해가야 하는 일이다.

자본주의는 사유재산권제도라는 기초 위에 서서 시장경쟁에 의한 효율성을 추구하는 제도다. 그러나 자본주의제도는 내부에 자기조절 기능, 절제 기능이 결핍되어 있다. 항상 과잉과 불안정으로 치닫는 속성을 띠고 있다. 짧은 자본주의 역사의 경험을 통해 선진국들은 이미 시장이 단순히 약육강식의 경쟁이 아니라 공정한 경쟁의 틀을 갖추는 것이 중요하다는 인식을 발전시켜왔다. 그리고 자본주의 시장경제가 잘 작동하기 위해서는 시장이 갖추어야할 기본적인 기제(institutions)와 하부구조(infrastructure), 내부 규율(self regulation)이 필요하며, 또한 시장을 감시하고 적절한 시장을 만들어주는 정부의 역할이 중요하다는 것을 자본주의 역사를 통해 배워왔다. 그 나라 경제구조와 관행을 잘 반영하는 상법체계, 효율적이고 공정한 법원, 청렴하고 유능한 정부, 시장에서 참여자 다수에의한 합리적이며 성실한 감시와 자율규제 등은 시장이 제대로 작동하는 데 필수적인 기제다.

이러한 시장의 기제가 제대로 작동하지 않으면 기업들이 담합을 통해 일반 소비자나 소액주주의 권익을 침해하고 이들의 부를자신들의 부로 편취하는 행위가 공공연히 이루어지게 된다. 한국의 재벌지배 가족들이 적은 지분으로 모든 계열기업을 지배하며일감 몰아주기 등을 통해 얻은 부의 증가액이 26조 원이 넘는다는분석도 있다(포스코와 현대중공업 제외한 10대 재벌 기준. 이총희, 2016). 계열기업의 이익과 배당이 줄어도 그들 총수 일가의 사적 이익이 더 크기때문에 총수 일가는 이러한 일감 몰아주기 등의 행위로 가족의 이익을 극대화하게 된다. 이는 계열기업들의 소액주주, 기관투자자에게 돌아가야 할 이익을 기업에 대한 지배권을 통해 총수 일가가 사유화한 것이다.

　한국은 1950~1980년대 당시에는 국민의 소득수준이 당시 한국이 가지고 있던 경제 외적 기반에 비해 훨씬 뒤처져 있었다. 한국은 약 1500년에 달하는 중앙집권적 행정제도와 국가경영의 경험, 높은 학문의 전통을 가진 나라로, 가령 당시 한국보다 소득이 높았다고 비교되는 아프리카 국가들과는 경제 외적 기반이라는 면에서는 비교가 되지 않았다. 여기에다 오랜 유교의 전통으로 교육에 대한 중요성을 대중이 널리 인식했고, 과거에 양반이나 사대부가 아니면 누리기 어려웠던 교육의 기회가 조선시대 말, 일제강점기를 거치며 신분 질서의 붕괴와 더불어 해방 후 일반 대중에게로 확대되었다. 특히 이승만 정부에서 초등교육을 의무화함으로써 국민의 문맹률이 빠르게 줄었다.

　다시 말해, 1950년대 당시 한국의 경제 외적 기반은 우리와 소득이 비슷했던 아프리카 국가들, 혹은 우리보다 소득이 훨씬 높았던 필리핀 등 동남아시아, 남미 국가들에 비해서도 월등히 높은 편이었다. 더구나 한국은 전후 많은 독립 신생국이 겪은 인종 간 갈등 문제를 가지고 있지 않았으며 단일민족으로서의 동질성을 가지고 있었다. 일제하에서 전통적 신분과 부의 질서가 무너지고, 해방 후 토지개혁을 거치면서 부와 소득의 분배도 상당히 균등히 이루어져 있었다. 그 결과 기득권 집단의 형성이 강하지 않았고, 인도나 남미처럼 새로운 개방정책, 산업화정책에 대한 기존 지주계급이나 기득권계층의 정치적 저항도 크지 않았다. 대개의 중화권, 유교권 경제들(홍콩, 싱가포르, 대만)이 그러했듯이 제2차 세계대전 이후 브레턴우즈·GATT 체제를 주축으로 하는 새로운 세계경제 환경의 변화와 더불어 1950년대 말(1958년) 이후 개방정책과 적절한 경제적 인센티브를 도입함으로써 한국 경제는 빠르게 성장하기 시작했다. 다시 말해, 개방과 수출, 가격 현실화(환율 포함), 저축, 투자 등에 대한 유인을 제공하고 경제정책의 프레임을 바르게 잡는 동시에 외자를 적극적으로 도입함으로써 경제가 발전해 경제 외적 기반과의 괴리를 빠르게 좁혀갈 수 있었던 것이다(Cho, 2002). 여기에는 국민 대부분이 거의 비슷한 출발선에서 시작함으로써 얻을 수 있었던 균등한 성공 기회와 이에 따라 만들어진 경제의 역동성이 중요한 요소로 작용했다.

1980년대 말에 와서는 한국의 경제적 기반과 경제 외적 기반의 괴리가 거의 사라졌다고 볼 수 있다. 1985년 이후 엔화 절상, 국제금리 하락, 원자재 가격 하락 등 이른바 '3저 현상'으로 한국 경제는 대호황을 맞아 경상수지가 흑자로 돌아서고 수년간 다시 두 자릿수 성장률을 기록했다. 그러나 곧이어 환율이 빠르게 절상되었고 1990년대 이후부터는 한국의 경제적 기반이 경제 외적 기반을 오히려 앞서가기 시작해 둘 사이의 괴리가 과거와는 반대로 생성되면서, 경제 외적 기반이 경제적 발전·성장의 발목을 잡는 힘으로 작용하기 시작했다. 외환위기 이후 대폭적인 시장제도 개혁, 금융·기업 구조 조정과 개방, 자유화의 확대로 경제적 기반의 일부가 개선되기도 했다. 특히 금융시장의 제도 및 환경, 인력의 수준과 정책의 방식에서 그러했다고 볼 수 있다. 그러나 근본적으로 2000년대 이후에도 경제 외적 기반은 개선되지 않았으며, 오히려 소득 양극화 확대, 사회적 신뢰 저하 등으로 악화되어왔다. 이러한 경제 외적 기반의 취약성은 우리 경제의 선진화에 중요한 걸림돌이 되고 있다. 이제 한국을 여기서 더 발전시키기 위해서는 경제 개혁뿐 아니라 경제 외적 부문의 개혁이 동시에 일어나야 한다.

경제 외적 기반 중 특히 정치, 국가지배구조, 관료 시스템의 취약성이 가장 큰 장애 요인이 되고 있다. 중국의 부상, 세계화의 추세와 이에 따른 국내 경제구조의 변화 등 국내외 상황의 빠른 변화에 따라 경제정책과 경제제도를 적시에 조정·개선할 필요성이 커졌는데도 그렇게 하지 못함으로써 한국 경제는 더욱더 깊은 정체에 빠지고 있다. 그 주된 요인으로는 경제문제에 대한 장기적 시각과 접근 부족, 여론에 휩쓸린 단기적 경기 부양책 등으로 인한 금융·재정 상황 악화, 세계경제 환경 변화에 따른 국내 경제구조 변화에 적절한 구조적 대응을 하지 못함으로써 방치된 소득분배 악화와 사회적 갈등 심화를 들 수 있다.

김병연(2014)의 연구 결과에 따르면, 한국의 경제성장을 저해하는 가장 중요한 문제는 제도의 질, 그중에서도 비경제제도의 질이 낙후되어 있다는 것이다(표 6-1). 그리고 이 연구에서는 민주적 책임성을 높이며 국민과 소통하는 정부가 좋은 제도의 중요한 구성 요소이며, 또한 정치적 안정성이 제고되고 사법부의 독립성과 법에 의한 지배가 견고해지는 것이 경제발전에 중요한 요소인 것으로 나타난다.

경제성장의 요인들, 즉 자본, 정책, 제도가 1인당 국민소득에 걸맞게 고루 발전되어 있는 대부분의 다른 국가들과는 달리, 한국

표 6-1

제도와 정책의 질에 관한 지표

※ 제도와 정책 지표 중 정의되어 있지 않은 변수는 숫자가 높을수록 바람직하다. 지표의 선정은 경제성장과 더 밀접한 관계가 있는 변수를 중심으로 하되 충분한 관측치가 있는 변수를 중심으로 선정했다.

항목		척도	1인당 국민소득에 따른 비교			
			1만 달러대 한국	1만 달러대 국가 평균	2만 달러대 국가 평균	3만 달러대 국가 평균
제도	부패	6	3.19	4.58	4.92	4.68
	법질서	6	4.56	5.23	5.74	5.72
	관료의 질	4	3.13	3.51	3.85	3.92
	재산권	10	5.90	6.45	7.64	8.19
	사법 독립성	10	5.36	6.33	7.61	7.72
	관료 비용	10	5.90	5.99	6.55	5.95
정책	노동시장규제	10	4.35	4.70	5.41	5.74
	창업	10	6.03	6.36	6.90	7.91
	공공지출 교육비 (GDP 대비)	-	3.86	5.29	5.39	5.62

자료: 김병연(2014).

은 물적·인적 자본의 강국이나 정책 항목 중 일부가 뒤떨어져 있으며 제도의 측면에서는 함정에 빠졌다고 할 수 있을 정도로 낙후되어 있다. 특히 제도 중에서도 경제적 제도는 비교적 나은 데 비해 비경제적 제도의 낙후성은 심각한 수준이다. 경제적 제도도 상대적으로 발전되어 있다고 하나 각 경제제도 수준의 편차가 큰 편이다. 기업 자유도, 투자 자유도는 높은 편이나 부패 자유도, 노동 자유도는 매우 낮은 편이다(표 6-2).

다른 한편으로 한국 사회는 물질주의에 대해 상당히 이중적인

표 6-2

헤리티지재단의 경제 자유도 부문별 순위

	기업 자유도	투자 자유도	금융 자유도	재산권 자유도	부패 자유도	노동 자유도	순위 평균
한국	13	21	37	27	43	143	47
미국	11	9	7	4	20	5	9
영국	16	1	1	4	12	33	11
스페인	42	9	7	27	25	138	41
포르투갈	31	21	37	27	28	166	52
그리스	36	64	71	50	57	88	61
일본	23	47	71	27	17	20	34
대만	71	21	71	27	34	146	62
멕시코	32	64	37	50	74	97	59

자료: 헤리티지 경제 자유도 지수(2009). 김병연(2014)에서 재인용.

태도를 보이는 것으로 나타난다. 2005년 세계가치관조사(World Values Survey) 자료를 바탕으로 측정한 결과, 한국은 물질주의 성향이 OECD 회원국 중 가장 높은 것으로 나타났다(그림 6-1). 다른 나라와의 격차도 매우 크다. 해당 분석에 사용된 통계 중 '부의 중시 정도'를 직접 설문한 결과는 OECD 평균과 큰 차이가 없으나 '직장 선택 시 최우선 고려 사항'에는 81%가 봉급 수준과 안정성이라고 답해 OECD 평균인 53%를 크게 웃돈다. '보람을 중시'한다는 비중은 OECD 평균의 절반도 되지 않는다. 한국보다 소득이 낮은 터키, 멕시코, 칠레 등의 달물질주의 성향도 한국보다는 높다. 반면 한국인은 학교교육에서 물질주의에 대한 비판적인 교육을 받아 의식적으로는 물질주의에 거리를 두면서도 실제 삶에서는 그렇지 않

그림 6-1

OECD 국가의 탈물질주의 정도 비교

※ 물질주의(근대적) 가치관 대 탈물질주의(포스트모던) 가치관은 로널드 잉글하트(Ronald D. Inglehart)
의 방법론에 따라 측정한 것이다. 전체 응답자 중 경제적 성장, 경제적 안정, 인플레이션 감소, 질서 유지,
범죄 척결, 튼튼한 국방이 중요하다고 응답한 사람들의 비중과 언론의 자유, 정부정책 결정에 대한 국민
참여 확대, 직장에서의 참여 확대, 아름다운 도시 및 농촌 환경, 더욱 인간적인 사회, 돈보다 아이디어가
중시되는 사회가 중요하다고 응답한 사람들의 비중을 고려해 만든 지수다. 탈물질화의 12개 항목은 이와
관련된 12개 항목을 설문한 자료를 이용한 반면, 탈물질화 4개 항목은 4개 항목만을 가지고 만든 지표다.

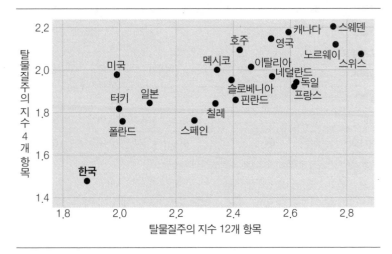

자료: 김병연(2014).

은 성향을 보인다(김병연, 2014: 355).

이는 지난 100년간 한국 사회가 겪은 단절적 역사 과정을 통
해 전통적 가치관이 무너져 가치관의 혼란을 경험하면서 오로지
물질만능적 잣대가 자리 잡게 되었기 때문으로 보인다. 이러한 한
국 사회의 물질만능주의의 팽배와 동시에 이중적 잣대의 사고는
한국 사회가 전통사회에서 법제도에 기초한 근대국가로 전환되었
는데도 편법과 부패가 만연하고 현실 제도의 비합리성을 지속하게

해온 한 요인이 되었다.

스페인, 포르투갈, 대만과 한국의 1인당 국민소득은 큰 차이가 없다. 그러나 조사에 따르면 한국은 열거한 세 국가에 비해 부패의 통제 수준이 낮다(김병연, 2014: 343). 그뿐 아니라 1996년부터 2011년까지의 점수가 계속해서 60~70에 머물러 부패의 통제 수준이 별로 개선되지 않은 것으로 나타난다. 한국은 부패의 함정에 빠져 있다고 할 수 있다. 당시 검사로서 노태우 비자금 사건을 수사했던 함승희 변호사는 자신의 경험을 통해 '성역 없는 수사'니 '적폐 또는 구악의 타파'니 하는 공허한 정치적 수사의 이면에 도사리고 있는 우리 사회의 뿌리 깊은 부패의 사슬을 최근 그의 글(함승희, 2014)에서 잘 적시하고 있다.

부패란 무엇인가? 그것은 공정한 경쟁의 기반이 서 있지 않고 명시적·가시적 제도에 의한 경쟁과 보상보다는 비가시적이고 테이블 밑에서 오가는 거래의 경쟁으로 승패가 정해지는 것을 말한다. 한국의 부패 수준은 1인당 국민소득이 비슷한 국가의 그것에 비해 훨씬 높으며, 타인에 대한 신뢰 수준도 1인당 국민소득이 비슷한 다른 국가에 비해서 낮다.

이렇게 부패 일소가 어려운 이유는 부패가 제도의 비정합성, 물질주의 가치관, 가치관의 혼란 등과 같은 깊은 뿌리에서 비롯되기 때문이다. 청빈한 선비들의 모범적인 이야기를 들으면서 자란 우리는 공무원이라면 나라에 봉사하는 사람으로서 박봉을 감수하고도 청렴해야 한다고 믿는다. 그렇게 해서 도입된 명시적 보수체계, 인센티브체계가 사회적 현실과 공존하지 못하고 전관예우나 관피아 등으로 엇박자를 낸 결과가 바로 부패다. 만약 합리적 경제 체제라면 그들의 보수를 현실화하면서 다른 한편으로 부패행위나 전관예우를 규제하려 할 것이다. 이처럼 물질만능주의와 제도의 부정합성의 결과, 한국 사회는 저신뢰·고갈등·부패 사회가 되었다. 또한 높은 물질주의와 부패 수준, 낮은 신뢰 수준이 서로 영향을 미치고 서로 강화하면서 한국 사회의 여러 기현상을 초래하고 있다. 우리는 제도와 정책을 개혁해나갈 때 이러한 우리의 모습을 좀 더 솔직하게 직시하고 합리성을 추구해나갈 필요가 있다.

한국인은 압축적 근대화·산업화·세계화 과정을 거치면서 한 가지 변화를 마주하고 그에 대한 대응을 구체화해 안착시키는 과정이 채 끝나기도 전에 또 다른 큰 변화를 경험해왔다. 그 결과 새로운 변화가 요구하는 제도와 가치관이 기존의 것과 충돌하는 양상이 빈번해졌다. 한국인에게는 세대의 차이에 따른 서로 다른 가치관이 한 개인에게도 혼재된 상태로 존재하는, 가치관의 혼란 현상이 심화되었다(조윤제, 2011; 이영훈 엮음, 2014). 가치관의 혼란과 부정합성, 그리고 제도와 실제 행동양식·관행·관습 간 괴리, 이러한 현실을 바로잡기 위한 적절한 제도와 정책, 시민의식, 문화의 개선을 시도할 국가 능력의 부재는 한국의 선진 경제로의 성장을 제약하는 중요한 요인이 되고 있다. 이제는 문제를 초래한 제도와 정책을 개선하려는 의지보다 냉소와 회의적 시각이 만연하는 사회가 되어버렸다. 이는 단지 시간이 해결해줄 문제가 아니다. 오히려 이 상태에서 시간이 지날수록 상황은 더 악화될 가능성이 크다. 소득이 늘수록 사회가 더욱 투명해지고 부패가 축소될 것이라는 기대도 지난 20~30년의 경험으로 보면 희망적 기대에 지나지 않았다.

따라서 한국 경제가 정체에서 벗어나 성장을 지속해나가는 동시에 더욱 안정적이고 공정한 경제적 바탕을 마련하기 위해서는 지금 시점에서 경제적 기반의 혁신과 더불어 경제 외적 기반의 혁신이 절실하다. 한국 사회는 더욱 투명해져야 하며, 이를 위해서는 눈에 보이는 보상·유인 체계와 겉으로 드러나지 않은 채 암묵적으로 정해지는 보상·유인 체계가 근접할 수 있도록 가시적 보상·유인 체계를 합리적으로 개편해야 한다. 권력구조도 마찬가지다. 눈에 보이는 제도가 보장하는 권력과 실질적으로 작동·운용되는 권력이 일치하여 국가가 효율적이고 투명하게 운영될 수 있도록 가시적 제도의 개편이 필요하다. 이는 다시 말해 국가지배구조의 개편, 사회제도의 개편, 시장구조의 개편이 동시에 일어나야 한다는 것을 뜻한다.

회계 관행, 세무행정 등의 투명성을 높이는 것 역시 한국 경제와 시장의 발전을 위해서 반드시 필요하다. 이를 위한 노력은 일시적으로 경제를 위축시키는 효과를 가져올 수도 있을 것이다. 그러나 한국 경제의 중·장기적 발전과 공정성·효율성·합리성 제고를 위해서는 반드시 필요한 일이다. 이는 중소기업의 혁신과 구조 조정의 원활화를 위해서도 필요하다. 따라서 지금 대한민국에 절실한 것은 먼저 우리가 걸어온 길과 지금 서 있는 자리를 성찰하고, 이를 바탕으로 상기적 시계(視界)와 합리적 관점에서 제도와 정책을 창의적으로 생산해내며, 이것이 가능하도록 국가지배구조를 개편하는 것이다.

7장   시장구조의 개혁

한반도의 절반, 남쪽 대한민국에서 일어난 지난 약 반세기의 괄목할 만한 경제적 성과는 대한민국이라는 나라를 세계 11위의 경제 대국으로 격상시켰다. 만약 이러한 근대화의 기적이 한반도 전체에서 일어났다면 오늘날 한국은 세계 10대 경제 대국에 들어가 있을 것이다. 현재 지구상에서 인구가 5000만 명 이상이면서 1인당 국민소득이 3만 달러를 넘거나 그에 근접한 나라는 미국, 영국, 독일, 프랑스, 이탈리아, 스페인, 일본, 그리고 한국 8개국밖에 없다.

한국이 오늘날과 같은 발전을 이룬 데에는 1960년대 이후의 수출산업 육성, 1970년대 이후의 중화학공업 육성이 바탕이 되었다. 수출제조업의 성공적 발전으로 오늘날 한국 경제의 위상이 있게 된 것이다. 정부가 적극적으로 나서서 막대한 자원을 동원하고 각종 보조금과 특혜, 지원책을 제공하면서 수출산업과 중화학공업

                         2부 무엇을 어떻게 바꾸어야 하는가

을 육성함으로써 한국은 불과 50년 만에 세계 7위의 교역국, 수출 강국이 되었다. 물론 그 부작용도 만만치 않았음은 앞서 언급한 바 있다.

그러나 지난 20~30년간 한국 경제가 처한 상황은 많이 달라졌다. 한국이 새로운 성장동력을 마련하는 데 지지부진한 사이에 중국은 한국의 기간산업을 빠르게 추격해왔고, 추격 속도는 시간이 갈수록 더 빨라지고 있다. 물론 지난 20년간 삼성전자, 현대차, LG, SK, 효성 등 세계시장에서 점유율을 크게 늘리고 기술과 품질면에서 세계 선두 그룹에 오른 국내 기업도 있다. 그러나 그들이 오늘날 쌓아 올린 성과도 결국 1960~1980년대에 다져놓은 토대 위에서 이룬 것이다. 한국 경제가 여기서 지속적으로 성장해 국민소득을 높이고 일자리를 창출해나가려면 다시금 역동성을 회복하고 새로운 성장동력을 마련해야 한다.

지난 20년간 한국 경제의 성장을 지탱해온 산업 중 조선과 철강, 플랜트 건설 등은 이미 중국에 밀려 미래의 먹거리를 제공해주기를 기대하기 어려우며 오히려 구조 조정의 대상이 되어 고용 감축, 은행 부실 증가로 국민경제에 부담을 지울 수도 있는 처지에 놓였다. 한편 지난 10년간 한국 경제의 총아가 되었던 휴대폰, 반도체, LED 등에 대해서도 중국이 빠르게 추격해옴으로써 향후 수익성에 대한 불확실성이 커지고 있다. 삼성전자가 앞으로 10년 후 노키아처럼 될 것이라는 예측도 나온다(박상인, 2016). 아모레퍼시픽, 풀무원, 한미약품 등 바이오·화장품·식품·문화 산업 등은 당분간 경쟁 우위를 지키면서 중국 시장의 성장에 따른 수혜를 볼 것으로 예상된다. 그러나 한국에는 이러한 기업과 산업이 더 많이 나와야 한다. 한국의 산업 기술력에 창의적 아이디어와 경험까지 갖춘 신생기업이 더 많이 나와야 하고, 기존의 중소기업이 약진해 중견기업으로, 더 나아가 대기업으로 성장해나가야 한다. 그러려면 이들이 기술·자본·고급인력 시장에 지금보다 더 용이하게 접근할 수 있어야 하며, 그러한 접근을 가로막는, 눈에 보이는 또는 보이지 않는 장벽들이 낮아져야 한다. 쉽지 않은 일이기는 하다. 그러나 지금 이대로 가다가는 한국 경제의 정체와 쇠락은 명확한 일이다.

우리나라가 1950년대 이후 그랬듯이 새로운 기업들이 나타나 중견기업과 대기업으로 성장해나갈 수 있는 역동적 시장생태계의 회복이 무엇보다 중요한 과제다. 그렇게 된다면 한국 경제는 인구의 고령화에도 불구하고 다시 성장 잠재력을 부분적으로나마 회복할 것이다. 숲의 생태계에서 큰 나무들이 있으면 그 아래에 있는 작은 나무들은 잘 자라지 못한다. 큰 나무가 햇빛을 가리기 때문이다. 대기업은 내부의 자금력과 조직력, 외부 네트워크를 동원해 가능성 있는 신생 벤처기업들을 고사시키거나 내부로 흡수해버린다. 이미 경쟁력을 잃고 정부 지원에 의존하는 중소기업도 신생 벤처기업의 공간을 막고 있기는 마찬가지다. 신생기업들이 햇빛을 충분히 보고 자라날 수 있는 생태계를 만들려면 햇빛을 가리고 있는 무용한 나무(dead wood)들을 솎아주어야 한다.

독과점 지위를 이용한 여러 가지 형태의 묵시적 진입 장벽을 낮추고, 자라나는 벤처기업이 자금과 고급인력, 법률 서비스에 좀 더 쉽게 접근할 수 있게 하며, 이들이 기존 대기업들과의 거래나 경쟁에서 공정한 입지에 놓일 수 있도록 시장경쟁 환경을 개선해야 한다. 지난 20년 동안 한국에서는 중소기업에서 중견기업으로, 중견기업에서 대기업으로 진입한 예가 극히 드물다. 기업의 규모에서 상방 이동성이 결여되어 있을 뿐 아니라 소득과 부의 계층에서도 위로 향하는 길이 점점 협소해지고 있다. 1950~1980년대에 한국 경제는 어떤 나라의 경제보다 강한 역동성을 띠며 빠른 성장을 이루어왔으나, 그 짧은 기간에 보여준 역동성은 이제 경직성으로 변해버렸다. 생태계에 이상이 생긴 것이다.

다른 한편으로 지난 20년 동안 대기업 고용은 지속적으로 축소되어왔다. 그 주된 이유로는 조립제조에 기초한 산업의 쇠퇴, 대기업의 신규 투자 정체, 생산시설 자동화와 해외 이전 등을 들 수 있다. 대기업의 고용 방출은 주로 음식숙박업, 도소매업 같은 서비스 자영업으로의 이동과 해당 부문의 과포화로 이어지고 불완전고용 인구의 증가를 가져왔다. 수익률과 생산성이 제조업에 비해 매우 낮은 영세자영업으로 인력이 대거 이동한 것은 지난 20년간 우리나라의 소득분배가 악화된 주요인이 되었다. 이들과 더불어 현재 전체 고용의 88%에 달하는 중소기업의 낮은 수익률과 생산성 역시 한국의 소득격차와 양극화를 키우는 주요한 요인이다. 이러한 소득격차의 확대를 막는 것이야말로 지금 한국 경제가 마주한 가장 중요한 도전 과제 중의 하나다.

무엇보다 기업과 개인의 성상 사나리를 다시 세워주고 우리 사회의 역동성을 회복시켜야 한다. 대기업을 끌어내리려 하기보다 중소기업이 올라갈 수 있게 해야 한다. 그러기 위해서는 대기업들의 '사다리 걷어차기'는 막아주어야 한다. 시장에서의 공정한 경쟁 질서의 확립과 오래된 담합·유착의 관행을 깨야 한다. 시장이 자율적 규제·감시의 역할을 제대로 수행할 수 있도록 시장의 구조와 환경을 만들어내야 한다. 이를 위해서는 재벌 개혁이 필요하다.

원래 자본주의의 장점으로 지목되는 '보이지 않는 손', 시장의 자율적 조정 기능은 시장 내부의 규율과 감시 기능이 제대로 작동할 때 비로소 장점이 된다. 그러지 못할 경우에는 국가가 시장에 대한 감시 기능 강화와 개입을 통해 그것이 제대로 작동할 수 있도록 바로잡아주어야 한다. 시장의 제도와 인프라가 제대로 갖춰지고 이것이 공정 경쟁의 토대가 되며 시장 자율의 감독 기능과 조정 작용이 뿌리 깊게 자리를 잡을 때 자본주의의 장점은 실현될 수 있다. 이러한 조건이 갖춰지지 못하면 시장은 약육강식, 강자독식의 장이 되기 쉽다.

자본주의의 짧은 역사에서 미국과 유럽을 중심으로 자본주의의 폐해가 나타나 경제위기와 대공황, 대량 실업이 발생하고 소득 격차가 심화되며 풍요 속 빈곤층이 늘어나면서 자본주의는 여러 차례 수정 과정을 거쳤다. 이에 따라 복지제도, 공정 경쟁 질서, 금융감독, 시장의 자율적 감시·규제 기능이 강화된 것이다.

경제 자유화는 정부가 담당하던 자원 배분과 시장 규율에 관한 역할을 시장에 넘겨주는 것을 말한다. 다시 말해, 자원 배분과 거래 행위에 대한 감시와 감독 기능이 정부에서 시장으로 넘어가는 것이 규제 완화, 시장 자율화, 경제 자유화다. 그런데 만약 시장이 이 기능을 제대로 수행하지 못하면 경제 자유화는 또 다른 왜곡을 낳게 된다. 이는 주로 시장의 기본적 인프라, 즉 법치와 효율적이고 공정한 법정제도(court system), 자율규제, 공정 거래 질서의 틀이 제대로 갖추어지지 않았거나 시장구조가 독과점의 지배와 담합이 쉽게 일어날 수 있는 상태인 경우에 발생한다.

자본시장은 특히 기업의 경영·거래·투자 행위를 감시·감독해 경제성이 높은 투자 행위에 대해 더 많은 지원을 제공하고 그렇지 못한 투자 행위에 대해서는 자금을 거둬들이거나 더 이상 자금 배분이 일어나지 않게 함으로써 효율적 시장의 발전을 도와주는 것이 본연의 기능이다. 그러나 자본시장이 재벌 그룹 내 계열사 간 담합과 유착에 의해 지배되어 그러한 기능을 제대로 수행하지 못하면, 결국 시장은 부의 편취, 즉 소액주주나 소액투자자로부터 시장 지배력을 가진 측으로 부가 이전되는 것을 통제하지 못하고, 자본주의에서의 장점도 발휘할 수 없게 된다. 시장이라는 이름으로 부당한 사익 추구와 부의 편취가 일어나고 재산권의 침해가 발생하며 경제력의 집중이 심화되는 것이다. 이러한 환경에서는 기업의 부실이 방치되고 산업구조 조정이 지연되어 결국 국민이 막대한 부담을 떠안게 되기 쉽다.

과거 한국의 시장구조는 이러한 시장 왜곡 행위를 허용해왔다. 지금도 이것이 빈번히 행해지는 구조를 가지고 있다. 한국에서는 거의 모든 선진국 경제에서 묵시적 관습으로 자리 잡아온 금산분리가 제대로 정착되어 있지 않다. 그동안 정부가 주안점을 두고 지키고자 했던 정책은 은행과 산업의 분리였다. 산업자본이 은행을 소유하는 것을 제한했지만, '비은행' 금융기관에 대해서는 산업

자본의 지배가 허용되어왔고, 그 결과 보험이나 증권, 카드, 자산 운용 등의 분야에서는 산업자본이 주요 지배주주로 자리하고 있다. 소위 제2금융권이라 부르는 한국의 비은행 금융기관들은 재벌 계열사가 주류를 이룬다. 과거 한국의 금융부문에서 은행의 지배력이 압도적일 때는 은산분리가 실제로 금산분리의 역할을 할 수 있었다. 하지만 지금은 오히려 기업의 자금 조달에서 비은행 금융기관과 자본시장을 통한 기채가 은행 대출보다 훨씬 더 중요해졌다. 지금 은행의 전체 대출에서 대기업 대출이 차지하는 비중은 약 10%에 지나지 않는다.

현재 재벌들 중에서도 삼성, 한화, 현대자동차, 동부, 현대그룹, 롯데, 태광 등이 전체 비은행 금융기관 총자산의 약 3분의 2를 차지하고 있다. 특히 삼성은 보험, 증권, 카드, 자산운용 등 은행을 제외한 거의 모든 금융부문에 진출해 이 부문에서 높은 점유율을 보이고 있다. 바로 이러한 문제, 즉 산업자본, 특히 여러 계열사를 거느린 재벌이 금융시장에서 지배적 지위를 점할 경우에는 기업행위에 대한 감시·감독과 시장 규율에 관한 역할이라는 금융시장 본연의 기능이 제대로 작동하지 못하는 일이 자주 발생하게 된다.

계열사 간의 일감 몰아주기 행위에 대해서도 비슷한 이유로 시장의 감시·감독이 제대로 이루어지지 않고 있다. 상장 계열사의 일감을 총수 일가가 지배주주로 있는 비상장 계열사로 몰아줌으로써 비상장 계열사의 기업 가치를 크게 높이고, 나중에 이 회사를 상장해 자녀 등 총수 일가의 부를 키워나가는 것 역시 상장회사의 소액주주들이 얻어야 하는 소득을 총수 일가의 소득으로 가져가는 부당한 행위다.

특히 재벌의 그룹 비서실이 총수 일가 혹은 지배주주의 경영 세습이나 부의 축적을 우선시하여 이를 위해 여러 가지 편법과 불법 행위를 마다하지 않으며, 그 결과 소액주주들이 피해를 보는 일이 한국 경제에서는 빈번히 일어나곤 했다. 이는 편법과 술수 혹은 비시장적·비자본주의적 행위가 우리의 시장에서 적절히 제어되지 않고 있기 때문이다. 다시 말해, 자본주의의 핵심적 기둥인 사유재산권제도가 재벌의 내부 담합과 외부와의 유착에 의해 침식되고 있는 것이다. 한국 주식시장의 '코리아 디스카운트'를 불러일으키는 주된 이유 중 하나이기도 하다. 이는 우리의 시장이 담합과 유착이 쉽게 일어날 수 있는 구조로 형성되어왔기 때문인데, 이러한 시장구조는 결국 구성원들이 진정한 시장자본주의의 장점을 누릴 수 없게 만든다.

다른 한편으로 산업자본과 금융의 유착은 산업에서 일어난 리스크가 금융의 리스크로 쉽게 전이되게 함으로써 금융시장과 경제 전체의 불안정성을 심화시킬 수 있다. 실제로 한국에서는 과거 외환위기를 맞아 재벌이 소유한 금융회사가 재벌기업과 동반 부실화한 경우가 많았으며, 비교적 최근에 벌어진 저축은행 사태에서도 이러한 경우가 현실로 드러났다. 서울대학교 박상인(2016) 교수는 만약 삼성전자가 노키아처럼 경쟁력을 잃고 주가가 크게 떨어지게 되면 삼성전자의 최대 수주인 삼성생명이 위기에 치히고 다시 순환출자를 통해 연결된 계열사의 주식 가격이 모두 떨어지며 이것이 추가적으로 삼성 계열 금융사들의 주식 가격 폭락으로 이어져 한국 경제 전체의 심각한 위기로 발전할 수 있다고 경고한 바 있다. 삼성전자, 삼성생명, 삼성화재, 삼성카드, 삼성물산 등이 복잡한 순환출자 고리로 서로 묶여 있기 때문이다.

한국의 재벌은 거의 전 산업에 걸쳐 계열사를 두고 있으며, 다른 나라의 재벌과 비교해 시장 전반에 대한 영향력과 지배력이 매우 강하다. 특히 한국의 재벌은 여전히 총수 일가에 의해 지배되고 있어 이 소수의 가족 집단이 언론, 정치, 학술, 문화, 법조 등에 걸쳐 막강한 네트워크를 구축하고 한국 경제와 사회에 상당한 지배력을 행사하고 있다. 한국의 경제정책은 이들의 영향력에 자주 포획되기도 한다. 1세대 재벌체제와 달리 현재 한국 경제는 산업 및 조직관리에 대한 식견이나 경영 능력에 상관없이 그룹 전반을 경영하는 세습적 CEO의 리스크에 크게 노출되어 있는 것이다. 또한 새로운 성장동력을 위한 시장생태계의 복원, 고용의 88%를 차지하는 중소기업의 생산성·수익성·성장성 증대에 관해 논할 때 결국 부딪히게 되는 것 역시 한국 경제에서 재벌이 어떻게 진화해나가야 할 것인가 하는 문제다.

재벌 개혁

재벌 구조는 장단점을 모두 가지고 있다. 재벌이 보유한 인력과 자본의 내부시장(internal market)은 과거 자본시장과 인력시장이 제대로 발달하지 않은 국내 상황에서 산업 고도화에 필요한 인력과 투자의 빠른 재조정을 가능하게 해주었고, 계열사 간 교차보조(cross subsidy)로 신산업 진출이나 해외시장 개척에 큰 장점을 발휘했다. 그러나 이러한 장점은 다른 한편으로 국내에서 독과점구조를 고착시키고 진입 장벽을 높이며 시장의 투명한 경쟁에 장애 요인이 되어왔다. 우리나라 상법에 의하면 재벌 계열기업은 책임과 권한이라는 측면에서 모두 독립기업이다. 그러나 법적 기반을 찾을 수 없는 '미래전략실' 혹은 '그룹 비서실' 등을 통해 실제로 재벌 총수 일가가 적은 소유지분을 가지고도 수십 개가 넘는 계열기업을 지배하고 있다. 그리고 이것이 가능한 것은 광범위한 순환출자구조 때문이다.

이러한 구조를 하루아침에 바꿀 수는 없다. 그러나 법과 시장이 더욱더 투명하게 작동하고 공정한 시장경쟁이 이루어질 수 있게 하는 제도를 모색하는 일을 더 이상 미룰 수도 없다. 편법·부당 상속에 대한 시장과 사회의 감시 기능을 강화하고, 내부거래에 의한 부당한 부의 이동 및 소액주주의 이익 침해 등 시장경제 원칙에 어긋나는 행위에 대한 적절한 감시와 제재가 필요하다.

경제력 집중은 그 자체로 사회에 많은 폐해를 가져온다. 우리나라 재벌들은 이제 3세 경영 시대로 들어서고 있다. 재산권과 이의 합법적 상속은 보장되어야 하지만, 지금처럼 극히 적은 지분을 가지고도 수십 개의 계열사에 대한 경영지배권을 세대에 걸쳐 세습해나가는 것을 제도적으로 보상하는 것이 과연 우리 사회의 정의 실현은 물론 경제의 역동성과 경쟁력 강화를 위해 필요한 것인지는 재검토되어야 한다. 순환출자에 대해 어느 정도 유예기간을 주고 해소해나가게 함으로써 재벌 총수가 지배하는 계열기업 숫자를 점점 축소하고 계열기업들을 전문 영역별로 분화해가면서 우리나라의 주력 대기업들이 점차 유능한 전문경영인에 의한 독립경영체제를 확대해나가도록 적절한 방안을 모색할 필요가 있다.

우리나라 헌법 제119조 2항에는 "국가는 균형 있는 국민경제의 성장 및 안정과 적정한 소득의 분배를 유지하고, 시장의 지배와 경제력의 남용을 방지하며, 경제주체 간의 조화를 통한 경제의 민주화를 위하여 경제에 관한 규제와 조정을 할 수 있다"라고 규정되어 있다. 이는 1987년 개헌 당시 명문화한 것이지만, 사실 이러한 헌법 정신이 지난 30년 동안 실제 정부의 제도와 정책에 제대로 반영되어왔다고 보기는 어렵다.

미국, 일본, 독일 등에서도 산업화 과정에서 경제력 집중의 폐해를 경험하고 이를 극복하고자 국가적 노력을 기울여왔다. 우리가 시장경제의 표본으로 여기는 미국에서는 20세기 초 우드로 윌슨 등 민주당 지도자들과 시어도어 루스벨트 같은 공화당의 개혁적 성향의 지도자들, 그리고 경제력 집중에 대한 문제의식을 가진 정치인과 법조인이 결국 반독점법의 제정과 사법적 판결을 통해 경제력 집중 문제를 해결해나갔다. 가장 대표적인 사례가 1911년 미국 대법원 판결을 통해 스탠더드오일을 분할한 사건이다. 스탠더드오일은 록펠러 가문이 지배해온 석유제품 분야의 기업집단이었다. 1909년 미국 법무부는 서먼법(Sherman Antitrust Act: 1890년 제정) 위반 혐의로 스탠더드오일을 법원에 제소했고, 대법원은 4년간의 심리 끝에 스탠더드오일을 90개 독립기업으로 분할할 것을 명령

2부 무엇을 어떻게 바꾸어야 하는가

했다. 일본에서도 사업 확대를 위해 군벌과 결탁해 전쟁을 부추겼다는 비판을 받은 미쓰이, 미쓰비시 등 가족이 지배하던 재벌집단을 미 군정하에서 개혁해 지배주주 일가를 모두 몰아내고 느슨한 계열사 형태로 개편했다. 일본의 학자들은 전후 이러한 재벌 개혁으로 젊고 유능한 전문경영인들이 부상해 일본 경제의 역동성 증대와 산업의 비약적 발전이 이루어졌다고 평가한다(Sato, 1999).

전후 독일도 미국 못지않게 시장경제체제에 대한 군건한 믿음을 토대로 경제정책을 추진했다. 독일의 자본주의는 사회적 시장경제체제로 불리는 독특한 양식으로 전개되었다. 사회적 시장경제의 이론가이자 실천가인 알프레드 뮐러 아르막(Alfred Müller-Armack)은 사회적 시장경제의 핵심을 '시장적 자유(market freedom)와 사회적 균형(social balance)의 결합'이라고 설명했다. 독일의 정치·경제 체제에서 무엇보다도 중요한 것은 경제부문에서의 집중, 즉 독점 문제에 대한 철저한 경계였다(윤영관, 1999). 독일이 전후 시장경제체제로 발전해나갈 때 독일 경제정책의 이론적 바탕을 제공한 발터 오이켄은 "한 국가에서 일단 독점이 번성하기 시작하면, 그것은 곧 상당한 정치적 영향력을 확보하게 되고 결국 그 영향력이 너무 커서 국가 스스로도 효과적으로 통제할 수가 없게 된다"면서 "경제정책은 기존의 독점세력에 의한 권력 남용을 타깃으로 하기보다는 오히려 그러한 독점세력의 존재 자체를 타깃으로 해야만 할 것이다"라고 주장했다(윤영관, 1999).

경제력의 집중 문제와 관련해 한국은 국가가 시장권력의 분산과 시장에서의 공정한 경쟁이 일어날 수 있는 제도 및 장치를 제대로 설정해 이를 일관되게 추진하기 전에 정치민주화가 빠르게 진전되면서 시장권력에 의해 국가정책이 자주 포획되게 된 경우라고 볼 수 있다. 다시 말해, 서구 선진산업국에서는 경제와 산업의 발달이 진전되는 것과 동시에 대중민주주의제도가 심화됨으로써 국가가 시장권력을 견제하며 두 권력이 동시에 점진적으로 분산되어 왔으나, 우리나라는 시장권력이 분산되지 않고 집중되어 있는 가운데 정치민주화가 빠르게 진행되면서 국가권력구조는 분산되어 간 반면에 시장권력은 점점 집중되어 결국은 국가의 정책 기능이 시장권력에 의해 포획되는 구조가 굳어진 것이다. 그 결과 정치권과 정부의 재벌 개혁, 공정 경쟁 질서 확립을 위한 수많은 논의에도 불구하고 실질적으로 시장만능주의, 규제 완화 지상주의로 정책의 흐름이 이어졌다(조윤제, 2009). 현실적으로 5년 단임 정부가 세습권력인 재벌과 그 영향력하에 있는 언론들을 상대로 제대로 된 개혁을 이뤄내는 것은 지난한 일이다.

한국의 재벌은 대개 1950년대에 작은 회사로 출발해 1960년대에 자리를 잡기 시작했고 1970년대 중화학공업 육성 과정을 거치면서 급속히 확대·성장해 1980년대 이후에는 한국 경제를 지배하는 대규모 그룹들로 발전했다. 이들의 확대·성장에는 정부의 비호와 지원, 투자와 사업 동반자로서의 역할이 지대하게 작용했다. 정부는 금융을 지배하고(관치금융) 이를 통해 재벌기업이 성장할 수 있도록 자금을 지원했으며, 재벌은 독재정부의 정권 유지를 위한 정치자금을 지원하면서 이러한 정부, 은행, 재벌의 강력한 유착 관계를 바탕으로 성장했다. 경기가 악화되거나 오일쇼크 등 충격이 있을 때 정부는 각종 세금 감면, 금융 지원으로 재벌의 위험과 손실을 부담해주었다. 그러나 이러한 정부의 혜택에 힘입어 발생한 사업 성공에 따른 이익은 결국 대부분 재벌기업과 그 총수 일가에게 돌아갔다.

2015년 기준 한국 10대 재벌의 총매출액은 GDP 대비 67.2%, 총자산액은 GDP 대비 109.8%(2014년 말 기준)이며, 10대 재벌 상장사의 주식 가치는 거래소와 코스닥 총시가의 43.7%를 차지한다 (2015년 8월 15일 기준). 10대 재벌가문*이 한국 경제에서 차지하는 상대적 비중 역시 빠르게 증가해왔다. 2003년에 10대 재벌가문의 총매출액은 GDP 대비 50.6%였으나, 2012년에는 84.1%로 늘어났다. 또한 10대 재벌가문의 총자산액도 2003년 GDP 대비 48.4%에서 2012년에는 84%로 급증했다.

이 중에서 특히 삼성그룹의 존재감은 두드러진다. 공정거래위원회가 발표한 자료에 따르면, 2014년 말 기준으로 삼성그룹의 매출액은 약 303조 원이고, 자산총액은 약 623조 원이다. GDP는 순부가가치의 유량(flow) 개념이고 자산은 저량(stock) 개념이라 GDP와 자산을 직접 비교하는 것은 적절치 않겠으나, 2014년 한국의 GDP가 약 1500조 원이었으므로, 삼성그룹의 매출액은 한국 GDP 대비 20%이고 자산총액은 GDP 대비 42%에 달한다. 또한 2015년 8월 31일 기준으로 삼성그룹 18개 상장 계열사의 시가총액이 유가

• 여기서 말하는 10대 재벌가문에는 삼성의 이병철, 현대의 정주영, SK의 최종건·최종현 등 재벌 창업주의 2~3세들이 경영하는 기업이 포함된다.

증권시장과 코스닥시장을 합한 전체 시가총액의 20%를 차지한다. 삼성그룹으로의 경제력 집중은 삼성그룹이 10대 재벌에서 차지하는 비중을 보면 더욱 뚜렷하게 나타난다. 2014년 말 기준으로 삼성그룹의 매출액은 10대 재벌 매출액의 30%, 자산총액은 10대 재벌 자산총액의 38%, 그리고 종업원 수도 10대 재벌 총원의 30.1%인 것으로 나타난다. 더욱이 삼성그룹은 10대 재벌 당기 순이익의 50%를 차지한다. 흔히들 노키아가 있는 핀란드 등 북유럽 국가도 한국처럼 기업 집중도가 높다고 하지만, 그들은 대부분 인구 수백만 명에 지나지 않는 작은 나라일 뿐 아니라, 그곳 대기업은 국가 경제에서 차지하는 위용이 우리나라 재벌처럼 크지 않다. 예를 들어, 노키아는 전성기에 핀란드의 총부가가치에서 차지하는 비율이 4.0%였는데, 2013년에 삼성그룹의 한국 총부가가치 점유율은 4.7%였다(박상인, 2016).

한국 경제에서 이처럼 막대한 지배력을 가진 재벌은 단순히 한국 시장을 지배할 뿐 아니라, 한국의 정치, 언론, 문화, 법조, 학계에 광범위하고 막대한 영향력을 행사하는 조직으로 발전했다. 1980년대까지만 해도 정부가 재벌보다 우위에 있었다고 한다면, 1987년 정치민주화를 거치면서 언론, 기업, 노조, 법조계에 대한 정부의 지배력이 크게 떨어지고 국가권력이 과거 군부에 의해 뒷받침되던 청와대와 행정부로부터 국회와 법조, 지방정부로 분산된 반면에, 4대 재벌 또는 10대 재벌은 상대적으로 입지가 강화되고 금력을 바탕으로 각계에 걸쳐 지배력을 강화해나갔다. 요컨대, 민주화 이후 지난 30년은 한국 사회에서 권력이 정부로부터 재벌 그룹을 중심으로 한 시장으로 이동한 과정이라 해도 과언이 아니다.

한국의 재벌은 이제 정계, 언론계, 법조계, 문화계, 학계 등 많은 분야에서 그물망처럼 얽힌 유착·담합 구조를 형성하고 있으며, 이를 기반으로 그룹의 자산 확대뿐 아니라 총수 일가의 사익과 경영권 세습을 추구하며 한국 사회의 역동성을 제한하는 거대한 기득권 세력이 되었다. 여론의 향방, 정부정책의 향방에 영향력을 행사할 뿐 아니라 실질적으로 초법적 지위를 누리기도 한다. '한국은 재벌공화국'이라는 말이나 '낮의 대통령과 밤의 대통령이 다르다'는 말은 이미 한국 사회에 널리 회자되어왔다.

임기 5년의 단임 대통령 정부가, 대를 이어 종신·세습 권력을 누리며 각계에 막대한 영향력의 그물을 형성해놓은 재벌의 권력을 넘어 국가 미래를 위한 중립적이고 공정한 정책을 펼쳐나가기란 쉽지 않다. 이는 언론과 대중의 여론이, 선거의 지배를 받는 짧은 임기의 정치인이, 그리고 이들이 임명한 행정관료들이 언론과 여론, 법조, 국회에 대한 재벌의 막대한 영향력에 쉽게 압도되기 때문이다. 그 결과 정부정책은 재벌, 그것도 재벌 총수 일가의 이익을 위한 방향으로 자주 포획되어왔다.

재벌의 한국 경제에 대한 영향력은 금융부문에서 은행의 상대적 중요성이 위축되고 증권시장의 역할이 확대되면서 더욱 커졌다. 앞서 지적한 바와 같이 우리나라는 은산분리만 강조해왔을 뿐 실질적으로 금산분리는 되어 있지 않아 금융시장이 기업의 경영행위를 객관적이고 독립적인 입장(arm's length relation)에서 감시·감독할 수 있는 구조가 갖춰져 있지 않다. 재벌 계열 금융회사들은 가계와 소액투자자의 돈을 끌어들여 재벌 그룹의 확장과 이익 추구에 이를 사용해왔다. 이 때문에 총수 일가의 이익을 위해 일하는 그룹 회장 비서실, 총수가 임명한 그룹 계열사 사장단 및 임원 등 재벌의 내부자와 외부투자자 간에 이익 상충이 자주 일어나고 결국 사유재산권 보호 등 자본주의의 원칙이 지켜지지 않을 때가 많다. 더 나아가 한국의 재벌은 막대한 자금 동원력을 바탕으로 동네 소매점 체인, 음식점 체인, 제과점, 해외 브랜드 대리점업 등에까지 진출해 상대적으로 자금력이 약한 중견기업, 소기업, 소상공인의 터전을 접수해왔다. 이는 애플, 마이크로소프트, GM, 지멘스 등 해외 대기업들이 사업을 확장하는 과정에서는 찾아보기 어려웠던 행태다.

앞서 수차례 언급한 바와 같이 지금 한국 경제가 특히 주의를 기울여야 할 부분 중 하나는 계층의 고착화와 역동성의 저하다. 1960년대에 타오르기 시작한 한국 경제의 역동성은 누구나 열심히 노력하면 성공의 기회가 열린다는 믿음이 있었기 때문에 존재했고, 실제로 한국 경제는 노력하는 이들에게 그에 상응한 성공의 기회를 제공했다. 지금도 그러한 기회의 문이 완전히 닫혔다고 할 수 없으나, 분명 그 통로는 점점 좁아지고 있다. 부모의 소득수준, 상속자산 규모에 따라 교육의 기회나 성공의 기회가 점점 제한되고 있는 것이다. 높은 부동산 가격과 사교육 비용, 가계소득에서 자본소득(배당, 임대료, 이자 등)이 차지하는 비중 증가 등으로 인해, 젊은이들이 사회로 진출하면서 서게 되는 출발선에도 큰 차이가 생기고 있다.

시장에서는 거의 모든 산업분야에서 재벌기업에 의한 독과점이 고착화되어 잠재력 있는 새로운 기업의 진입 기회가 크게 줄었다. 글로벌 거대기업에 의한 연구개발 투자 확대와 기술 개발 등은 국가경제를 위해 매우 긍정적인 측면이 많지만, 독점적 지위를 이용한 진입 장벽 강화, 하청 중소기업에 대한 부당한 이익 편취 등에 대한 제재는 더 엄격해져야 한다. 한국에서 중소기업의 생산성이 크게 떨어지는 이유 중의 하나도 재벌기업에 납품하는 하청 중소기업이 제품에 대해 제값을 받지 못하거나 개발한 기술에 대해 보호받기 어려운 현실에서 찾을 수 있다. 대기업과 중소기업 간 큰 임금격차는 독과점 대기업의 인재 독점 현상을 낳고 중소기업이 성장할 기회를 더욱 축소하고 있다. 공정한 경쟁 기회의 제공은 경제의 역동성을 유지하기 위한 기본 조건이다.

재벌 위주의 경제구조를 바꾸는 것이 쉬운 일은 아니다. 재벌 계열의 대기업들은 한국을 대표하는 기업들이며, 또한 한국의 기술과 브랜드, 해외시장 개척을 선도해온 기업들이다. 이들이 앞으로도 우리 경제의 기술 혁신과 수출을 주도하는 성공적 기업으로 발전해나갈 수 있게 해야 한다. 그러면서도 지금과 같은 총수 일가의 그룹 계열사 전반에 대한 경영지배권 세습에 의한 폐해를 줄이고, 공정 경쟁 질서를 확립하며, 시장의 생태계를 복원해나가는 것이 재벌 개혁의 요체다. 궁극적으로는, 가령 지금 재벌 대기업에 입사하는 젊은이들이 자신도 열심히 노력하면 GE의 잭 웰치나 제프 이멜트처럼 최고경영자 자리에 오를 수 있다는 가능성을 열어주어야 한다. 우리 경제를 대표하는 기업들이 점차 최고의 전문경영인들의 실질적 경영 방향과 의사 결정을 바탕으로 운영되게 하고, 더 나아가 집중된 금권에 의한 정치적·사회적 지배력을 줄여나가려면 지금 시점에서 재벌체제의 개편이 반드시 필요하다. 이는 한국 시장의 건강한 생태계를 복원해 중소기업 또는 중견기업이 대기업으로 성장할 수 있는 역동성을 회복하고, 그동안 빠르게 진행되어온 양극화를 해소해 사회적 안정의 기틀을 마련하기 위해서도 꼭 필요한 과제다.

재벌 개혁은 크게 보아 세 가지 방향으로 접근해나가야 한다고 생각된다. 첫째는 경제력 집중의 완화다. 현재 전 산업에 걸쳐 수십 개 계열기업을 거느린 재벌들이 업종을 중심으로 경쟁력 있는 소그룹 단위로 점차 분화해나가도록 제도적으로 유인해 경제력 집중을 완화하는 것이다. 경제력 집중 자체가 정치적·경제적으로 한 사회에 가져오는 부정적인 효과를 줄이기 위해서다. 둘째는 재벌의 계열기업 간 일감 몰아주기 등 불공정·탈법 행위에 대한 공적 규제와 시장의 감시·감독 기능을 강화하는 것이다. 시장에서 사유재산권 침해나 부당 이익 편취, 공정 경쟁 질서를 해치는 행위에 대한 징벌을 강화해 시장경제의 원칙을 확립하자는 것이다. 셋째는 이러한 감시·감독 기능이 활성화하도록 시장 내부의 구조를 개선하며 이를 위해 실질적 금산분리를 추진해나가는 것이다.

현재 대다수 재벌은 소유구조에서는 이미 많이 분산되었으나 지배구조에서는 여전히 총수 또는 총수 일가에게 전 계열기업 그룹에 대한 경영지배권이 집중된 상태다. 앞으로 경영지배권 역시 점차적으로 분산되어나갈 수 있도록 제도적으로 유도해나가는 노

2부 무엇을 어떻게 바꾸어야 하는가

력이 필요하다. 또한 경제력 집중 완화를 위한 이러한 노력은 모든 재벌을 대상으로 하기보다, 가령 상위 5대 혹은 10대 재벌을 우선적 대상으로 지정해 추진하는 것이 현실적으로 더욱더 실효성 있는 결과를 가져올 수 있을 것으로 생각된다.

경제력 집중 완화: 순환출자 해소 및 지주회사 요건 강화

순환출자는 재벌 총수 일가가 적은 지분으로 수십 개에 달하는 계열사 모두에 경영지배권을 행사하게 하는 방편이 되고 있다. 공정거래위원회가 2011년 재벌의 지배구조를 분석한 결과 10대 그룹 총수의 평균 개인지분은 0.94%에 불과했다. 반면 총수의 개인지분과 가족, 친척, 계열사의 지분을 더한 내부지분율은 55.7%로 집계되었다. 결국 복잡한 순환출자구조를 통해 총수 일가의 적은 지분으로 그룹 전체의 경영권을 유지하고 있는 것이다. 적은 지분을 가지고 경영권을 2~3세에게 세습하려고 하다 보니 일감 몰아주기 등 여러 무리한 편법과 불법 행위가 이루어지는 것이다.

초기 재벌의 생성과 확장 과정에서 순환출자 고리가 형성될 수 있었겠지만, 세대를 넘기면서 소유지분으로 정당화될 수 있는 것보다 훨씬 더 큰 경영지배권을 우리 사회가 재벌의 2~3세들에게 계속해서 보장해주어야 하는가 하는 것은 단순히 경제정책을 넘어 사회정책, 더 나아가 우리나라의 정치·경제 구조와 관련된 문제다. 수십 개에 달하는 계열사 간의 결합이 없는 경우에는, 즉 단일 기업인 경우에는 한 개인 혹은 가족의 소유지분과 내부지분 간의 괴리가 없다. 우리나라 재벌의 독특한 출자구조가 재벌 총수의 소유지분과 재벌 그룹의 내부지분에 커다란 괴리를 가져오고 있는 것이다. 또한 재벌 총수 일가의 매우 낮은 소유지분은 이들이 더 이상의 지분 축소를 피하고 경영지배권을 지키고자 주식시장에서의 증자에 의한 투자 확대를 기피하고 차입을 선호해 기업의 부채 비율을 높이는 한 요인이 되어오기도 했다.

현재 주요 재벌들의 총수가 법률이 정한 정상적인 방법으로 상속세를 국가에 납부하고 자녀들에게 지분을 상속하면 자녀의 지분이 현재의 총수보다 줄어들고 특정 자녀가 총수로서 전 계열기업에 대한 지배권을 유지해나가기가 어려운 경우가 많다. 이 때문에 재벌에서는 한두 개 계열사에 소유지분을 집중해 지배지분을 지키고 일감 몰아주기 등으로 해당 계열사의 가치를 높이며 이를 통한 계열사 간 순환출자 확대로 상당한 내부지분율을 유지해 전체 계열사에 대한 지배권을 상속하는 방법이 동원된다. 이렇게 될 경우 총수 가족의 소유지분과 내부지분의 괴리는 점점 더 커져갈 수밖에 없다.

재벌이 크게 확장되던 1970년대와는 달리 이제 우리나라 재벌의 주요 계열기업들은 대다수가 상장된 공개기업(public company)이며, 그 지분 다수를 일반주주가 소유하고 있다. 아무리 큰 기업이라 할지라도 개인과 가족이 지분의 절대다수를 보유하고 비공개 기업 형태로 유지된다면, 그 기업의 경영과 지배권을 자녀에게 상속하는 일에 대해 사회적으로 문제를 제기할 이유가 없다. 다른 한편으로 공개기업이라 할지라도 상속세와 증여세를 법대로 납부하고 상속받은 지분이 여전히 지배주주로서의 입지를 보장할 만큼

된다면 경영권이 상속되는 것도 충분히 보호받아야 한다. 대개 단일 업종 대기업과 중소기업이 이러한 경우에 속한다.

만약 순환출자가 제한된다면 상당수 재벌의 총수 일가는 현재 가지고 있는 전 계열사에 대한 경영지배권을 유지하거나 상속받기가 어려워질 것이다. 이러한 과정을 거치면서 재벌 계열기업이 점진적으로 계열에서 분리되고 독립된 기업으로 발전해나가는 것이 바람직한 방향이 아닐까 생각된다. 재벌 2~3세가 부모에게서 상속받은 재산으로 자신이 선호하는 핵심 계열사의 지분을 다수 확보해 해당 계열사의 경영을 전담해나가되, 계열사 간 순환출자에 의한 내부지분 확보가 더 이상 지배권을 확보해주지 못하는 계열기업은 분리·독립시키도록 제도적으로 유도해나가는 것이 바람직하다. 이렇게 해서 금융 계열기업은 금융기업군으로, 전자통신은 전자통신기업군으로, 그 밖의 제조업과 서비스업은 그 나름대로 각각 소그룹 내 시너지를 내며 독립·분화해 나가도록 제도적으로 기틀을 마련해야 할 것으로 생각된다. 기존 5대, 10대 그룹의 규모가 줄어들면 그 아래에 있는 재벌 그룹들이 새로이 순환출자 등 규제 대상이 되어 이들의 규모도 장기적으로 줄어들게 될 것이다.

그동안 순환출자 해소 또는 출자총액제한제도 도입에 대한 가장 강한 반대 논리는 그것이 투자 위축을 초래한다는 것이었다. 그러나 이명박 정부에서 기업의 투자를 촉진하고자 출자총액제한제도를 폐지한 이후 재벌기업의 순 투자가 늘어났다는 이야기는 들어보지 못했다. 반면 출자총액제한제도 폐지 이후 계열사를 통한 출자가 늘어나 계열기업 수와 총수 일가의 경영지배권은 더욱 강화된 것으로 나타났다(김상조, 2015). 순환출자에 대한 규제를 단순히 투자에 대한 규제의 문제로 볼 것이 아니라, 우리 경제가 특수하게 안고 있는 재벌이라는 문제, 그리고 재벌의 경영지배권 상속이라는 측면에서, 나아가 미래 한국의 경제구조라는 더 넓은 관점에서 이 문제에 접근할 필요가 있다.

이미 지주회사로 전환한 재벌에 대해서는 자회사의 의무소유지분 비율을 높여 지배 대주주가 적은 지분으로 계열 자회사들을 방만하게 확대하지 않도록 견제해야 할 것이다. 가령 의무소유지분 비율을 상장사에 대해서는 현재의 20%에서 30%로, 비상장사에 대해서는 현재의 40%에서 50%로 상향 조정하는 것을 고려해 볼 수 있을 것이다.

일감 몰아주기 등 불법·편법 상속을 엄격히 제재할 방안을 강구하고 단계적으로 순환출자를 해소해나가면 한국의 재벌도 점점 업종을 중심으로 계열사를 분화해나갈 것으로 기대된다. 나아가 이미 지주회사로 전환한 재벌 그룹에 대해서는 자회사 주식 의무 소유 비율을 상향 조정함으로써 이러한 점진적 계열사 분화를 유도해나갈 수 있을 것이다.

공적 규제와 시장 감시 기능 강화

상법은 기업의 경제행위에 관해 기본적인 틀을 규정하는 법률이다. 그런데 회사법(상법 제3편 '회사')을 포함하는 현재 한국의 상법은 일본이 유럽, 특히 독일과 프랑스에서 모방해 도입한 것을 우리나라가 다시 그대로 가져온 것을 근간으로 한다. 독일, 프랑스와 달리 한국 경제에서 재벌의 지배력은 상당한데도 한국의 상법에는 재벌이라는 개념이 아예 없을뿐더러 재벌의 행위에 대한 규제 역시 사실상 전무한 상태다. 그 결과 현실과 법규 간에 큰 괴리가 존재한다. 그나마 우리나라에서 재벌에 대한 규제는 공정거래법에서 대규모기업집단을 지정하면서 이루어지고 있다.

이러한 현실과 법규 간 괴리가 만들어내는 문제는 다양하다. 예를 들어, 재벌 계열사의 실질적 경영지배권을 총수가 쥐고 있는데도 법적 책임은 개별 회사의 등록 대표이사가 모두 지고 있다. 그룹 총수는 많게는 수십 개에 이르는 계열사에 대표이사로 등록하기 어렵고 현실적으로 그렇게 하지 않지만, 실질적으로는 계열사 대표이사나 임원의 임명과 주요 의사 결정을 주도한다. 그룹 총수가 계열사로부터 보수를 받는 경우도 많다. 최태원 SK 회장이 수감 생활을 하는 중에도 계열사들로부터 연간 총 300여억 원의 보수를 지급받았다는 사실이 보도되기도 했다. 계열사의 등기임원이 아니지만 실질적으로 계열사를 지배하기 때문에 이러한 일이 가능한 것이다.

우리나라의 현행 상법에는 '지배(control)'에 관한 정의 자체가 없고, 따라서 '지배주주' 및 '기업집단'에 관한 그 어떠한 규정도 찾아볼 수 없다. 앞서 이야기했듯이 애초에 이 법이 우리나라의 상황을 규율하기 위해 고안된 것이 아니라 원래 독일, 프랑스 등 해외에서 만들어진 것을 우리가 일본을 동해 모방한 것이기 때문이다. 한편 현행 공정거래법은 '사실상의 지배(de facto control)' 개념을 통해 기업집단을 정의하고 있는데, 다만 자산 5조 원 초과의 대규모기업집단에 한정해서 특별한 규제를 부과하고 있다. 김상조(2015)에 따르면, "결국 상법에서는 재벌에 관한 규율체계가 공백인 반면, 공정거래법에서는 기업집단의 정의는 포괄적이나 실제 적용대상은 매우 제한적"이다. "이에 대한 대안 중 하나는 공정거래법상의 '사실상의 지배' 개념을 상법에 확대 적용함으로써 기업집단 일반을 포괄적으로 정의하는 것이지만, '사실상의 지배' 개념은 사전적으로 확정하기가 어렵다는 난점이 있기 때문에, 이를 상법상 일반 개념으로 도입하기에는 무리"가 따른다. 그러므로 "회사법 개혁 차원에서 진행된 유럽의 기업집단법 논의에서와 같이 연결회계상의 지배 개념을 기초로 기업집단을 비교적 좁고 간명하게 정의"하는 방법을 고려할 수 있다.

더 나아가 김상조(2015)의 다음과 같은 주장도 상당히 타당성이 있다고 생각된다. 그에 따르면, "회사법의 가장 중요한 원리는 이사에게 부과되는 신인의무(fiduciary duties: 선관주의의무 및 충실의무)"이므로, "특히 지배주주가 자연인이 아니라 법인인 경우에 지배회사를 '사실상의 이사'로 간주할 수 있게 하고, 경영을 실질적으로 지배하는 자(또는 일정 범위 내 친족)에 대해서도 공정성의 의무를 부과해야 한다. 이러한 공정성 의무를 위배했을 경우 소액주주들이 이에 대해 법정에 소송을 제기할 수 있게 함으로써 시장의 감시 기능을 높일 수 있다"(김상조, 2015).

기업집단을 형성하는 방식은 매우 다양하며, 어떤 조직 형태를 취할 것인지는 자율적 선택 대상이다. 그러나 조직 형태와 무관하게, 동일한 위험에 대해서는 동일한 강도의 규율이 작동하도록 하는 것이 옳다고 생각된다. 기업행위에 대한 시장의 감시 기능을 높이기 위해 현재 자본시장법에만 도입되어 있고 상법상 재벌의 부의 이전 행위 등 선관주의의무 위반을 견제하는 용도로는 도입되어 있지 않은 집단소송제를 도입하는 것도 검토해야 한다. 또한 모회사 주주들이 자회사 경영진의 불법 행위에 대해 소송을 제기할 수 있게 하는 다중대표소송제도의 도입도 고려해보아야 한다.

금산분리

공정거래위원회가 대규모기업집단을 지정한 1987년 4월 이후 2015년 4월까지 30대 민간기업집단의 금융 계열사 수와 그것이 전체 계열사에서 차지하는 비중을 보면, 외환위기 직후 그 숫자가 큰 폭으로 줄어들다가 2011년 이후에 다시 증가하는 추세를 나타내고 있다. 금융 계열사의 자본 총계 기준으로 보면 삼성그룹, 한화그룹, 현대자동차그룹, 한국투자그룹, 현대그룹, 롯데그룹의 순으로 금융과 산업이 결합한 그룹의 순위가 나온다. 2015년 현재 전체 비은행권 지분 총계 대비 주요 10대 재벌 그룹의 점유 비율은 52.6%다. 삼성 계열 금융회사는 전체 비은행권 자본 총계의 23%를 차지하고 있다(김상조, 2016).

　1980년대 이후 금융 자유화를 표방하던 정부는 은행의 자율화를 적극적으로 추진하는 대신 제2금융권을 육성해 시장 기능을 보완한다는 취지에서 비은행 금융업에 새벌이 진출하는 것을 허용했고, 이는 1990년대에 들어 재벌이 제2금융권 그리고 이와 연계된 자본시장을 지배하는 결과로 이어졌다(Cho, 2002). 그러나 1997

년 외환위기와 2003년 카드대란의 충격으로 금융 계열사 부실이 그룹 전체 부실로 이어지는 경우를 경험하면서 재벌의 금융 계열사 수 및 비중이 줄었다. 그러나 2011년 그 추세가 반전된 것이다.

과거 비은행 금융기관과 자본시장이 거의 발달되어 있지 않았을 때는 은산분리가 곧 금산분리였지만, 지금처럼 은행의 비중이 축소되고 보험사, 증권사, 카드사, 자산운용사 등 비은행금융기관과 이를 중심으로 한 자본시장이 확대된 상황에서는 금산분리를 실현하는 데 있어 은산분리는 일부분의 역할을 하는 데에 지나지 않게 되었다. 거의 모든 선진국에서는 시장 관행에 의해, 혹은 감독규제에 의해 실질적으로 금산분리가 이루어지고 있다. 미국에서는 상업은행과 투자은행을 분리하고 은행지주회사의 설립과 산업자본의 은행지주회사 지배를 금지함으로써 실질적으로 금산분리의 원칙을 지켜오고 있다.

현재 한국의 상황에서 금산분리를 추진하는 방법은 크게 두 가지가 있다고 생각된다. 첫 번째는 금융위원회가 현재의 법체계에서도 가능한, 금산분리를 강제하는 계열분리명령을 내리는 것이다. 그러나 이는 아주 심각한 법 위반이나 건전성 위기 상황에서나 발동할 수 있는 수단이다. 두 번째는 금융감독체계를 강화하는 것이다. 현재 우리나라의 금융감독체계에서 금융·산업 복합그룹에 대한 통합감독체계는 제대로 구축되어 있지 않다. 가령 금산복합그룹에서 금융회사의 실질적 운영과 의사 결정이 그룹 차원에서 이루어지고 있는데도 우리나라의 금융감독체계에서는 그룹 계열 금융회사가 완전히 독립적으로 경영·운영되는 것을 전제로 하고 있다. 다시 말해, 금융 계열사가 속해 있는 그룹 리스크가 금융감독체계에 제대로 반영되지 않고 있는 것이다. 이 때문에 발생할 수 있는 문제로는 다시 두 가지를 들 수 있는데, 첫째는 계열사 간의 다단계 교차출자구조로 인해 자본적정성이 과대평가될 수 있다는 것이며, 둘째는 금산복합금융그룹에서는 개별 금융회사에서 찾아볼 수 없는 위험, 즉 계열사 간의 내부거래에 따른 위험의 집중 및 전이, 적격성을 상실한 그룹 총수인 실질 지배주주로부터 야기되는 지배구조 위험이 그룹 전체뿐 아니라 계열 금융회사의 안정성을 위협할 수 있다는 것이다(김상조, 2016). 따라서 이러한 우리나라의 실질적 시장구조를 충분히 고려해, 금산복합그룹에 대해서는 금융감독당국이 개별 금융회사뿐 아니라 그 금융회사를 사실상 지배하는 그룹의 대표회사 혹은 그룹 전체에 대한 통합감독이 이루어지도록 제도적 기반을 마련할 필요가 있다.

박상인(2016)은 삼성전자가 몰락하면 핀란드에서 노키아가 몰락했을 때보다 훨씬 심각한 위기가 한국 경제에 초래될 수 있다고 주장한다. 즉, 삼성전자가 몰락하면 삼성전자에 7.5%의 주식을 가지고 있는 삼성생명의 위기가 발생하고, 이어서 삼성화재, 삼성증권, 삼성자산운용 등 계열 금융회사뿐 아니라 자산운용업, 자본시장 전체로 위기가 전이되면서 금융위기를 촉발할 수 있다는 경고다. 노키아의 몰락은 '단일기업경제(one-firm economy)'라고도 불린 핀란드 경제의 위기로 전이되지는 않았다. 노키아의 몰락은 오히려 핀란드에 새로운 벤처기업과 기업가 정신을 불러일으켰다. 박상인 교수는 노키아의 몰락이 핀란드 경제에 미친 영향이 제한적이었던 것과 달리, 삼성전자의 몰락은 한국 경제를 큰 위기로 몰고 갈 가능성이 매우 높다고 주장한다. 삼성전자의 전자부품회사들과의 수직계열화와 순환출자구조, 그리고 삼성생명과 삼성전자의 출자 관계 때문이다. 그가 수행한 시뮬레이션 결과를 보면 삼성전자의 주가가 70% 정도 급락하면 순환출자와 자사주로 인해 삼성전자 주가는 추가로 17.3%p 하락하고, 삼성생명의 주가는 70.0%, 삼성물산의 주가는 62.2% 급락하게 된다. 그렇게 되면 삼성전자뿐 아니라 삼성생명과 삼성물산도 사실상 붕괴할 개연성이 높으며, 따라서 삼성전자 리스크가 현실화된다면 한국 경제는 1997년의 경제위기 당시보다 더 혹독한 시련을 겪을 수 있다는 것이다(박상인, 2016).

그러므로 금산복합그룹의 계열 금융사에 대해서는 자본적정성(예를 들어, 계열사 출자지분을 자본에서 차감)이나 금융 계열사의 의사 결정에 실질적으로 영향력을 행사하는 그룹 총수, 대표회사의 지배구조 등에 대해서도 금융감독당국이 감독할 수 있게 할 필요가 있다. 예를 들어, 삼성생명의 경우 금융감독당국이 삼성전자와 삼성물산의 영업 재무건전성, 삼성그룹의 실질적 지배자 혹은 금융 계열사 담당 그룹 비서실 임원의 적격성 등에 대해서까지 포괄적으로 심사할 수 있는 통합감독체제를 구축하자는 것이다. 금산결합그룹의 자본적정성 평가에서도 금융 계열사의 비금융 계열사에 대한 출자는 적격자본에서 차감하고, 비금융 계열사의 금융 계열사에 대한 출자는 감독당국이 판단해 그 위험도에 상응하는 만큼을 적격자본에서 차감하며, 이와 관련한 정보를 시장에 투명하게 제공함으로써 자율 조정이 이루어지도록 유도하는 것을 검토해볼 필요가 있다(김상조, 2016).

소득분배의 개선[*]

1990년대 초·중반 이후 우리나라의 소득분배는 크게 악화되어왔다. 최근 연구 결과에 따르면, 현재 우리나라 소득분배는 OECD 국가 중에서도 매우 열악하며 분배 악화의 속도가 매우 빠른 것으로 나타난다(조윤제 엮음, 2016). 상위 10%의 소득집중도는 한국이 약 45%로서 우리보다 자본주의 역사가 훨씬 길고 계층 간 이동이 적었던 영국, 일본, 프랑스보다 높으며 아시아 국가 중에서는 가장 높은 수준이다(그림 7-1). 48%인 미국보다는 아직 낮지만 증가 속도는 미국마저 앞선다. 한때 성장과 분배라는 두 마리 토끼를 모두 잡은 성공적인 사례로 자주 거론되던 한국이 이제는 성장이 정체되고 분배가 가장 빠르게 악화되는 나라로 변한 것이다.

　소득분배의 악화는 우리 사회의 계층 간 갈등을 키우고 계층 간 이동성을 줄여 경제의 역동성을 저해하는 위험 요소다. 계층 간 갈등 증대는 주요 국가정책의 결정을 더욱 어렵게 한다. 이제 분배

---

[*]　이 장은 조윤제, 「한국의 소득분배, 무엇이 문제인가」, 조윤제 엮음, 『한국의 소득분배: 추세, 원인, 대책』(2016, 한울)에서 상당 부분 인용·발췌한 것임. 더 자세한 논의는 조윤제 엮음(2016)을 참고할 것.

그림 7-1

아시아·태평양 지역 상위 10%의 소득 점유 비율

※ 단위: %
※ 말레이시아 2012년, 뉴질랜드·호주 2014년, 대만 2013년, 중국 2015년, 일본 2010년, 한국 2012년 기준임.

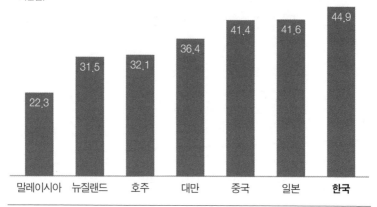

자료: World Wealth & Income Database.

구조의 악화에 대한 적절한 대처 없이 우리의 경제·사회가 안정적이며 지속적인 발전을 해나가기를 기대하기는 어렵게 되었다. 그렇다면 우리나라는 향후 소득분배의 개선을 위해 어떤 정책을 추진해나가야 할 것인가?

이를 해결할 빠른 답을 구하기는 쉽지 않다. 향후 소득분배의 개선을 위한 올바른 정책을 채택해나가기 위해서는 먼저 우리나라 소득분배 악화를 초래한 요인에 대한 정확한 진단이 필요하다.

그동안 우리 사회에서 흔히 제기되어왔던 주장인, 외환위기 이후 '신자유주의'적 경제정책 패러다임 도입이 주요인이었을까?

2부 무엇을 어떻게 바꾸어야 하는가

꼭 그렇다고 할 수 없다. 앞 장에서 언급했듯이 거의 모든 통계에서는 우리나라의 소득분배 악화 추세가 외환위기 이전인 1990년대 초·중반부터 시작된 것으로 나타난다. 이는 이 시기를 전후해 진행된 대내외 경제 환경의 변화, 그리고 이와 상응작용으로 일어난 한국 경제의 구조적 변화가 소득분배에 영향을 미친 주요인이었음을 시사한다. 다시 말해, 소득분배의 악화는 중국의 개방화, 동구권의 사회주의체제 붕괴 등으로 이들이 시장경제체제에 편입되면서 1990년대 이후 전 세계적으로 가속화되어온 세계화의 물결과 이에 따른 국내시장의 개방 확대로 국내의 산업·고용 구조가 크게 변하기 시작했기 때문으로 보인다.

이와 더불어 국내의 연금제도가 제대로 성숙되지 못한 상황에서 고령화에 따른 인구구조 변화가 빠르게 진행되면서 이것이 산업·고용 구조 변화와 서로 맞물려 소득분배를 더욱 악화시킨 것으로 보인다. 이 세 가지 구조적 변화는 우리나라뿐 아니라 오늘날 개방되어 있는 세계 거의 모든 국가에서 소득분배에 부정적인 영향을 미쳐온 요인들로서, 오늘날 소득분배 악화는 세계 각국이 겪고 있는 현상이기도 하다. 그러나 특히 중국과 지리적으로 인접해 있고 국내총생산에서 제조업이 차지하는 비중이 크며 중국과의 교역 비중이 매우 빠르게 신장되어온 우리나라는, 다시 말해 신흥국과 선진국의 사이에 끼어 있고 대외 의존도가 높은 한국으로서는 산업·고용 구조의 변화에 미친 세계화의 영향이 더 클 수밖에 없었다. 또한 한국에서는 인구 고령화가 과거 선진국들이 겪었던 것보다 훨씬 빠른 속도로 진행되고 있는 반면에 연금제도나 사회복지제도의 준비는 크게 미흡해 노령인구의 빈곤층 전락이 소득분배 악화를 주도한 또 다른 요인이 되어왔다.

이러한 대내외 환경의 변화와 더불어 우리 경제에 내재해 있는 요인들, 즉 노동부문의 경직성, 재벌 대기업 중심의 시장구조 등이 상호작용을 일으키며 정규직과 비정규직의 이중구조 심화, 대기업·중소기업의 임금격차 확대 등을 가져와 소득분배를 빠르게 악화시킨 것으로 분석된다. 또한 그동안 많이 제기된 바와 같이 외환위기 이후 도입된 영미식 보수체계로의 변화도 한국의 소득분배가 악화되는 데 일정 부분 영향을 미친 것으로 보인다. 특히 금융부문과 기업 임원 등의 보수나 대기업 정규직을 중심으로 근로자 임금수준은 빠르게 상승한 데 비해 미장공, 벽돌공, 가사도우미 등 서비스직과 단순노무자의 임금은 정체됨으로써 근로자 간 소득격차가 확대된 것이 소득분배구조 악화에 한 요인이 되었던 것으로 분석되고 있다(조윤제·송의영·고영우, 2014). 같은 직종 내에서도 임금격차가 1990년대 이후 지속적으로 확대된 것으로 관찰되었다(김종일, 2016).

중국 경제의 급속한 부상은 한국 경제에 위협과 기회를 동시에 제공했다. 중국을 비롯한 신흥국 시장들이 확대되면서 이러한 산업구조의 변화 시기에 일부 국제 경쟁력을 갖춘 수출 대기업들, 예를 들어 전자, 자동차 및 이들과 관계된 부품회사 등은 해외 매출과 영업이익이 크게 늘어나 해당 기업의 근로자 임금은 큰 폭으로 상승했다. 반면 그렇지 못한, 중국의 제품과 직접 경쟁해야 하는 중소 제조기업은 영업이익이 감소하고 그곳에 종사하는 근로자의 임금이 정체된 것도 임금격차 확대에 따른 소득분배 악화의 한 요인이 되었다.

이처럼 산업구조가 빠르게 개편되는 가운데 국내 노동시장의 경직성은 지속되면서 고용구조의 변화도 빠르게 일어났다. 즉, 대기업은 정규직 근로자의 빠른 임금 상승에 세 가지 방편으로 대응해온 것으로 보인다. 첫째는 비정규직 채용의 확대다. 비정규직은 경기 변동에 따른 고용 조정이 용이할 뿐 아니라 전반적 임금수준이 낮아 기업에서 추가 고용이 필요할 경우에 정규직보다 비정규직 고용을 점차 늘리게 되었다. 둘째는 사내 하청의 확산이다. 이역시 비정규직 채용과 비슷한 이유에서다. 실제로 같은 작업장에서 비슷한 노동을 하는데도 용역회사를 통해 고용한 인원을 사내 정규 근로자에 비해 훨씬 낮은 임금 비용으로 써온 것이다. 셋째는 대기업이 사내 정규직의 높은 임금 상승 비용을 대기업의 독과점적 협상력을 이용해 납품 단가 낮추기로 중소 하청기업에 전가한 것이다. 그 결과 비정규직이 늘어나고, 중소기업의 부가가치와 생산성은 정체되며, 대기업과 중소기업 간 임금수준 격차가 확대되어온 것이다. 물론 중소기업의 부가가치와 생산성이 정체된 것은 대기업의 납품 단가 낮추기뿐 아니라 중국 등 신흥국의 값싼 물품이 쏟아져 들어온 데에도 기인한다.

2000년대 초에만 해도 정규직 임금의 약 67%에 달하던 비정규직 임금은 2010년대에는 약 55% 수준으로 낮아져 그 격차가 확대되었다(월평균 기준). 또한 1980년에 중소기업 근로자 임금은 대기업 근로자 임금의 80%였으나 현재는 55%로 떨어졌다. 다른 주요

국들에 비해 격차 수준이 훨씬 심하다. 전체 고용에서 비정규직이 차지하는 비중은 2007년 약 56%까지 증가했다가 비정규직 보호에 관한 입법 등으로 이후 조금씩 하락해 2013년 46% 정도로 나타난다. 이러한 노동시장 내에서의 고용구조 변화와 임금격차의 확대는 국내의 노동시장 경직성과 대기업의 독과점적 시장구조가 세계경제 환경의 변화와 상응작용을 하며 일어난 현상이라고 볼 수 있다.

지난 약 20년간 한국에서 발생한 소득분배 악화는 이상과 같은 복합적인 요인들의 결과로 나타난 현상이라고 이해해야 할 것이다. 특히 우리나라의 소득분배 악화가 진행된 주요인이 세계경제의 환경 변화와 더불어 진행된 산업구조와 고용구조, 인구구조의 변화인 것으로 분석되는바, 이러한 구조 변화의 추세를 되돌리기는 어렵다. 따라서 향후 시장소득의 분배를 개선한다는 것은 결코 쉬운 과제가 아님이 분명하다. 결국 국내 시장구조의 경직성 개선, 불합리한 임금체계 시정을 유인하기 위한 노력과 사회적 압력을 통해, 그리고 이에 더해서 재정정책의 소득재분배 기능 강화를 통해 이 문제에 접근해야 할 것으로 보인다.

앞서 언급했듯 소득분배 악화에는 이러한 구조적 요인 외에도 외환위기 이후 도입된 영미식 보수체계도 한 요인이 된 것으로 보인다. 여러 통계를 볼 때 기업 고위 임원의 임금은 근로자 평균 임금보다 훨씬 가파르게 상승해왔다(조윤제·송의영·고영우, 2014). 반면 하위 90%의 임금은 절대적 수준에서 정체를 나타낸다(Kim and Kim, 2014). 기업과 금융기관 임원의 보수가 일반 근로자와 지나치게 격차를 늘려가는 것에 대해서는 사회적으로 경각심을 가질 필요가 있다. 아무리 세계화가 진행되고 있다고 하지만 영미식 보수체계를 맹목적으로 따라가는 것이 바람직하다고 할 수는 없다. 세계금융위기 이후 영국에서는 감독당국이 기업 임원과 금융기관 직원의 보수에 대한 공개를 권했다. 2016년 브렉시트 이후 새 총리로 취임한 보수당의 테리사 메이(Theresa May) 총리는 정부가 직접 임금체계에 개입하겠다고 나섰다. 우리나라에서도 기업의 고위 임원과 직원 간에 임금수준의 격차가 확대하는 것에 대해 사회적 감시를 높일 필요가 있다고 생각한다.

구조 개혁

우리가 세계경제 환경을 바꿀 수는 없다. 인구구조를 지금 당장 바꿀 수도 없다. 따라서 소득분배의 악화를 막기 위해 우리가 해야 하는 것은 변화하는 환경에 국내시장이 유연하게 대처할 수 있도록 시장구조를 개혁해나가는 일이다. 임금체계와 노동시장 환경을 개선하고, 중소기업이 재벌 대기업과 공정하게 경쟁할 수 있게 해주는 일이다. 그리고 노인 빈곤율을 줄이기 위해 기초연금을 인상하고 재정과 세제의 소득재분배 기능을 강화하는 일이다.

재벌 대기업의 독과점적 시장 지배력에 따른 대기업과 중소기업의 임금격차 문제는 앞서 재벌 개혁 부분에서 이미 다뤘다. 이와 더불어 공정 경쟁 질서 강화로 원청업체에 내한 중소기업의 입지 강화, 이를 통한 중소기업의 부가가치 창출 확대와 임금수준 제고, 노동부문 개혁을 통한 비정규직 축소 및 정규직과 비정규직 간 임

그림 7-2

주요 국가별 재정정책의 소득재분배 효과

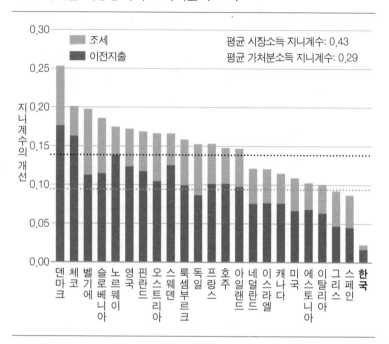

자료: IMF(2014).

금격차 축소, 그리고 중소기업의 구조조정과 혁신, 생산성 향상을 통한 대기업과 중소기업 간 임금격차 축소 등 종합적인 구조 개혁을 추진해나가야 소득분배의 악화를 막을 수 있다. 노동부문 개혁과 임금체계 개선, 중소기업정책 개편에 관해서는 뒤에서 좀 더 자세히 논할 것이다.

　예산구조·세제·세정의 개편도 필요하다. 한국은 재정의 소득재분배 기능이 여타 OECD 국가들에 비해 매우 취약하다(그림 7-2).

이는 사회복지지출이 상대적으로 낮고 소득세제와 세정의 기능이 약해 시장소득과 세후소득의 차이가 별로 나지 않기 때문이다. 자본소득에 대한 과세와 전문자영업자의 사업소득 파악률을 높여 보다 공정한 과세행정을 도모하고 이러한 과세 기반 확대 위에서 소득세율의 누진도를 지금보다 높이는 방안을 고려해보아야 한다. 역대 정부마다 세정 강화, 세원 확대를 주요 정책 목표로 내세웠지만, 막상 정부가 들어서면 경기 위축에 대한 우려나 업계와 시중 여론의 반대에 부딪혀 이를 제대로 추진하지 못했다. 그러나 자영업자나 소상공인의 소득을 정확히 파악하고 중소기업의 탈세를 막아 엄격한 과세가 이루어지지 않으면 우리나라 세제는 조세 정의를 실현하며 미래 복지지출을 충당할 수 있는 합리적인 세제로 바로 서기 어려울 것이다. 또한 회계와 세정이 투명해져야 향후 중소기업의 혁신과 구조 조정을 원활히 할 수 있다. 회계장부가 신뢰성이 있어야 중소기업의 가치를 제대로 평가할 수 있고 시장에서 인수·합병이 원활히 일어나며 중소기업이 경쟁력 있는 중견기업, 나아가 대기업으로 커나갈 수 있다. 재정 및 세제의 개편 방안에 관해서도 뒤에서 좀 더 자세히 논할 것이다.

고부가가치 서비스산업 발전이 정체된 가운데 빠르게 이루어지고 있는 탈제조업화도 경계해야 한다. 제조업에서 방출된 고용이 생산성이 낮은 음식숙박업, 도소매업으로 대거 진출해 불완전 고용 상태에 머물러 있는 것도 1990년대 중반 이후 소득분배 악화의 주된 요인이다. 적정한 환율 수준 유지, 부동산 가격 안정, 국내 노사 환경 및 혁신 인프라 개선 등을 통해 제조업의 경쟁력을 유지하고 고용 수준을 유지하려는 노력이 중요하다.

공정임금체계 도입

국가와 정부가 민간기업의 임금체계에 간섭하기는 어렵다. 그러나
기업 내 혹은 기업 간 임금소득의 지나친 격차와 그 격차의 확대에
대해서는 어느 정도 사회적 압력이나 경종이 필요하다고 생각된
다. 외환위기 이후 특히 우리나라 기업의 고위 임원이나 금융부문
의 임금체계는 영미식 임금체계를 따르면서 이들의 임금과 일반
근로자 간의 임금격차가 크게 확대되는 경향을 보인다. 또한 검찰
이나 법원의 고위직 출신 변호사의 수임료와 이들이 속한 로펌에
서 받는 보수 수준은 일반 시민의 관점에서 보면 이해하기 어려운
수준이다. 이러한 임금체계는 장기적으로 소수 1% 혹은 0.1%의
소득집중도를 크게 늘리게 된다. 해외 선진국들에서도 이에 대한
사회적 견제와 시정의 목소리가 높아져 왔다. 상장기업 임원과 고
위 경영진의 보수를 정기적으로 등록·공개하도록 하는 것도 이러
한 사회적 견제와 압력을 높이는 한 방법이 될 수 있을 것이다. 그
리고 정부 산하 금융기관의 임원 보수 수준을 적정하게 관리해나
가는 것도 시장에 대한 시그널 효과를 가질 수 있을 것이다.

사실 기업이 일정 이익 성과를 올렸을 때, 거기에 얼마만큼 임
원이 기여했고 얼마만큼 근로자가 기여했으며 얼마만큼 정부의 정
책이나 대외 환경 개선 효과가 작용했는지 제대로 가려내기란 어
렵다. 특히 금융기관의 수익성은 임원들의 노력보다 금리나 환율
수준의 변화, 정부와 금융감독당국의 정책, 구조 조정 노력 등의

결과에 좌우되는 경우가 많다. 기업의 성과가 좋아졌다고 해서 고위 임원들이 근로자들에 비해 턱없이 높은 성과보수를 가져가는 것은 이사회의 보수 결정 방식에 상당한 도덕적 해이가 작용한 결과로 볼 수 있다. 고위 임원의 봉급이 일반 근로자보다 훨씬 빠르게 늘어나 일반 근로자의 평균 임금과 격차가 확대되는 것은 사회적 관점에서 항상 경계해야 할 일이다. 미국에서도 지난 30년 동안 일반 근로자와 최고경영자 간의 임금격차 확대가 사회적 논란거리가 되어왔다. 지난 1990년대 이후 한국의 상위 1%의 실질 보수 성장률은 1960~1970년대 고성장 시대에 비해 조금도 떨어지지 않고 증가한 반면에 하위 90%의 실질임금은 정체되어 소득격차의 확대가 이루어져 왔다(3장 '그림 3-5' 참조).

국회 심상정 의원은 2014년 기준 10대 그룹 상장사 78곳의 경영자의 보수가 일반 직원 평균의 35배, 최저임금의 180배에 달한다면서 '최고임금법' 제정을 대표 발의한 바 있다. 이 법안은 민간 대기업 임직원은 최저임금의 최고 30배, 공공기관 임직원은 10배, 국회의원과 공직자는 5배가 넘는 임금을 받을 수 없도록 규정하는 내용을 담고 있다. 이 법안에서 제시된 임금체계는 다소 급진적이며 실현 가능성이 낮을 것으로 보인다. 그러나 이와 비슷한 주장이 국내외에서 '공정임금'이라는 가치를 추구하면서 많이 제기되어왔다. 예를 들면, 최고경영자의 보수가 일반 직원 평균 임금의 10배가 넘지 않게 하고, 공기업에서는 5배가 넘지 않게 하는 가이드라인이 필요하다는 제안도 있다(이장원, 2016). 우리나라도 사회적 합의를 통해 공정임금체계를 도입해나갈 필요가 있다고 본다.

재정의 소득재분배 기능 강화

이상에서 논한 구조 개혁 정책은 시장소득을 직접적으로 개선해나가지만 이를 도입하는 데 정치적·사회적으로 많은 저항이 따를 뿐 아니라 그 효력이 발생할 때까지 상당한 시간이 소요된다. 따라서 소득분배를 개선하는 데 가장 직접적이며 유효한 정책 수단은 재정정책이다. 다시 말해, 시장소득의 불균형을 세제와 재정 지원을 통해 개선하는 것이다. 토마 피케티(Piketty, 2014)도 역사적 경험으로 볼 때 재정·세제 정책이 소득분배 개선에 가장 유효한 수단이 될 수 있다고 주장한 바 있다.

그러나 재정의 소득재분배 역할도 근본적으로는 재정의 건전성을 유지하는 범위 내에서 이루어져야 한다. 또한 우리나라의 사회복지제도 및 복지지출은 아직 미성숙한 단계에 머물러 있어 인구 고령화가 진전됨에 따라 현재의 제도하에서도 자연히 복지재정 지출이 빠르게 늘어나게 되어 있다. 소득재분배 역할 강화를 위한 재정정책의 설계는 이러한 점을 충분히 고려해 매우 면밀히 이루어져야 한다. 또한 향후 세수 증가와 사회복지지출 증가의 속도와 규모에 대해 국민의 합의를 도출해내는 정치적 노력이 반드시 따라주어야 한다. 이는 또한 잠재성장률을 높이려는 노력과 함께 진행되어야 할 것이다. 성장률이 정체되면 소득분배는 더욱 악화되기 쉽고 복지지출을 늘리기 위한 세수의 확보도 어려워지기 때문이다. 성장률이 1% 올라가게 되면 GDP가 15조 이상 늘어나게 되며 그만큼 복지지출을 늘릴 여력도 커진다.

앞서 보았듯이 우리나라 재정의 소득재분배 기능은 OECD 국가들 중 가장 낮은 수준에 머물고 있다. 재정의 소득재분배 기능과 관련해서는 조세와 재정지출 양면에서 모두 지금보다 더 강화된 역할이 요구된다. 조세의 소득재분배 기능을 강화하려면 전체 세수에서 소득세의 비중을 높여나가야 한다. 우리나라의 소득세율은 낮지 않은데도 개인소득 세수는 우리나라 총소득에 대한 비중으로 볼 때 선진국들보다 크게 낮다. 소비세 대비 소득세 비율은 OECD 평균이 81%인데 한국은 그 절반인 44%에 불과하다. GDP에 대한 비중을 보면 OECD 평균이 약 10%인 데 비해 우리는 5%에 그친다. 이는 근로소득의 감면 수준이 높고, 자본소득에 대한 비과세가 광범위하며, 세정의 한계로 자영업자들의 소득 파악과 이에 따른 징세가 제대로 이루어지지 않고 있기 때문이다.

우리나라 소득세에는 물가연동제가 도입되어 있지 않기 때문에, 별도의 제도 개편이 없더라도 시간이 경과하면 경상소득 수준이 높아짐에 따라 자동적으로 누진과세 효과를 통해 세수 비중이 증가하는 체계가 내장되어 있다(성명재, 2016). 그러나 지금처럼 소득 증가율이 낮고 인플레이션율이 낮은 상황에서는 소득세 증가가 매우 더디게 이루어질 것이다. 따라서 추가적 복지재원 충당 등 증세가 필요하면 최고 소득 구간을 신설하고 소득세율의 누진도를 상향 조정함으로써 재분배 기능을 강화할 수 있을 것이다.

OECD 통계에 따르면, 한국의 고소득층은 저소득층에 비해 7배 정도 많은 소득세를 낸다. 그러나 OECD 회원국 평균을 보면 그 차이가 30배 정도로 나타난다. 우리나라 소득세 누진율은 2018년부터 7단계(6~42%)로 높아져 매우 누진적인 것처럼 보이지만, 실제로 최고 세율로 소득세를 내는 사람은 그리 많지 않을 것이며 각종 비과세·감면 제도가 많아 실효세율이 낮다.* 무엇보다 중요한 것은 자영업자의 소득 파악 및 지하경제 양성화 노력을 지속함으로써 근로자의 소득세 인상에 대한 저항을 줄이면서 소득세의 비중을 점차 늘려가는 것이다.

우리나라의 재정지출 역시 선진국에 비해 소득재분배 효과가 매우 낮은 편이다. 우선은 재정지출 규모가 상대적으로 작기 때문이다. 그러나 향후 인구 고령화가 가속화됨에 따라 현물급여가 늘어나 재정지출이 빠르게 증가할 전망이다. 실제로 지난 10년 동안에도 한국의 복지지출은 가파르게 증가했다. OECD 자료에 따르면, 2014년 한국의 GDP 대비 사회복지지출(social expenditure)은 10.4%다. 2005년의 6.5%에 비해 10년 만에 3.9%p 증가해 회원국 중 증가 속도가 가장 빨랐다. 이는 같은 기간 OECD 회원국의 평균 증가 폭인 2.2%p를 크게 웃도는 수치다. 따라서 현시점에서 복지제도를 내실화해나가되 과도하게 늘리는 것은 절제할 필요가 있다. 현재의 제도에서 큰 확대 없이도 시간이 흐를수록 고령화 등에 따라 자연스럽게 재분배 효과가 증가하기 때문이다. 2장에서도 보았듯이 지난 수년간 우리나라의 시장소득 지니계수와 최종소득 지니계수의 차이가 점점 확대되어온 것으로 나타나는데, 이는 재정의 소득재분배 기능이 조금씩 커져가고 있음을 의미한다. 현재

• 2017년 8월 2일 정부가 내놓은 세제 개편안은 2018년부터 연간 3~5억 원 소득자에게는 40%, 5억 원 이상 고소득자에게는 42%의 세율을 부과하는 계획을 담고 있다.

2부 무엇을 어떻게 바꾸어야 하는가

의 제도하에서도 이러한 추세는 지속될 것이다.

우리나라는 다른 나라들에 비해 국방비의 지출 비중이 크고, 또 향후 자주국방을 위해 국방비 부담이 더 늘어나야 할 것이기 때문에 가급적 '중복지, 중부담'을 지향해나가는 것이 바람직하다고 생각된다. 그렇더라도 저임금 계층에 대한 근로장려세제(EITC)의 확대, 고용보험의 사각지대 해소, 노인 빈곤층에 대한 소득 지원 강화, 치매 환자에 대한 국가 지원 강화, 고용 유연성 확보를 위한 실업급여 증액 등 사회안전망 강화를 위한 노력은 지속적으로 확대해나갈 필요가 있다.

재정의 소득재분배 기능 확대는 필연적으로 재정 건전성 문제를 야기한다. 앞서 언급한 소득세 기반 확대 및 누진율 강화로 세수가 일부 증가할 수는 있으나, 향후 복지 수요를 충족하고 소득재분배 역할 강화를 위해서는 그것으로 충분치 않을 수 있다. 주요 복지 선진국에서는 재정 건전성 회복 및 복지제도의 재원 확충을 위해 부가가치세의 면세 축소 및 세율 인상 등의 수단을 활용하고 있다. 부가가치세 자체는 소비세로서 소득에 대해 역진적 기능을 가지고 있으나, 만약 이로 인한 세수의 증가로 복지지출을 늘리게 되면 크게 보아 소득재분배 효과를 높일 수 있다. 특히 부가가치세는 세원이 넓고 자원 배분에 대한 왜곡 효과가 작아 경제에 부담이 적고 지속 가능성 측면에서 우월해 향후 우리나라도 세수 증대를 위해 꼭 필요하다면 부가가치세 면세 축소 및 세율 인상을 검토해볼 수 있을 것이다(성명재, 2016). 그러나 다른 한편으로 부가가치세 인상이라는 수단은 통일과 같은 국가의 비상 상황이 왔을 때 쓸 수 있도록 남겨둘 필요도 있다.

앞으로도 경제구조가 계속 변화해나갈 것임을 고려한다면 단순한 소득 보장과 보호를 넘어 저소득층의 소득 창출 능력 증대를 위한 노력이 중요하다. 근로장려세제를 통한 고용 연동 소득 보조, 적극적 노동시장정책을 통한 직업능력 개발, 중소기업 구조 조정과 생산성 향상 등이 그것이다. 소득격차의 주요 요인 중의 하나가 소득 창출자가 있는 가구와 무소득자 가구 간 격차라는 점을 감안한다면, 더 많은 사람에게 일자리를 제공하는 정책도 중요하다. 고용에 대한 인센티브를 주기 위해 가령 같은 규모의 당기 순이익을 올린 기업이라도 고용을 더 많이 창출한 법인에 더 많은 조세 감면을 제공하는 방법도 고려해볼 수 있다. 여성의 경제활동 참가율을 높일 수 있는 각종 사회정책의 변화, 사회 관습의 변화도 따라주어야 한다.

노동 개혁

제조업 위주의 경제성장 시대에 정착된 노동시장제도와 노사 관행은 제조업이 위축되고 제조업 고용이 줄어들고 있는 지금의 환경에서는 변화가 요구된다. 앞서도 논했지만 우리나라 제조업의 상승·하강 곡선은 매우 가파르다. 선진산업국들이 오랫동안 경쟁력을 누렸던 제조업들이 우리나라에서는 빠르게 성장했다가 곧이어 중국의 강한 도전을 받아 휘청거리고 있다. 그런 가운데 지금은 4

차 산업혁명 시대를 맞고 있다. 따라서 우리나라는 산업구조 조정의 속도가 과거 선진산업국들보다 훨씬 빨라야 하며, 이를 위해서는 노동시장의 유연성 확보가 매우 중요한 관건이 되고 있다. 세계경제포럼(WEF)의 2016년 '국가경쟁력평가'에서 우리나라의 정리해고 비용은 세계 112위, 고용해고 관행은 113위, 노사 간 협력은 135위로 나타난다.

우리나라 노동부문의 경직성은 법제도와 노사 간에 정착되어 온 관행이 복합적으로 뒤엉킨 결과로 나타나 있다. 현재의 노사관행은 우리나라의 과거 성장정책과 개발 과정에서 유래되어 나온 구조적 환경에 뿌리를 둔 것들이기 때문에 이 문제를 하루아침에 개선하기는 어렵다. 고용의 경직성은 법제도에 기인하는 부분도 있지만, 많은 부분이 노사 간 단체협상의 결과로 이루어진 합의 때문이다. 단순히 법제도의 개선만 가지고 노동부문의 경직성과 양극화 문제가 해결될 수는 없는 것이다.

우리나라 노동부문의 또 다른 핵심적 문제는 결국 대기업 정규직이라는 '내부자'들과, 사내하청 근로자, 비정규직 그리고 하청 중소기업의 근로자들로 구성되는 '외부자'들 간에 같은 묶음의 생산활동에서 나오는 소득을 어떻게 나누어 갖는가에 대한 사회적 역학관계의 불균등 심화 문제로 집약된다. 동일 노동이더라도 정규직과 비정규직 간에는 임금격차가 심하며, 비정규직의 증가는 노동부문 내에서의 격차뿐 아니라 우리 사회 전체의 소득분배 악화의 요인이 되어왔다. 이는 많은 부분 이들이 가진 협상력의 차이와 조직된 노조의 사측과의 담합에서 비롯된 것이다.

기업은 비용을 절감하고 수익을 극대화하려 한다. 기업이 비정규직을 늘려온 이유는 상대적으로 정규직의 임금수준이 높고 고용 경직성이 커 비정규직의 비중을 늘림으로써 전체 평균 노동비용을 낮추고 경기 변동 시 고용 조정의 유연성을 높이고자 하는 데 있다. 정규직의 경우 해고 요건이 까다롭기 때문에 기업으로서는 경기 변동에 훨씬 유연하게 대처할 수 있는 비정규직 고용을 선호해온 것이 당연하다. 우리나라 대기업 근로자의 높은 임금수준과 낮은 고용 유연성은 결국 대기업이 국내 투자를 기피하고 생산기지를 해외로 빠르게 이동시키는 한 요인을 제공했다. 이는 또한 국내 투자와 성장률이 정체되는 한 요인이 되었다.

대기업의 강성 노조 활동은 결과적으로 대기업이 하청 관계에 있는 중소기업에 비용을 전가해 납품 단가를 낮추고 중소기업의 부가가치와 생산성을 떨어뜨려 대기업과 중소기업의 임금격차를 높이는 요인으로도 작용해온 것으로 분석된다(김대일, 2008). 동시에 비정규직 근로자가 증가함으로써 이들에 대한 기업의 기술훈련 투자가 소홀해지고 이들도 기업에 대한 충성도가 약해 결과적으로 비정규직 확대는 우리 경제의 전반적 생산성 저하를 가져오는 요인이 되기도 한다.

따라서 노동시장의 양극화를 개선하려면 대기업과 중소기업의 협상력 격차와 생산성 격차를 줄이고 대기업 정규직의 고용 유연성을 높여 기업이 비정규직을 정규직화하는 방향으로 유인할 수 있는 인센티브를 강화해나가야 한다. 동시에 정부는 실업급여를 확대하고 근로자 훈련과 구직 지원 강화 등 사회안전망을 확대해야 한다. 다시 말해, 기업에는 정규직 고용에 대한 두려움을 덜어주고 근로자에게는 해고와 이직에 대한 두려움을 줄여주는 정책과 제도를 동시에 지향해나가는 것이다.

그런데 사실 우리나라 노동부문의 90% 이상에서 고용 경직성은 크게 없다고 할 수 있다. 다시 말해, 한국의 노동시장 대부분의 영역에서는 필요에 따른 고용 조정이 큰 비용 없이 이루어지고 있으며, 노동자들이 실질적으로 고용을 제대로 보호받고 있지도 못하다. 우리나라 전체 고용의 88%를 차지하는 중소기업, 중견기업이 대부분 이러한 상황에 해당한다. 우리나라는 근로자가 한 사업체에서 평균 재직하는 기간이 다른 나라에 비해 매우 낮은 축에 속한다. 현재 통계에 따르면 평균 6년도 채 되지 못하고 있으며, 이는 OECD 국가들과 비교해도 매우 짧은 편이다. 큰 그림으로 보아 고용의 안정성이 낮다는 이야기다.

그러나 일부 대규모 제조업, 특히 현대나 기아 같은 자동차, 철강, 조선업 등에서 강성 노조의 활동으로 인한 경직성과 노사 파행이 자주 관찰되며, 이들이 또한 자주 전국적 쟁의를 주도하고 있다. 한편으로 이는 노조 측의 지나친 쟁의 행위에 대해 사측이 대응할 수 있는 협상력을 확보할 수 있게 하는 등 제도적으로 노사관행을 개선할 여지가 여전히 존재한다는 것을 뜻하기도 한다. 하지만 이에 못지않게 대기업 내부의 노사관리 방식이나 노사관행을 바꾸는 것도 중요하다. 좋은 노사관계를 유지하는 것은 최고경영자의 가장 중요한 책임 중의 하나이며 덕목이다.

치열한 글로벌 경쟁 속에서 기업의 핵심 경쟁력 요소는 기술과 인건비, 생산성, 그리고 고용 유연성이다. 지난 20년간 여러 선진국에서는 회사는 고용 안정을 보장하고 노조는 임금과 근로의 유연성을 수용하는 대타협을 정착시켜왔다. 가령 국내와 비교했을 때 해외의 자동차산업에서는 임금구조에 직무와 성과급 비중이 높고, 해고 규정에도 경영 상황 반영 여지를 두고 있으며, 일시적 정리해고와 파견제도도 허용되어 있다. 현재 우리나라 자동차산업의 개인별 임금수준은 세계 최고 수준이며, 회사의 매출액에서 차지하는 인건비 비중 또한 세계 최고 수준인 12%에 달한다. 이러한 상황에서는 결국 비정규직의 정규직화, 정규직 고용을 늘리는 것이 쉽지 않을 것이다. 다시 말해, 강성 노조와 사측이 담합해 정규직 근로자의 높은 임금 상승을 지속시키며 이를 사내 비정규직과 외주기업, 하청 중소기업에 전가함으로써 노동시장 내부의 분절화와 양극화가 지속되고 있는 것이다. 또 다른 한편으로는 국내 공장의 생산 비중이 빠르게 줄고 고용이 창출되지 않으며, 그 결과 청년 일자리 문제가 더욱 악화되고 있다. 지난 10년간 현대차와 기아차의 국내 공장 생산 비중은 빠르게 줄어들었다.

많은 경우 재벌 대기업이 강성 노조의 요구를 잘 관리하지 못하고 이들의 생산성에 비해 높은 수준의 임금을 지급해야 하는 것은 강성 노조에 대한 기업의 협상력이 법적으로 강하지 않고 강성 노조가 늘 힘으로 밀어붙이려는 관행이 있기 때문이기도 하지만, 경영진이 노사관계 관리에 소홀하거나 도덕적 권위가 부족해 바른 규율을 세우지 못하는 것에 기인하는 경우도 많다. 오너인 최고경영자가 노사관리를 귀찮아하며 직접 노사관리를 하지 않고 노사관리 전담 임원을 두는 경우가 많은데, 그러한 전담 임원이 자신의 직책을 유지하고 정당화하기 위해 노사분규가 발생하는 요인을 오히려 방치하는 경우도 있다. 창업자 오너 기업에서는 상대적으로 노사분규가 훨씬 덜하다.

　노동 개혁을 위해서는 무엇보다 노와 사, 정부가 서로 신뢰를 쌓으며 대화와 소통을 강화할 수 있는 환경을 조성하는 것이 중요하다. 그러한 신뢰와 대화, 타협의 관행이 축적되지 않은 상태에서 박근혜 정부에서와 같이 하루아침에 노동 관련 법을 바꾸어 노동 개혁을 하겠다는 접근 방식은 번번이 실패로 이어질 수밖에 없다.

　노동시장의 양극화를 해소하기 위해서는 기업의 고용 유연성을 높여주고 또한 근로자의 이직이 수월하도록 도와주는 장치를 마련해나가야 한다. 고용 유연성을 높이기 위해서는 현재의 법적 제약을 완화할 필요도 있을 것이다. 가령 2년 혹은 3년간 연속해서 전체 근로자의 2~3% 내 저성과자로 평가받은 근로자를 기업이 해고할 수 있게 하는 동시에 근로자의 업무 성과를 매우 객관적으로 평가할 수 있도록 노사 간 합의를 통해 그 기준을 마련하게 하는 것이다. 노조의 지나친 쟁의 행위에 대한 사측의 협상력을 높이기 위해 쟁의 행위 기간 중 대체근로의 허용 기준을 다소 완화하는 것도 고려해볼 필요가 있다. 이와 동시에 정부가 실업급여, 구직지원 제도 확대 등 사회안전망도 확대해야 할 것이다. 이러한 노력과 타협이 있어야만 비로소 비정규식의 정규직화가 시장 기능에 의해 실질적으로 더욱 원활해지고, 장기적으로 임금격차 확대에 의한 소득분배 악화를 줄일 수 있을 것이다. 정치적으로 매우 어려운 과정이겠지만, 중국과 신흥국 제조업의 위협이 날로 가중되고 기업들이 보다 쉽게 생산현장을 국경을 넘어 옮길 수 있는 현실에서, 국내 제조업의 고용 축소를 방지하고 노동시장 내에서의 양극화와 분절화를 줄여나가려면 이 어려운 개혁을 해나갈 수밖에 없다.

또한 노조가 임금체계의 개선과 근로시간 단축 등 근로조건의 유연성을 받아들이되 사측은 비정규직을 줄이고 전체적 고용의 안정성을 제고하는 방향으로 노사관계의 변화가 일어나야 한다. 이것이 어려운 것은 이러한 타협의 주된 수혜자는 조직화되어 있지 않은 비정규직들인 데 반해 희생은 주로 조직화된 정규직들이 감수해야 하기 때문이다. 그러나 기업의 국제 경쟁력 강화, 노사 공생, 장기적 고용 안정성 제고, 노동생산성 향상, 국민경제 발전이라는 큰 목표를 이루기 위해서는 노사정이 진정한 소통과 신뢰 프로세스를 쌓아가며 이러한 어려운 개혁을 이루어내야 한다. 이것에 실패하면 지금과 같은 노동시장의 이중구조, 임금격차에서 기인하는 소득분배의 악화, 사회적 균열을 막아내기 어렵다. 공공부문에서는 재정 지원으로 비정규직의 정규직화가 가능하겠지만, 민간부문에서는 이를 단순히 밀어붙일 수 없다. 결국 비정규직의 정규직화가 일어날 수 있는 법적·제도적 인센티브를 제공해야 하는 것이다. 재벌 개혁이 이 시대에 반드시 필요한 과제인 것처럼 노동부문의 개혁도 그렇다. 이는 단순히 우리나라의 빠른 산업구조 조정, 기업의 국제 경쟁력 유지를 위해서만이 아니라 소득격차의 확대를 막고 사회의 안정성을 유지하기 위해 필요한 일이다. 이 역시 매우 어렵고 힘든 과정이 되겠으나, 지금 한국은 이를 위한 사회적 대타협을 이루어내야 하고, 정치와 여론도 그러한 대타협이 일어날 수 있도록 지원해주어야 한다.

이러한 노력과 더불어 중소기업의 생산성을 향상시키려는 노력도 매우 중요하다. 중소기업의 낮은 임금은 단순히 대기업과의 협상력 격차, 대기업 노조의 높은 임금을 하청 중소기업에 대한 단가 후려치기로 전가하려는 관행의 결과만은 아니기 때문이다. 다시 말해, 중소기업의 기술 혁신 능력, 경영 능력, 인력 훈련, 구조조정을 통한 생산성 향상이 이루어져야 대기업과 중소기업 간 생산성 및 임금의 격차가 줄어들 수 있다. 한국은행의 기업경영분석에 따르면, 2013년에 중소기업의 약 40%는 영업이익으로 이자 비용도 제대로 충당하지 못하고 있다. 만약 앞으로 국제금리와 국내금리가 오르면 이들의 문제는 더욱 심각해질 것이다. 이러한 한계기업의 퇴출과 구조 조정이 원활히 일어날 수 있도록 우리나라 중소기업정책의 전반적인 변화가 일어나야 하며, 이와 더불어 대기업과 하청 관계에 있는 중소기업이 더 큰 협상력을 가지고 자신의 제품에 대해 제값을 받을 수 있도록 공정 경쟁 질서가 확립되어나가야 한다. 노동 개혁과 함께 공정 거래 질서, 중소기업정책의 혁신이 함께 일어나야 하는 것이다.

사회적 대타협의 모색

비정규직의 정규직화를 원활히 해나가기 위해서는 결국 정규직 노조는 임금 상승 억제, 고용 유연성을 받아들이고, 정부는 실업보험 확대, 근로자 훈련 지원 등 사회적 안전망을 전반적으로 확대해나가는 대타협을 모색해야 한다. 일시적으로 고용이 중단되더라도 자녀를 교육하고 기본적 가정생활을 영위할 수 있도록 사회안전망이 구축되어야 한다. 사측은 기업지배구조를 개선하고 노조와 기업경영 전반에 대한 정보나 전략을 투명하게 공유하는 한편 근로자의 훈련을 지원하는 동시에 고용 안정성을 높여나가야 한다. 또한 노사정이 직무분석에 합의해 이를 기초로 전체 보수체계에서 직무급, 성과급의 비중을 높여나가야 생산성에 상응하는 임금체계를 도입할 수 있으며, 그 결과 우리 경제의 전반적 생산성과 기업의 경쟁력이 높아지고 장기적으로 고용과 고용 안정성을 높여갈 수 있다.

이러한 노동부문의 변화가 일어나려면 먼저 노사정 간의 충분한 대화를 거쳐 신뢰를 쌓고 타협을 이루어나가는 과정이 필요하다. 그러나 여태까지의 경험을 보면 이러한 대화와 타협의 과정은 대단히 힘들며, 결국 조직화된 노조와 사측 간의 담합에 의해 문제해결을 유예하는 쪽으로 기울곤 했다. 노동자를 대표하는 측은 조직화된 정규직 노동조합으로서 우리나라 약 90%의 노동자 이익은 노사정 협의체에서 제대로 반영되지 못했다. 현재 우리나라의 노조 가입률은 10%(대기업은 30%)를 조금 상회하는 수준이다. 따라서 결국 정부가 보다 주도적으로 사회적 대타협을 이루어내려는 노력을 강화해나가야 할 것으로 보인다. 대기업의 지배구조 개선과 경영의 투명성 제고도 이와 함께 종합적인 틀에서 이루어져야 할 것이다.

앞으로 시간이 흐를수록 노조의 강경한 투쟁은 점점 대중의 지지 기반을 잃어갈 것이다. 이미 지난 10년을 돌아보더라도 우리 나라의 전투적 노동쟁의는 크게 줄어왔다. 제조업 고용이 우리 경제에서 차지하는 비중은 향후 더욱 축소될 전망이고, 제조업 중에서도 첨단기술산업이나 정보통신산업 등의 비중이 커질 것으로 예측되기 때문에 결국 조선, 철강 등 전통적 제조업 분야에서의 노동수요는 점점 더 줄어들 것이다. 영국에서 노조의 빈번했던 쟁의 활동이 1980년대 들어 줄어든 데에는 마거릿 대처 총리의 강경한 대응도 주요 요인이었지만 무엇보다 당시 영국 경제구조가 이미 탈제조업화가 가속화되고 지식서비스업 중심으로 재편성되는 과정에 접어들었기 때문이었다. 이제 4차 산업혁명이 진행되고 있는 상황에서 제조업의 고용 수요도 점차 줄어들 것으로 예측된다. 따라서 과거 우리나라 노동부문의 큰 과제였던 높은 파업 성향, 전투적 파업 행태와 노사 간의 격렬한 대립 문제는 시간이 지날수록 그 지지 기반이 약해지고 그 결과 노사문제도 점차 개선되어나가리라 예상된다. 그리고 그러한 추세는 2004년을 기점으로 이미 시작된 것으로 나타난다.

사회적 대타협을 이루어내는 것은 우리 경제의 종합적 개혁을 통한 성장의 정체를 막고 경쟁력을 향상해 선진국으로 진입하기 위해 가장 중요한 관건이다. 노동부문 개혁을 정부가 일방적 힘으로 밀어붙일 수는 없다. 현실적으로 정부가 그러한 힘을 가지고 있지도 않다. 정규직을 대표하는 노측과 주로 대기업을 대표하는 사측이 한 발짝씩 물러서고 정부는 타협이 이루어질 수 있는 당근을 찾아 제공해야 한다. 어떤 정부든 이에 성공하지 못하면 실질적 경제 개혁을 진전시키기 어렵다. 또한 이것이 이루어질 수 있으려면 시민들에 의한 사회적 압력이 있어야 한다.

임금체계의 개선

최근 많은 기업에서 임금체계를 개편하고 있다. 그러나 아직도 대다수 기업에서는 기본적으로 연공급체계를 유지하고 있다. 연공급 위주의 임금체계하에서는 근속년수가 일정 기간을 넘으면 임금이 생산성을 초과하게 되는데, 이는 중·고령자 조기 퇴출 및 비정규직 선호의 한 요인으로 작용하고 있다. 또한 직장에서 퇴출된 근로자는 대부분 자영업 분야로 진출하거나 전 직장의 임금보다 훨씬 낮은 비정규직 저임금 직장으로 옮겨가게 되는데, 이로써 기존 직장에서 생존한 근로자와 퇴출된 근로자의 임금격차가 확대되고 이는 다시 양극화가 심화되는 한 요인이 된다.

따라서 단순히 최근 논의되는 임금피크제 도입이 아니라 직무와 생산성에 기초한 임금체계로의 개편이 필요하다. 임금체계의 유연성 개선은 노동부문의 양극화 심화를 줄이는 중요한 방도가 될 수 있다. 임금격차로 인한 소득 양극화 문제를 완화하기 위해서는 임금이 가능한 한 근로자의 생산성과 일치되도록 임금체계를 혁신해나가야 한다. 이는 또한 심화되는 국제 경쟁 속에서 한국 경제의 경쟁력을 높이고 기업과 일자리가 생존하는 길이다. 이를 위해서는 각 직장에서 정확한 직무분석을 통한 기초자료의 축적과 이를 위한 노사 간의 협력이 중요하다. 이론적으로 보면 임금이 생산성과 일치한다면 기업은 근로자를 해고할 이유가 없게 된다. 따라서 생산성과 임금이 일치하도록 임금체계를 유연화하려는 노력이 근로자의 고용을 보호하고 기업의 경쟁력을 확보하며 나아가 소득 양극화를 완화하는 가장 근본적인 방안이 될 수 있다.

직무분석 도입과 임금체계 혁신도 결국 노사 간의 합의와 이를 위한 신뢰 관계 형성 없이는 이루어지기 어렵다. 스웨덴, 독일 등에서 앞서 도입된 이러한 제도는 그들 내부에서의 사회적 합의를 이루는 전통을 바탕으로 정착되었다. 엄격한 직무분석에 기초한 임금체계를 구성하고 이를 사용자와 노조가 받아들였기 때문에 가능한 것이었다. 이러한 기반 위에서 공정하고 객관적인 성과평가가 가능하며 합리적인 성과보수제의 도입도 가능하다. 이러한 과정은 우리 경제의 각 분야에서 경쟁을 자극하고 전반적인 생산성을 향상시키기 위해 겪어야 하는 과정이다. 이를 위해 노사정 협의하에 정부가 직무분석과 임금체계에 대해 일종의 가이드라인을 제시하는 것을 고려해볼 수 있을 것이다. 이와 더불어 앞서 언급한 '공정임금'체계의 도입도 고려해보아야 한다.

노사관계 개선: 사측의 노력

노동시장의 유연성을 높이기 위해서는 결국 노사 간 신뢰 제고와 노사관계 개선이 있어야 한다. 이를 위해서는 사용자 측에서도 노력해야 할 부분이 많다. 무엇보다 기업경영을 더욱 투명하게 해 근로자와 당당히 협상에 임할 수 있는 도덕적 권위를 가져야 한다. 그렇지 못할 경우에 노조와 사측이 담합해 건전한 노사관행의 정착을 저해하는 경우를 과거에 자주 보아왔다. 또한 사측은 협력적 노사관계 문화를 정착시켜나가기 위해 먼저 근로자를 존중하는 문화를 정착시키고 기업경영 상황에 관한 정보를 근로자와 적절히 공유함으로써 일체감을 높이려는 노력을 강화해야 한다. 경중에 따라 경영 정보의 등급을 나누어 노조와 근로자에게 회사의 경영 상황에 관한 정보를 제공하고, 회사 발전을 위한 비전 수립에도 근로자를 참여시켜야 할 것이다. 단체교섭 사항에 대해서도 사전 대화와 협의를 통해 충분히 의견 접근을 이루는 관행을 정착시켜야 할 것이다. 노동쟁의와 강성 노조 활동이 지속되는 기업을 보면 대개 기업주가 2~3세 경영인으로서 노사 간 대화에 직접 나서지 않고 이를 노사관리 담당 임원에게 의존하는 경우가 대부분이다. 창업자가 기업주인 기업에서는 경영자와 근로자가 고락을 함께하고 신뢰 관계를 쌓아 노사쟁의가 상대적으로 덜한 경우가 많다.

나아가 임금이나 퇴직금을 체불하는 사용자에게 적시에 적절한 제재가 가해질 수 있도록 체불 임금에 대한 행정의 실효성을 높이는 방안도 꾸준히 추진해야 할 것이다.

만약 노동부문 개혁이 이루어져 고용의 유연성이 높아지고 정규직 근로자의 임금이 안정될 경우 이에 따라 대기업들이 향유하게 되는 혜택이 전체 근로자와 관련 협력업체 근로자에게 돌아갈 수 있도록 하기 위한 각종 법적·사회적 장치를 확보하는 것도 중요하다.

지난 약 10여 년간 우리나라는 국민총소득에서 노동소득분배율이 줄어든 반면 기업소득은 꾸준히 늘어나 2014년 한국의 기업저축률은 OECD 국가 중 두 번째로 높은 19%로 치솟았다. 그 중가 속도는 OECD 국가 중 가장 빠르다. 저금리 기조가 지속되면서 크게 늘어난 일부 대기업의 수익이 다시 투자로 이어지거나 관련 부품 중소기업 근로자에게 적절히 분배되지 않았기 때문일 것이다. 수출 대기업들이 환율 절하, 저금리 등으로 늘어난 수익성에 대해 자신들이 고용하고 있는 정규직 근로자나 임원에게만 보상해 준다면, 결국 임금수준의 양극화는 더욱 커지게 된다. 법인세제를 개편하고, 전반적인 노동시장의 유연화, 그리고 동일노동에 대한 임금수준의 동일화를 강화함으로써 장기적으로 이 문제를 풀어나가야 할 것으로 보인다.

생산성 향상: 일하는 방식과 인사관리제도의 혁신

우리 경제가 일본의 잃어버린 20년처럼 장기침체에 진입했다는 주장이 많다. 우리나라의 1인당 국민소득은 아직 3만 달러에 미치지 못하고 있다. 실제로 2010년대에 들어서면서 우리나라의 경제성장률이 세계 평균 성장률을 밑돌고 선진국 평균 성장률에 가까워지면서 선진국들과의 격차가 더 이상 줄어들지 않고 추격이 멈춰버린 것이다. 고령화가 빠르게 진행되어 생산활동인구가 줄어들고 대학 진학률도 점점 떨어져 노동의 질적·양적 측면 모두에서 성장에 대한 기여가 줄어들고 있다. 기업 투자도 정체 상태를 보이고 있다. 결국 생산의 주요 요소인 노동과 자본 투입의 증가율이 점점 하락해, 이대로 가면 경제성장률은 점점 더 떨어질 수밖에 없다. 이제 생산요소 투입 증가로 경제성장률을 높이는 방법은 이민을 대폭 받아들이고 국내 투자 환경을 크게 개선하는 것이겠으나, 이 또한 여러 가지 이유로 쉽지 않은 일이다. 결국 우리 경제가 기댈 수 있는 것은 생산성 향상이다. 그런데 다행히도 우리에게 생산성 향상을 이룰 수 있는 여지는 많다.

경제학에서는 생산성을 '총요소생산성'으로 표현하는데, 이는 자본, 노동과 같은 요소 투입의 증가만으로는 설명될 수 없는 경제성장률의 증가를 말한다. 거기에는 생산기술의 혁신뿐 아니라, 노사관계, 일하는 방식, 경영 효율성, 사회적 거래비용, 제도의 개선 등 모든 것이 포함된다. 다시 말해, 생산요소의 투입 증가 외의 모든 '잔여요인(residual)'의 향상으로 인한 경제성장분을 말한다. 결국 기술 발전과 더불어 앞서 말한 '경제 외적 기반'의 향상이 중요한 것이다. 이를 위해서는 사회적 신뢰 제고, 지식과 기술의 발전을 가져올 수 있는 제도적 환경 마련, 교육의 혁신이 필요하며, 이러한 변화를 유도할 수 있도록 우리 사회의 생활문화가 변해야 한다.

무엇보다 필요한 것은 직장에서 일하는 방식의 변화다. 우리나라 근로자는 장시간 일하지만 일의 집중도는 선진국에 비해 매우 낮은 편이다. 특히 한국의 음주·회식 문화는 모임 당일 시간을 소비하게 할 뿐 아니라 이에 따른 피로와 숙취로 다음 날 일의 집중도도 많이 떨어뜨린다. 필자는 약 10년간 국제기구에서 일하다가 귀국해 정부와 국책연구원에서 일해본 적이 있는데, 당시 일의 강도나 집중도 면에서 한국의 직장이 훨씬 떨어지는 것을 경험했다. 사무실에서 장시간 근무한다고 해서 일을 많이 해내는 것은 아니다. 전문직은 직장에서 보내는 시간의 길고 짧음보다 맡은 일을 얼마나 정확하게, 제대로 해내느냐가 중요하다. 필자가 함께 일했던 외국의 전문직들은 정시에 퇴근하더라도 집에 돌아가 늦은 밤까지 문서를 검토하거나 전문지를 읽거나 메모를 작성해 보내는 경우가 많았다. 이런 환경에서는 여성도 남성과 꼭 같은 여건에서 일하며 경쟁할 수 있는 것이다. 직장에서 낮에 적당히 시간을 보내다가 저녁 늦게 함께 몰려나가 과음하는 문화가 일상화된 직장에서는 우수한 여성들이 일과 가정의 양립 속에 제 능력을 발휘하기 어렵다.

일하는 방식과 집중도의 차이가 발생하는 데는 여러 가지 요인이 있겠으나, 무엇보다 인사평가·보상 체계의 차이에서 나온다고 생각된다. 선진국에서는 인사평가가 우리보다 훨씬 더 엄격하고 철저하며 공정하게 이루어진다. 각 직무에 맞춰 직무분석이 잘 정립되어 있고, 이를 바탕으로 매년 근로자의 실적과 성과에 대해 평가가 이루어지며, 이에 따라 보수가 정해지고 승진의 자격이 주어진다. 이러한 성과평가 결과가 10년 정도 쌓이면 이를 기준으로 하여 고위직으로 승진할 수 있는 직원과 그렇지 못한 직원이 가려진다. 상사와의 친분이나 연줄만으로는 승진과 보직을 해결할 수 없는 상황이 되는 것이다. 똑같이 10년간 한 직장에서 근무하더라도 근로자마다 10년 후의 보수 수준과 직급 수준에 큰 차이가 날 수 있다.

경쟁 없이 경쟁력이 향상될 수는 없다. 지금 한국의 각 조직, 작업장에서 생산성을 높이려면 공공부문, 민간부문 할 것 없이 실력에 의한 내부의 치열한 경쟁을 조장하고 인사평가체계와 보수체계를 혁신해나가는 것이 매우 중요하다. 실제로 우리나라 보수체계는 아직 연공급에 따른 호봉제와 시간급제가 바탕을 이루고 있다. 이렇다 보니 집중해서 일하기보다는 시간 때우기와 장시간 근무가 일상화되어 있다. 잘 정립된 직무분석을 마련하고 임금 구성을 단순화하며 정확한 성과평가제도에 의해 승진이 결정되고 성과급 비중을 높이는 보수체계로 개편해나가야 한국 사회의 전문적 직업군에서의 생산성이 향상되고 전반적 지식·기술 수준이 향상됨으로써 선진국으로 정착해나갈 수 있다.

삼성과 같은 민간기업에서는 인사평가체계와 보수체계가 선진국 못지않은 수준으로 정립되어 있으며, 따라서 그만큼 일의 강도도 높은 것으로 알려져 있다. 우리나라의 여타 민간부문이나 공공부문에도 지금보다 더 철저한 인사평가체계와 승진·보상체계가 도입되고 이것이 전 사회적으로 확산되도록 해야 한다. 이러한 노력이 지속되면 우리의 생활문화, 근로문화도 자연히 바뀌어나가리라 생각된다.

연줄이나 연공서열에 기대어 승진과 출세가 정해지는 사회에는 실력에 의한 경쟁과 효율성이 부족해진다. 그리고 그 사회의 엘리트들에 대한 훈련도 제대로 되지 않는다. 전문직에게 필요한 지식은 독서와 사색, 그리고 토론과 실험을 통해 축적된다. 그리고 이는 절대적 시간의 양을 확보하는 것을 필요로 한다. 잦은 술자리와 경조사를 챙겨야 하는 문화에서 지식과 전문성, 창의성이 자라기는 어렵다. 창의와 혁신은 치열한 경쟁에서 나오며, 그리고 그 바탕이 되는 것은 그 사회의 높은 지식수준과 합리적 제도 및 관행이다. 경제와 사회 각 분야에서 실력에 따른 공정 경쟁 질서가 확립되고 인사제도 및 보상체계의 혁신이 이루어진다면, 이것이 곧 생산성 향상으로 이어지게 된다.

세계화 시대의 국가 발전과 소득분배 악화 방지를 위해서도 생산성 향상은 우리가 풀어야 할 필수적 과제다. 세계화는 이 시대의 거스를 수 없는 추세이며, 우리나라와 같이 자원이 부족하고 인구가 많은 나라에서는 대외 개방과 세계시장에서의 경쟁을 통한 발전 전략은 피할 수 없는 선택이다. 그러나 이는 앞서 기술한 바와 같이 지속적으로 소득분배구조를 압박하는 요인이 되고 있다. 그렇다면 대안은 무엇인가? 첫째로 국내시장의 구조적 경직성을 완화하고, 둘째로 기업에 국내 투자의 매력을 높여 양질의 일자리를 지속적으로 창출할 수 있는 환경을 조성하며, 셋째로 중소기업을 포함한 전반적인 생산성을 높여 제조 대기업 고용 감소가 일어나더라도 근로자들이 이동해갈 분야의 상대적 임금수준을 개선함으로써 임금·소득 격차가 확대되지 않게 하는 것이다.

크게 보아 제조업의 고용 감소는 ① 기술 발전과 고임금에 따른 생산방식의 자동화와 ② 기업의 해외 투자 확대에 의해 진행되어왔다. 이에 대한 대응책은 결국 제조업이 국내 투자를 지속하게 하는 것인데, 이를 위해서는 물론 그동안 추진해온 규제 완화의 노력이 지속되어야 하고, 무엇보다 기업의 국내 투자 비용 감소와 수익성 개선이 전제되어야 한다. 또한 적정 환율 수준 유지와 노동환경 개선, 부동산 가격 안정을 위한 노력이 지속되어야 국내 투자의 상대적 이점이 커진다. 노동생산성을 고려할 때 과도하게 높은 임금과 고용 경직성, 공장 부지 확보 및 임대에 드는 높은 비용은 결국 국내 기업이 해외로 눈을 돌릴 수밖에 없게 하는 요인이다.

국내 근로자의 생산성이 증대되고 인력의 질이 신흥국이나 다른 경쟁 국가들에 비해 더 높아져야 지금의 고용수준과 임금수준을 유지할 수 있다. 이는 다시 말하면 우리나라 근로자의 교육·기술 수준, 일에 대한 윤리 및 근로 능력이 중국 등 신흥국의 상대적으로 낮은 임금수준에 따른 이익을 상쇄할 만큼 높아져야 함을 의미한다. 현재 우리나라의 임금수준, 특히 제조 대기업 근로자의 임금수준은 우리나라의 소득수준에 비해서도 높고 선진국과 비교해도 결코 낮지 않은 편이다. 우리나라가 선진국에 상응하는, 혹은 그보다 높은 기술 수준과 인력의 질을 확보하지 못한다면 근로자들이 현재의 임금수준을 지키기 어려울 뿐 아니라 기업들의 국내 투자 기피와 해외 투자 확대 현상은 지속될 수밖에 없다. 따라서 국내 근로자 인력 수준, 일하는 방식과 근로의 효율성, 생산성, 창의성을 높이기 위한 교육 및 기술훈련 방식에 큰 혁신이 일어나야 하며, 이를 위해서는 앞서 말한 기업의 인사관리 시스템과 근로문화의 개편, 이에 대한 노조의 호응 등이 뒷받침되어야 한다.

결국 자본과 기업 투자가 쉽게 국경을 넘나드는 세계화·개방화 시대에는 인력, 기술, 지식의 우위에 있는 경제가 경쟁력을 가지게 되고 1인당 소득 증가도 꾀할 수 있다. 신흥국의 부상이라는 세계적 환경 변화에 대처해 우리 경제·사회 전반의 혁신이 일어나야 그나마 한국 경제의 입지와 소득수준을 지키고 분배도 개선해나갈 수 있다.

과거 개도국으로서 선진 경제를 추격하던 시대에는 일정한 수준의 기본 교육을 받은 대량 인력의 양성과 배출이 필요했다. 주로 대규모 조립생산을 바탕으로 산업화와 성장을 이뤘기 때문이다. 가령 1960년대에는 초등교육을 제대로 받고 매뉴얼을 읽고 이해할 수 있는 직공들, 1970~1980년대의 소득수준에서는 중·고등학교 교육을 잘 받은 사무원, 은행원, 공장 근로자들이 우리 경제의 성장 엔진이 되었다. 그러나 지금의 우리나라 소득수준에서는 기술과 지식의 수준에서 선진 경제와 경쟁해나가야 하며, 이러한 경쟁에서 뒤처지지 않아야만 추후 지속 가능한 성장을 모색할 수 있는 위치에 이르렀다.

다시 말해, 지금 우리나라의 대학 교육과 연구소의 수월성은 서구 수준에 이르러 있어야 하나, 현실은 그렇지 못하다. 우리의 대학 교육 수준은 양적인 면에서는 크게 신장했으나, 질적인 면에서는 여전히 낙후되어 있다. 우리가 상대해서 경쟁력을 놓고 겨뤄야 할 선진국들에 비하면 크게 떨어진다. 다른 부문과 마찬가지로 대학 교육 질의 빠른 추격을 위해서는 많은 투자가 필요하다. 대학 내에서 연구 분위기를 고취하고 교수 임용 및 평가를 더 엄격히 하도록 유도해나가야 하며, 유수의 외국 학자들을 국내에 더 많이 초빙해 이러한 변화를 더욱더 자극해야 한다. 교육도 투자 없이 품질 향상을 기하기는 어렵다.

우리 사회가 현재 가지고 있는 경제 외적 기반인 제도의 합리성과 효율성, 정책 운용 방식, 관료·언론인·정치인·지식인의 실력과 지식수준, 일하는 방식, 창의성으로는 지금 정도의 발전은 이룰 수 있었지만 여기서 더 나아가 세계화 시대에 선진국 대열에 안착하기는 쉽지 않다. 그러려면 우리 사회의 전반적 효율성과 생산성이 크게 개선되어야 한다. 그러나 현재 이를 위한 제도적·정책적·사회문화적 뒷받침은 매우 미흡하다. 2016년 OECD 통계를 보면 한국 근로자의 연평균 근로시간(2069시간)은 OECD 회원국 중 2위로 OECD 평균보다 306시간이나 많으나, 1인당 노동생산성은 OECD 평균의 약 60% 수준밖에 되지 않는다. 한국 근로자 1인당 노동생산성은 OECD 35개국 중 31위이며, 1위인 룩셈부르크에 비하면 3분의 1 수준이다. 독일의 연평균 근로시간은 1363시간으로 우리보다 700시간 적은 데 비해 1인당 노동생산성은 우리의 2배에 달한다. 이는 전반적으로 우리의 직장인들이 일하는 방식의 효율성이 선진국들에 비해 크게 떨어짐을 시사한다.

우리가 지금의 소득수준에서 추가적으로 선진국보다 높은 성장률을 지속해 이들을 추격해내기란 쉬운 일이 아니다. 근로시간을 더 늘리기 어렵고, 경제활동인구가 줄어들고 있으며, 투자율이 낮은 상황에서 결국 우리 경제의 성장률을 높이는 방법은 생산성과 효율성을 증대시키는 것이다. 미국 또는 유럽의 기관이나 회사에서 일하다가 한국으로 귀국해 일하는 이들이 한결같이 지적하는 것이 한국 직장의 낮은 업무 강도, 그리고 느슨한 근로문화다.

우리 사회가 연줄 쌓기에 의해서가 아니라 실력과 전문성 쌓기에 의해 경쟁하는 사회가 되도록 이제 우리 사회의 보상·유인 체계가 전반적으로 바뀌어야 한다. 명문 대학에 들어가고 고시나 입사시험에 합격하면 평생 기득권의 지대나 누리며 살아갈 수 있는 사회가 되어서는 안 된다. 각 분야, 각 단계에서 전문성에 의한 치열한 경쟁이 살아 있어야 한다. 한국이 선진국이 되는 것은 한국의 엘리트 지식인 집단이 선진국의 엘리트 지식인 집단과 같은 수준의 지식과 전문성을 지녀야만 가능하다. 그러나 최근 OECD 자료에 따르면, 한국인은 대학 졸업 이후 직장에서 근무하는 햇수가 늘수록 역량이 선진국에 비해 점점 뒤처지는 것으로 나타난다(이주호 외, 2016). 직장에서 장시간 근무하지만 업무 강도가 낮고 본연의 일보다 다른 일로 더 바쁘며 전문인으로서의 인적 자본 축적이 잘되지 않기 때문이다. 조찬모임, 경조사, 저녁 술자리에서 축적되는 시간보다 자신의 전문 분야에서 축적되는 시간이 늘어나야 한국은 지금보다 더 발전할 수 있다(조윤제, 2016.9.8). 만약 한국이 향후 10~20년간 사회 전반적 제도 개선을 통해 생산성을 높여가지 않으면 한국의 성장률은 과거 일본이 1990년대 이후 겪었던 것보다 더 빠른 하락을 경험하고 장기침체의 늪으로 빠지는 것을 피하기 어려울 것이다. 이러한 상황을 막기 위해서는 계층 간 이동성을 높여 역동성을 회복하며, 모든 직장, 특히 전문인력을 사용하는 직장에서 일하는 방식이 바뀌어야 하고, 엄격한 성과평가에 기초한 인사관리 방식으로 바뀌어나가야 한다.

고령화에 대한 대응

오래 사는 것은 인간에게 큰 축복이다. 그러나 고령화는 사회적으로 많은 문제를 야기한다. 1955년 시작된 베이비붐 세대의 기대수명이 크게 늘어나고 이들의 은퇴가 시작되면서 우리나라의 노인 빈곤과 소득분배 문제는 앞으로 더욱 악화될 것으로 우려된다. 연금제도가 미약한 가운데 은퇴자의 증가는 저소득층을 양산해내기 때문이다. 장기적 관점에서 보면 출산율을 높여 고령 인구의 비중을 줄여나가야 하나, 지난 30년간 국내 출산율과 기대수명 증가로 볼 때 향후 약 40년간 우리나라의 인구구조는 점점 더 역피라미드형으로 변하게 될 것이다. 이 기간이 지나고 나면 다시 우리나라의 인구구조는 원통형으로 바뀌어갈 것이다. 베이비붐 세대가 거의 세상을 떠나게 되기 때문이다. 따라서 향후 약 40년간은 우리나라 경제의 역동성과 소득분배 측면에서, 그리고 정치적·경제적·사회적으로 세대 간 문제가 가장 심하게 충돌하는 어려운 시기가 될 것이다. 이 시대를 잘 준비해 넘겨야 한다.

우리나라는 연금제도 등이 미비한 가운데 다른 어떤 나라보다 고령화가 빠르게 진행되면서 노인 빈곤율이 급격히 증가해왔고(그림 7-3), 이와 더불어 노인 자살률 또한 올라 OECD 국가 중 가장 높은 수준을 기록하고 있다.

지금과 같은 상황에서, 인구구조의 변화가 소득분배를 악화시키는 영향을 완화하려면 결국 연금제도를 강화하고 이전지출 등을 늘리는 것이 최선의 선택으로 보인다. 기초연금의 인상도 저소득

그림 7-3

노인 빈곤율

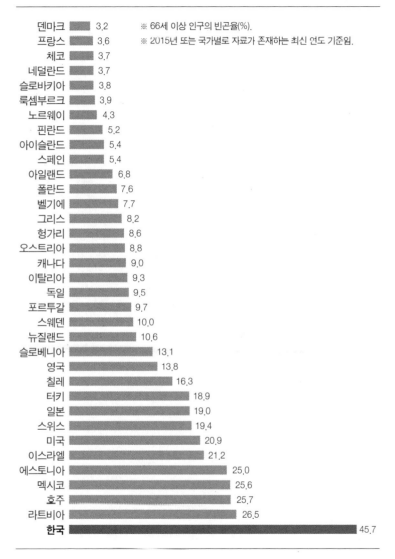

덴마크	3.2
프랑스	3.6
체코	3.7
네덜란드	3.7
슬로바키아	3.8
룩셈부르크	3.9
노르웨이	4.3
핀란드	5.2
아이슬란드	5.4
스페인	5.4
아일랜드	6.8
폴란드	7.6
벨기에	7.7
그리스	8.2
헝가리	8.6
오스트리아	8.8
캐나다	9.0
이탈리아	9.3
독일	9.5
포르투갈	9.7
스웨덴	10.0
뉴질랜드	10.6
슬로베니아	13.1
영국	13.8
칠레	16.3
터키	18.9
일본	19.0
스위스	19.4
미국	20.9
이스라엘	21.2
에스토니아	25.0
멕시코	25.6
호주	25.7
라트비아	26.5
한국	45.7

※ 66세 이상 인구의 빈곤율(%).
※ 2015년 또는 국가별로 자료가 존재하는 최신 연도 기준임.

자료: OECD(2017a).

고령층의 소득을 높여 소득분배를 개선하는 효과를 가져올 것이다. 우리나라의 국민연금제도는 소득대체율이 매우 낮다. 그러므로 향후 기업연금제도와 개인연금제도 등을 더욱 확대해 연금소득을 보완함으로써 전반적으로 은퇴 후 소득대체율을 높여나가려는 노력을 기울여야 한다. 이에 대한 세제 지원 확대도 도움이 될 것이다. 그리고 일시적으로 기초연금을 늘려 연금소득이 없는 노인 빈곤층을 보호할 필요가 있다.

일하지 않는 노인의 수가 늘어나는 것은 다음 세대와 국가재정에 큰 부담이 된다. 고령화 시대를 맞아 각 직장에서 정년 연장이 불가피한 상황이다. 정년 연장이 청년의 일자리를 줄이는 효과를 완화하려면 앞 장에서 논의한 바와 같이 임금체계의 개편이 반드시 함께 따라주어야 한다. 현재 대부분의 직장에서 실시하고 있는 연공급 임금체계에서 탈피해 앞서 말한 바와 같이 생산성에 따라 임금체계가 정해지는 직무 중심 임금체계로 전환해나가야 한다. 결국 가장 이상적이고 합리적인 임금체계는 임금수준이 생산성의 수준과 합치되는 것이다.

재정과 조세제도의 개편

재정은 국가운영의 근간이다. 재정지출의 구성은 그 나라의 국가운영 우선순위를 말해주는 것이며 미래에 그 사회가 어떻게 발전해나갈 것인지를 가늠하는 중요한 척도가 된다. 한국은 GDP 대비 재정지출과 세수 규모가 2015년 기준 각각 32%와 25%로 OECD 국가 중 가장 낮은 수준을 보인다. 즉, 한국은 매우 '작은 정부'이 며, 경제정책이 추구하는 가치의 척도로 보면 매우 보수적인 성향 을 이어왔다. GDP 대비 재정지출은 OECD 35개국 중 34위, GDP 대비 세수는 32위를 기록하고 있다. 선진국 중 세수 규모가 비교적 작은 미국보다도 우리나라 국민의 세 부담이 낮고, 경제 규모에 비 해 재정 규모도 작다. 대개 유럽의 선진국들은 세제와 재정지출을 통해 평등, 재분배, 빈자에 대한 배려 등 그들이 추구하는 사회적 가치를 구현하고 있으며, 재정 규모도 GDP의 40%를 넘고 있다.

우리나라는 재정지출에서 국방비 부담이 높은 데 비해 사회복 지지출의 비중이 상대적으로 매우 낮다. 또한 세수 규모가 작은 이 유 중의 하나는 특히 우리나라의 개인소득세 징수 규모가 선진국 에 비해 크게 작기 때문이다. 우리나라의 소득세율이 낮지 않은데 도 불구하고 소득세수는 총소득 대비 비중으로 볼 때 선진국보다 크게 낮다. GDP 대비 소득세 비중을 보면 OECD 평균이 약 10% 인 데 비해 우리는 5%에 불과하다. 이는 근로소득의 감면 수준이 높고, 자산소득에 대한 비과세가 크며, 세정의 한계로 자영업자의 소득 파악과 이에 따른 징세가 제대로 이루어지지 않고 있기 때문 이다. 전체 근로자의 약 절반이 소득세를 전혀 내지 않고 있으며, 또한 취약한 조세행정으로 자영업자나 개인사업자의 소득 파악이 제대로 되지 않아 지하경제 규모가 상대적으로 크게 방치되어 있 기 때문이다. 이와 더불어 총소득수준에 관계없이 금융소득에 대 해서는 2000만 원까지 저율로 분리과세가 이루어지고, 주택임대소득이나 주식 양도 차익 등 자산소득이 비과세되는 것도 한 요인이다.

우리나라의 점증하는 소득 양극화와 소득분배 악화, 사회 불안정 심화를 해소하기 위해서는 조세와 재정의 소득재분배 기능을 강화하고 실업보험, 연금, 복지, 의료 등 사회적 지출을 늘려나가야 한다. 또한 공공부문의 부패를 줄이고 유능한 관료 시스템을 유지해나가려면 부패에 대해 엄중하게 제재하는 것과 더불어 공무원 보수체계를 현실에 맞게 개선하고 필요한 부문의 공무원 숫자를 늘려갈 필요가 있는데, 이 역시 재정지출의 증가를 요구한다.

이를 위한 재원을 마련하는 방안으로는 국채 발행, 국민의 세 부담 증대, 그리고 여타 지출 규모 축소 등이 있다. 재정 적자 확대와 국가부채 증가는 우리가 장기적으로 통일에 대비해야 한다는 점에서도 바람직한 일이 아니다. 그리고 예산의 낭비 내지 비효율을 막는 것은 언제나 필요한 일이다. 한편 세출구조를 조정하는 것은 국가정책의 우선순위를 조정하는 것이다. 이를 위해서는 국가의 비전을 세우고 국민의 지지를 얻는 과정이 있어야 한다. 국민의 세 부담을 늘리는 것이 결코 좋은 일은 아니다. 그러나 앞으로 자주국방 능력 제고, 사회안전망 강화, 국민 삶의 질을 높이기 위한 적정한 공적 서비스 제공 등 국가운영을 제대로 해나가고 통일에도 대비해나가기 위해서는 불가피한 조치이기도 하다.

조세제도 및 조세행정

세수를 늘리는 방법으로는 세율 인상, 세원 확대, 세정 강화, 조세 감면 축소, 수익자 부담 확대 등이 있다. 세수를 늘릴 뿐 아니라 조세의 소득재분배 효과를 강화하기 위해서는 개인소득세의 징수 규모를 늘릴 필요가 있다. 구체적인 방법으로는 첫째, 당분간 소득세 면세점 인상을 동결함으로써 국민의 명목 소득수준이 올라갈수록 과거 면세점 이하에 있다가 소득세를 내게 되는 국민의 숫자가 자동적으로 늘어나게 하는 것이다. 국민개세주의, 즉 소득이 있는 국민 대부분이 많든 적든 국가에 세금을 내게 하는 것이 국정에 대한 참여 의식도 높이고 좋을 듯하다. 둘째, 고소득자에 대한 세율을 높이는 것이다. 셋째, 비과세 거래 및 조세 감면 대상을 대폭 줄이는 것이다. 넷째, 개인사업소득세의 탈루를 줄이고 세원을 넓히는 것이다.

현재 우리나라의 지하경제 규모는 GDP의 약 20% 내외로 추정된다(안종석 외, 2010). 지하경제는 사회의 오랜 관행과 개인의 탈세, 세제와 세정 등 매우 복잡한 요인이 결합되어 현상화된 것이다. 어떤 나라에나 지하경제는 있지만, 그것의 상대적 규모는 그 나라의 일반적 법치 수준, 도덕성, 세제의 합리성, 세정의 정치성에 달려 있다. 대개 선진국일수록 지하경제 규모가 작다. 지하경제를 발본색원하는 것은 불가능하지만, 지금 한국에서와 같이 지하경제의 규모가 크고 탈세가 만연한 상황은 여러모로 바람직하지 않다. 지하경제 축소를 위해서는 세정의 역할이 중요하나, 단순히 세성을 강화하는 것만으로는 부족하다. 세제의 합리성, 금융, 경제운용, 사회질서 등 여러 측면에서의 제도적 접근이 필요하다. 과세의 공평을 기하고 세무행정을 효율화하며 공평하게 집행하는 것은 지하경제 축소 및 발생 억제에 꼭 필요한 일이다.

우리나라의 세제는 애초에 선진국의 세제를 모방한 것이어서 외형적으로 보면 대체로 선진적이라 할 수 있다. 그러나 이러한 세제의 결과로 나타난 세수구조를 보면 선진국과 큰 차이를 나타낸다(그림 7-4). 이러한 차이가 발생하는 것은 세무행정, 그리고 세무행정의 기반이 되는 사회의 법질서, 사회문화, 정부의 역할이 국가마다 다른 것과 관련이 있다고 할 수 있을 것이다. 우리나라의 전체 세수에서 개인소득세 세수가 점하는 비중은 17%(2015년)로, OECD 평균인 24%(2014년)와 큰 차이를 보인다.

낮은 개인소득세 비중과 더불어 또 다른 문제점은 소득 유형별로 세 부담이 매우 불공평하다는 것이다. 근로소득, 사업소득, 자산소득 중에서 근로소득의 세 부담이 상대적으로 높고, 사업소득과 자산소득의 세 부담이 상대적으로 낮다. 이의 주요인은 역시 세무행정의 한계로 사업소득의 탈루가 광범위하게 벌어지고 자산소득, 특히 임대소득과 주식 양도 차익 등에 대한 과세가 제대로 이루어지지 않는다는 데 있다.

국민의 조세 부담은 궁극적으로 세무행정을 통해 결정되므로 조세제도 못지않게 중요한 것이 세무행정이다. 조세행정의 주된 목표는 세법에 규정된 절차와 내용에 따라 납세자가 소정의 세금을 제대로 납부하도록 도와주고, 납세 의무를 제대로 지키지 않았을 때 적절한 제재를 가하는 것이다. 지금 우리나라 세무행정의 문제점으로는, 첫째로 조세행정이 납세자 중심이기보다는 과세당국의 행정 편의 위주로 운영되어왔다는 점, 둘째로 경제 규모와 납세

그림 7-4

주요국 세수 구조 비교

1인당 세금 부담

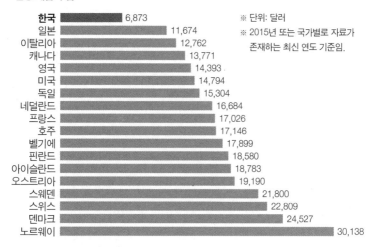

한국	6,873
일본	11,674
이탈리아	12,762
캐나다	13,771
영국	14,393
미국	14,794
독일	15,304
네덜란드	16,684
프랑스	17,026
호주	17,146
벨기에	17,899
핀란드	18,580
아이슬란드	18,783
오스트리아	19,190
스웨덴	21,800
스위스	22,809
덴마크	24,527
노르웨이	30,138

※ 단위: 달러
※ 2015년 또는 국가별로 자료가 존재하는 최신 연도 기준임.

세수 중 개인소득세 비중

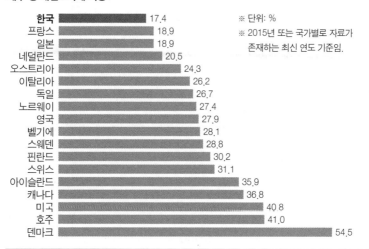

한국	17.4
프랑스	18.9
일본	18.9
네덜란드	20.5
오스트리아	24.3
이탈리아	26.2
독일	26.7
노르웨이	27.4
영국	27.9
벨기에	28.1
스웨덴	28.8
핀란드	30.2
스위스	31.1
아이슬란드	35.9
캐나다	36.8
미국	40.8
호주	41.0
덴마크	54.5

※ 단위: %
※ 2015년 또는 국가별로 자료가 존재하는 최신 연도 기준임.

자료: OECD(2017c, 2017d).

인원이 급속하게 증가했는데도 세무 공무원 수를 적정 수준으로 확보하지 못해 업무가 과중하다 보니 제대로 세정을 수행하기 어렵다는 점, 셋째로 납세자의 성실 신고를 담보하기 위해 필요한 수준의 세무조사가 과학적으로 이루어지지 못해 세무조사에 대한 신뢰성이 매우 낮다는 점, 넷째로 세무 비리가 자주 발생해 징세당국에 대한 일반 국민의 신뢰가 낮다는 점을 들 수 있다(최광, 2013).

우리나라의 지하경제를 양성화하고 개인소득세의 징수 비중을 높이기 위해 무엇보다 중요한 과제는 부가가치세제를 정상화해 나가는 것이다. 2015년 기준 부가가치세 세수는 54조 2000억 원으로, 전체 국세 세수 217조 9000억 원의 24.8%를 차지한다. 우리나라가 1977년 부가가치세를 도입하고 40년이 흘렀지만, 아직도 부가가치세가 정상적으로 기능하고 있다고 보기 어렵다. 초기의 과세특례제도하에서 매출액이 일정 규모 이하인 사업자는 매입, 매출의 기장 없이 외형의 2%를 부가가치세로 납부하면 되었다. 1996년에는 부가가치세 간이과세제도가 도입되었다. 당초 연간 매출액 4800만~1억 5000만 원에 해당하는 사업자에 대해 매입 자료 없이 신고 매출액을 기준으로 해당 업종의 평균 부가가치율에 따라 부가가치세가 결정되도록 과세특례를 대폭 확대한 것인데, 현재는 연간 매출액이 4800만 원 미만인 개인사업자가 간이과세자이며, 이들은 업종에 따라 매출액의 2~4%를 부가가치세로 내고 있다. 우리나라 사업자의 3분의 1 이상이 현재 간이과세자로 되어 있다. 이것이 우리나라 부가가치세제가 정상적으로 작동하지 않고 개인소득세 징수 또한 제대로 되지 않는 근원적인 문제 중 하나다.

개인사업자 중 상당수는 단순히 부가가치세를 회피하기 위해서가 아니라 소득세를 회피하기 위해 매출액을 실제보다 축소해 신고하고 있다. 월 매출액이 400만 원 이하인 사업이 유지되기는 어렵다. 그런데 이런 사업장에도 종업원이 수 명 이상 되는 경우가 많다. 사업장 임대료, 종업원 인건비, 각종 공과금만 고려해도 월 매출액인 400만 원보다 많을 것이다. 그럼에도 2011년 말 기준으로 개인사업자 480만 명 중 37%인 176만 명이 간이과세자였다. 이는 곧 간이과세자들이 부가가치세는 물론 소득세도 탈세하고 있음을 말해준다. 바로 이러한 문제 때문에 형평성을 고려해 근로소득자에 대해서도 면세점을 높여 근로자의 약 절반이 세금을 한 푼도 내지 않는 현상이 지속되고 있는 것이다.

부가가치세와 소득세 기능을 정상화하려면 간이과세자에 대해 매입기장 의무를 강화하여 매입세금계산서에 의해 세액계산을 하는 제도를 검토해볼 필요가 있다. 매입은 거래 횟수가 많지 않으므로 매출보다 기장이 용이하므로 매입에 대한 기장을 의무화하는 것은 큰 어려움이 따르지 않을 것이며, 매입세금계산서를 보관했을 때 매입기장을 한 것으로 간주해줌으로써 영수증 주고받기를 정착시키고 지하경제를 축소해나가는 데에도 기여할 수 있을 것이다. 우리 국민은 교육수준이 세계에서 가장 높고 문맹률은 세계에서 가장 낮은 축에 속한다. 납세자들이 기장을 하지 않는 것은 정부가 이를 방지해왔기 때문이다. 기장에 의한 신고를 세무행정의 근간이 되도록 이 문제를 개선해나가야 조세 부담의 형평성이 개선되고, 더 나아가 세수구조가 개선되며, 중장기적으로 세제가 정상화되어 세수 증대의 기반이 마련될 수 있다(최광, 2013).

2017년 8월, 문재인 정부에서는 소득세 최고 구간을 현재의 3억에서 두 단계(3~5억, 5억 이상) 더 늘리고 이 구간에 대한 세율도 지금의 38%에서 각각 40%, 42%로 높이는 세제 개편안을 내놓았다. 이는 긍정적 방향으로 평가된다. 우리나라에서 소득 상위 1%, 소득 상위 10%가 전체 소득에서 차지하는 비중은 지난 20년간 빠르게 증가해왔다. 지금 한국 사회의 주요 과제인 재정의 소득재분배 효과 강화를 기하기 위해서도 고소득자에 대한 세율을 높이는 것을 수용해야 할 것으로 보인다. 제2차 세계대전 후 한때 영국, 미국, 유럽에서는 최고 소득세율이 90%를 상회한 적도 있었다(그림 7-5). 이것이 바람직하다고 할 수는 없지만, 이는 당시 소득분배 개선과 복지국가 건설을 위해 취했던 정책의 일환이었다. 세계화가 진행되면서, 특히 EU 통합과 더불어 인력과 자본이 자유로이 국경을 넘나들면서 국가 간 조세 경쟁이 진행되고 EU 내에서 직장과 주거지를 자유롭게 옮길 수 있게 됨에 따라 국가 간 인재와 자본을 유치하기 위해 이들 국가의 개인소득세율과 법인세율은 점점 하락하게 되었다.

우리나라는 개인소득자나 기업이 다른 국가로 쉽게 거주지를 옮길 수 있는 상황은 아직 아닌 것으로 파악된다. 따라서 유럽과 미국, 여타 선진국에서 진행되고 있는 조세 경쟁을 무조건 따라가야 한다는 논리에 너무 얽매일 필요는 없다고 생각된다. 특히 인력, 자본, 상품의 흐름이 자유로운 EU 국가에서는 소득세율을 높이면 오히려 세수가 줄어드는 경우도 발생했는데, 아직 우리나라

그림 7-5

소득세 최고 세율 추이(1900~2013년)

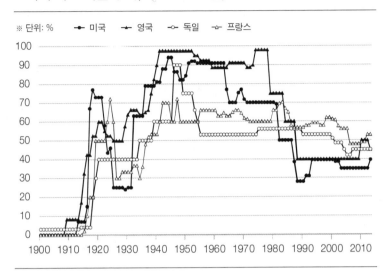

※ 단위: % ◆ 미국 ◆ 영국 ◇ 독일 △ 프랑스

자료: Piketty(2014).

의 문화나 구조상 그렇지는 않을 것으로 기대된다. 법인세도 가령 당기 순이익이 연간 2000억, 1조가 넘을 경우 현행 최고 세율인 22%보다 더 높은 한계세율로 과세하는 것도 검토해볼 수 있다. 이 모두 경제의 효율성 면에서 반드시 바람직하다고 할 수는 없겠으나, 지금 우리 사회가 당면한 주요 과제인 사회통합을 위해 감수해야 할 것으로 보인다.

현재 우리나라의 상속세 최고 세율은 50%로, 일본과 함께 세계적으로 가장 높은 수준이다. 반면 상속세의 징수는 전체 세수의 1% 안팎에 그친다. 각종 편법과 탈법에 의한 상속이 많고 상속세의 감면 대상도 넓기 때문이다. 지금과 같이 소득분배의 악화뿐 아

그림 7-6

상속세 최고 세율 추이(1900~2013년)

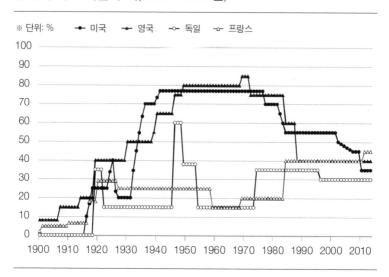

자료: Piketty(2014).

니라 부의 분배의 악화가 심화된 상황에서 당분간 높은 상속세율
을 지속하는 것은 필요한 일이라 생각된다. 김낙년(2015) 교수의 연
구에 따르면, 평생자산에서 상속자산이 차지하는 비중은 1970년
에 37%에서 1980~1990년대에 27~29%로 떨어졌다가 2000년대
는 42%로 올라갔다. 젊은 층에서 널리 회자되고 있는 '금수저, 흙
수저'라는 이야기가 통계적으로도 뒷받침되는 것이다. 불법·탈법
상속에 대한 처벌을 강화하고, 더 나아가 세제의 허점, 예를 들어
증여와 상속의 차이를 줄여나가려는 노력이 필요하다. 영국과 프
랑스에서도 1970~1980년대까지 상속세율이 70~80%에 달했다.
영국의 소득세 최고 세율은 1970년대까지 94%였다(그림 7-6).

재정지출

재정지출 문제에 대해서는 향후 다음 몇 가지 측면에서 개편을 고려해야 한다고 생각된다. 첫째, 향후 10~20년간 사회적 지출 부분을 어느 정도 빠르게, 어느 수준까지 올려나갈 것이냐 하는 것이다. 앞서 논한 바와 같이 현재 우리나라의 사회적 지출(사회복지지출) 수준은 GDP 대비 OECD 평균의 절반 정도로 매우 낮은 수준이다 (그림 7-7). 그동안 우리나라가 사회안전망을 확충하는 데 소홀했기 때문이다. 다른 한편으로 보면 상기한 바와 같이 우리나라의 사회적 지출 증가 속도는 가장 빠른 편이다. 이는 첫째로 김대중 정부 이후 사회안전망 확충과 사회복지 대상을 크게 늘려왔기 때문이고, 둘째로 세계에서 유래를 찾아볼 수 없는 빠른 고령화가 진행되는 가운데 빈곤 노인층이 증가하고 이들에 대한 의료비 지원이 급증해왔기 때문이다. 따라서 현재의 복지 프로그램하에서 추가적인 복지 프로그램 도입 없이도 향후 우리나라의 GDP 대비 사회복지 지출 비중은 장기적으로 OECD 평균에 근접해갈 것으로 예측된다. 특히 우리나라는 여전히 국방비 지출의 부담이 크기 때문에 하루아침에 서구 복지국가의 복지지출 수준을 맹목적으로 따라가려 해서는 안 될 것으로 생각된다.

그러나 소득분배 악화의 방지를 위해서 저소득층에 대한 소득지원 확대, 특히 근로장려세제와 같이 근로를 장려하면서도 소득을 지원하는 제도의 확충, 그리고 언금세도가 미미한 가운데 빠른 고령화로 늘어난 노인 빈곤층에 대한 지원, 노동시장 유연화를 지원하는 실업급여 확대 및 근로자 훈련 지원, 삶의 질을 높이기 위

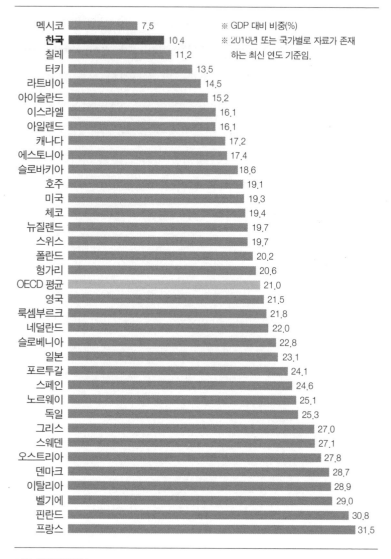

그림 7-7

사회복지지출(공공)

멕시코	7.5
한국	10.4
칠레	11.2
터키	13.5
라트비아	14.5
아이슬란드	15.2
이스라엘	16.1
아일랜드	16.1
캐나다	17.2
에스토니아	17.4
슬로바키아	18.6
호주	19.1
미국	19.3
체코	19.4
뉴질랜드	19.7
스위스	19.7
폴란드	20.2
헝가리	20.6
OECD 평균	21.0
영국	21.5
룩셈부르크	21.8
네덜란드	22.0
슬로베니아	22.8
일본	23.1
포르투갈	24.1
스페인	24.6
노르웨이	25.1
독일	25.3
그리스	27.0
스웨덴	27.1
오스트리아	27.8
덴마크	28.7
이탈리아	28.9
벨기에	29.0
핀란드	30.8
프랑스	31.5

※ GDP 대비 비중(%)

※ 2016년 또는 국가별로 자료가 존재하는 최신 연도 기준임.

자료: OECD(2017b).

한 의료비 지원, 젊은이들을 위한 공공임대주택 건설 등 각종 사회 안전망은 지금보다 더 확대되어야 할 것으로 보인다.

재정지출과 관련해 고려해야 할 두 번째 사항은 재정운영의 효율화다. 많은 부문에서 예산지출이 비효율적이고 낭비되고 있는 것이 사실이다. 사회복지예산이 운영되는 것을 보면 편의주의에 입각해 실제로 도움이 필요한 사람들보다 주로 규정적 자격을 갖춘 사람들에게 지급되는 경우가 많다. 그리고 실제로 소득 보조가 더 필요한 사람들보다 제도를 잘 알고 이를 악용하려는 사람들에게 더 많은 지원이 가는 경우도 있다. 이러한 문제를 바로잡으려면 효율적인 예산 사용을 유도하는 인센티브를 마련하는 것과 더불어 복지제도 운용 인력을 늘려 실제로 지원이 필요한 사람을 확인해 지원하는 시스템을 적용해야 한다. 사회적 서비스(social service) 일 자리를 늘리는 것은 고용을 창출하는 효과도 있을 것이다. 재정지출의 상당 부분을 차지하는 국가의 연구개발(R&D)비 지원 방식도 효율화할 여지가 많다고 본다.

재정지출과 관련해 세 번째로 한국 사회가 심각하게 고려해보아야 할 문제는 정부 인력의 규모와 보수체계다. 우리나라는 인구 대비 군인, 경찰, 교원 등을 제외한 일반 공무원의 숫자가 외국에 비해 상대적으로 매우 적은 편이다. 특히 그동안 우리나라의 위상이 국제적으로 크게 높아져 G20, OECD의 회원국이 되었고, 우리나라가 참여하는 ASEM, APEC, ASEAN+3 등 지역협력체들이 늘어났으며, 우리나라의 대외원조(ODA) 규모가 크게 증대해 대외협력 관계에 필요한 인력뿐 아니라 외교 인력 수요도 늘어났다. 또한 복지지출 수요가 크게 늘어 복지예산 운영 관련 공무원에 대한 수요도 크게 늘어났다. 소방관을 포함해 안전, 환경 관련 공무원 인력도 더 많이 요구되고 있다. 이와 더불어 지하경제를 양성화하고 세정의 효율화를 기하기 위해서는 세정 담당 인력도 지금보다 더 늘려야 한다. 현재 우리나라의 공무원 인력으로는 이러한 새로운 국가적 요구에 제대로 부응하기 어렵다. 2013년 기준 OECD 회원국의 전체 고용 대비 공공부문 고용은 평균 약 20%에 이르는 데 반해 우리나라는 7.6%에 불과하다.

우리 국민에게는 작은 정부가 좋은 것이라는 인식이 깊이 박혀 있다. 그런데 사실 이는 그동안 정부가 해온 권위적 행정업무에 대한 반감이 크게 작용한 결과인 것으로 보인다. 철밥통이라고 불리는 공무원들의 복지부동, 해이한 근무태도 등도 그러한 인식이 자리 잡는 데 일정 부분 작용했을 것이다. 그러나 경제 규모가 커지고 소득수준이 높아짐에 따라 정부 행정서비스의 양과 질에 대한 요구가 늘어나고 정부 인력의 수요가 증가한 상황에서 마냥 작은 정부의 장점만 강조할 수는 없는 것이다. 공무원 수와 공공부문 고용을 늘려 제대로 일을 처리하게 하는 것이 우리 사회가 당면한 많은 문제를 개선하는 길이 될 수 있다. 이는 물론 제조업 고용 기회 등이 줄어가는 상황에서 일자리를 늘리는 효과도 있다.

이와 더불어 공무원 보수체계도 개선해나갈 필요가 있다. 이 문제는 다음 장에서 논할 우리나라의 관료 시스템 개편과도 관련된다. 국가와 국민은 무조건 공무원의 희생과 애국심만을 강조할 것이 아니라 그들의 직무에 요구되는 자격과 능력에 걸맞은 보수

를 지급할 의무도 있다. 특히 우리나라와 같이 직업공무원제도를
채택한 경우에는 더욱 그러하다. 그렇게 해야 우수 인력을 지속적
으로 공직으로 끌어들일 수 있고, 우수한 관료 시스템을 확보하고
있어야 국가의 미래를 기할 수 있다.

우리나라가 가지고 있는 제도 중에는 현실적 합리성을 결여하
고 여전히 위선적인 부분이 많다. 중등교육을 평준화해야 평등한
교육의 기회를 국민에게 제공할 수 있다는 믿음은 실제로 학부모
들이 공교육을 외면하고 사교육을 만연케 하여 오히려 부모의 소
득수준에 따라 자녀의 교육 기회에 차등이 생기고 대학 진학 결과
에도 큰 차이를 가져오는 결과를 초래했다. 서울대학교 입학생 중
절반 이상의 부모가 강남에 거주한다는 주장도 있다. 그런데도 우
리는 여전히 이러한 평준화 개념에 매여 있다. 공무원이 적은 봉급
으로 일해야 한다는 인식에도 비현실적이고 위선적인 면이 있다.
바로 그것이 관피아나 전관예우를 만연케 하고 있는데도 우리는
여전히 그것을 바꾸지 못하고 있다. 공무원도 직무분석에 기초해
높은 전문성과 자격을 요하는 중앙정부 부처 공무원의 봉급 수준
과 단순 민원업무를 맡은 공무원의 봉급 수준을 차등화하는 방안
을 고려해야 한다. 필자가 영국에서 근무하며 본 바로는 장관보다
차관이 봉급을 더 많이 받거나 같은 장차관이라도 부처마다 봉급
이 다른 경우도 있었다. 직무에 따라 보수가 정해지기 때문이다.

후진국 공무원의 월 급여 수준은 일반 가정의 한 주 생활비 수
준밖에 되지 않는 경우가 많은데, 어쩌면 이는 그들에게 부패해도
좋다는 면허증을 주는 것과 같다. 부패는 행정력을 공정하게 집행

하지 않는 결과를 가져오고, 그 폐해는 공무원의 보수체계를 현실화했을 때보다 몇 배 더 큰 비용을 사회적으로 부담하게 되는 결과를 가져온다. 보수체계를 현실에 맞게 정상화해야 부패에 대해서도 더욱 엄격하게 제재할 수 있다. 우리나라 공무원의 봉급 수준은 지난 30~40년간 상당 부분 현실화되었으나, 여전히 합리적이지 못하고 충분히 현실화되지 않은 면이 있다. 보수체계를 현실화하는 동시에 공무원의 인사 시스템도 혁신해야 한다. 직무분석, 성과평가를 훨씬 더 엄격하게 하여 무능하고 안일에 빠진 공무원들에게 그에 맞는 불이익을 주며, 성실하고 유능한 공무원들에게는 그에 상응하는 인센티브를 제공해야 한다. 이와 더불어 공무원의 부정부패에 대해 엄격하게 처벌할 수 있도록 관련 제도와 규정을 강화해야 할 것이다.

한 가지 더 언급하고 싶은 것은 우리 정부가 민간기업의 비용지원에 의존해 국가적 행사나 주요 정책을 추진하는 관행을 없애나가야 한다는 점이다. 박근혜 정부에서도 전국에 창조혁신센터를 세워 운영하면서 재벌기업에 일정 비용을 부담하게 했다. 또한 K스포츠, 미르 재단은 과거 정경유착의 관행을 그대로 재현한 것이었다. 이는 바른 방식이라 할 수 없다. 그뿐 아니라 국가적으로 추진하는 행사들도 민간 재벌기업에 비용을 부담하게 하는 경우를 흔히 봐왔다. 물론 기업이나 개인의 자발적 기여는 좋은 일이지만, 문제는 많은 경우에 이것이 정부의 압력에 의해 이루어지고 기업의 부담으로 귀착되고 있다는 것이다. 정부가 재벌기업에 비용을 부담시키면 예산은 절약할 수 있을지 모르지만, 세상에 공짜는 없는 법이다. 그들에게 특별한 규제 완화 등 당근을 제공하거나 때로는 해당 기업 총수의 사면이나 복권 등 특혜도 주게 된다. 차라리 법인세율을 높여 그들로부터 세금을 더 걷어 국가가 해야 할 일들을 투명하고 당당하게 처리하는 것이 바람직하다. 결국 이 역시 우리나라의 실제 재정지출 규모가 작은 데서 기인한 편법적 행태의 하나라고 볼 수 있다.

중소기업정책 개편

중소기업은 현재 우리나라 고용의 88%를 차지한다. 따라서 중소기업이 튼튼하고 여기서 지속적 혁신과 생산성 향상이 일어나야 우리 경제의 활력이 유지되고 국민에게 좋은 일자리를 제공할 수 있다. 통계에 따르면, 지금 중소기업의 평균 생산성은 대기업 평균 생산성의 3분의 1밖에 되지 않으며, 중소기업 근로자 임금은 대기업의 절반에 불과한 상황이다. 청년 실업이 늘고 있는 것도 대학을 졸업한 청년이 모두 대기업에 취업하려 하고 중소기업 취업을 회피하기 때문이다. 그 주된 이유는 직장의 안정성 문제뿐 아니라 중소기업과 대기업 간 커다란 임금격차에 있다. 2016년 기준 우리나라의 청년(20~29세) 고용률은 58%로, 미국 71%, 일본 76%, 독일 72%와 비교하면 매우 낮은 수준이다.

　1980년대에만 해도 한국의 중소기업과 대기업의 임금격차는 그리 크지 않았다. 1990년대 초에도 중소기업 근로자의 임금은 대

그림 7-8

대기업 대비 중소기업의 시간당 임금수준

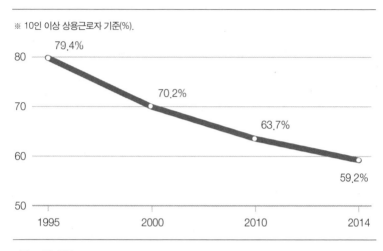

※ 10인 이상 상용근로자 기준(%).

자료: 고용노동부.

기업 근로자 임금의 80%에 가까웠다. 그러나 1990년대 이후 중소
기업과 대기업의 임금격차는 크게 벌어지기 시작했다. 대기업의
임금수준은 빠르게 오른 데에 비해 중소기업의 임금수준은 정체되
어왔기 때문이다. 그 주요인은 대기업에 비해 중소기업의 생산성
과 수익성이 향상되지 않고 정체되어온 데서 찾을 수 있다. 또한
우리나라 수출 대기업들이 세계적 경쟁력을 확보하고 높은 수익을
올린 데에 비해 우리나라 중소기업들은 세계화와 개방화, 중국 등
신흥국 제조업 부상에 따른 세계경제 환경 변화 속에서 경쟁력을
확보하는 데 실패하고 있기 때문이다.

따라서 중소기업의 생산성 향상과 경쟁력 강화야말로 우리 경

그림 7-9

한국·일본·미국의 기업 규모별 임금격차(제조업)

※ 500인 이상 대기업 임금을 100으로 했을 때의 비중(%).
※ 일본은 10~19인 항목에서 5~29인 기업, 20~99인 항목에서 30~99인 기업의 임금을 기준으로 함.

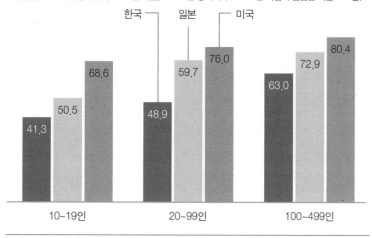

자료: 조덕희(2012).

제에 좋은 일자리를 창출하고 임금격차를 줄이며 나아가 소득분배를 개선하기 위해 반드시 해결해나가야 할 과제다. 중소기업과 대기업의 임금격차는 한국이 다른 나라에 비해 훨씬 심하다(그림 7-9). 이는 수십 년간 이루어진 한국적 제도와 정책의 결과라 할 수 있다. 또한 이는 후발산업국으로서 한국의 산업 발전이 부품을 일본과 같은 선진국에서 수입해 조립하는 대규모 조립제조업을 기반으로 시작되어 중소부품업체들이 대기업과 함께 기술을 개발하고 세계적 기술 경쟁력을 갖추어나가는 산업 발전 과정을 거치지 못했기 때문이기도 하다. 산업 발전 초기 정부의 지원도 주로 이러한 수입 부품을 조립해 해외로 수출하는 대기업에 집중되었다.

1980년대 이후 정부는 중소기업을 주로 지원과 보호의 대상으로 삼는 정책을 지속해왔으며, 그 결과 중소기업에서는 필요한 구조 조정과 혁신이 촉진되지 않았다. 퇴출되어야 할 많은 중소기업이 퇴출되지 않고 한계기업으로 생존해오면서 시장에서 새로운 진입 공간을 제한해 중소기업 전반에서 퇴출과 진입이 부진하고 역동적 혁신 과정이 제한되어왔다. 따라서 지금까지의 중소기업정책을 전반적으로 재검토하고 중소기업에 대한 보호와 지원을 줄이는 대신 중소기업 근로자에 대한 직업훈련, 산학 공동 기술 개발, 경영 혁신 지원, 대기업과의 협상력 제고를 위한 법률서비스, 한계 중소기업 근로자에 대한 이직 활동을 지원하는 방식으로 전환해야 할 것이다. 이와 더불어 중소기업과 대기업 간의 공정거래 기반도 더욱 강화해나가야 할 것이다.

우리나라 중소기업정책에는 그동안 경제정책적 측면과 사회정책적 측면이 뒤섞여 있었다. 중소기업이 대기업에 비해 약자이기 때문에 보호하고 지원해야 한다는 논리가 강했기 때문이다. 이제 경제적 측면의 정책과 사회적 측면의 정책을 점진적으로 분리해나갈 필요가 있다(조윤제, 2009). 중소기업도 기업이며 중소기업의 경영주는 우리나라에서 사회적 약자라고 할 수 없다. 대개 그들은 가족기업을 운영하며 상대적으로 부유한 삶을 누리고 있다. 중소기업도 시장과 기업의 원리에 따라 지원되고 운영되어야 건강한 생태계가 유지된다.

어떤 경제정책이 추구하는 이상과 실제로 그 정책이 가져오는 효과가 다른 경우가 왕왕 있다. 그것은 정책이 조준하는 목표가 분명치 않거나 정책의 설계가 잘못되어 있기 때문이다. 우리나라의 중소기업정책도 예외는 아니다.

우리나라처럼 다양한 중소기업 지원정책을 추진해온 나라도 드물 것이다. 중소기업 지원제도만 해도 200가지가 넘는다고 한다. 문제는 큰 비용을 수반하는 이러한 지원책을 통해 미래가 유망한 중소기업들이 자라나는 과정에서 자금과 기술, 마케팅 등 초기 성장에 걸림돌이 되는 요인을 극복할 수 있도록 지원되는 것이 아니라 이미 경쟁력을 상실한 중소기업의 연명을 위해서 지원되는 부분이 많다는 것이다. 이미 경쟁력이 없어진 중소기업에 막대한 금융 및 세제 지원을 계속해 그들의 생존을 연장시켜주는 것은 자원의 효율적 사용이나 장기적 경제 활력을 고려할 때 바람직하지 못한 정책이다.

현재 정부의 중소기업 지원제도는 퇴출되어야 할 중소기업을 보호할 뿐 아니라, 중소기업의 시장가치를 실제 가치보다 높여 시장에서의 원활한 퇴출이나 인수·합병을 저해하는 작용도 한다. 우리나라의 중소기업 문제를 근본적으로 다루기 위해서는 중소기업 지원을 위한 신용보증제도 등 각종 금융지원제도의 규모를 점차적으로 줄여나갈 필요가 있다. 국내 신용보증 잔액은 1997년 말 GDP의 3.24%에서 2014년에 5.3%로 늘어났다. 이러한 규모는 경제구조가 중소기업 중심으로 형성되어 있는 내만(3.6%)보다 높고, 미국(0.4%), 캐나다(2.68%), 독일(0.05%), 프랑스(0.62%) 등 서구 선진국들보다 훨씬 높다. 신용보증 비율을 점차적으로 낮추어나가는 한편, 기존 중견기업에 의한 신용보증의 독점 현상을 방지하기 위해 보증 만기를 연장하는 기업에는 고율의 수수료를 부과하는 방식 등으로 수수료 체계를 개편할 필요도 있다.

여기서 절감되는 비용은 중소기업의 구조 조정, 신기술 개발, 인력 훈련, 고급인력 채용 등 혁신 능력을 함양하는 데에 우선순위를 두고 지원해나가야 한다. 나아가 벤처캐피털회사 등이 시장에서 사업 초기의 중소기업에 자금 및 경영 지원을 활발히 할 수 있는 여건을 조성해주는 것이 필요하다.

우리나라의 중소기업은 크게 ① 최종 소비자용품을 제조해 주로 국내 내수 위주로 판매하는 중소기업, ② 전자, 철강, 자동차, 조선 등 대기업의 하청을 받아 대기업에 부품을 납품하는 중소기업, ③ 1990년대 후반부터 집중적으로 나타난 소프트웨어, 인터넷, 게임 분야의 기업 등과 같은 비제조형 벤처기업군, ④ 5~9인 규모의 영세 소기업군 등으로 분류해볼 수 있다(조윤제, 2009 참조). 현재 우리나라 중소기업 대부분이 어려움을 겪고 있는 것이 사실이지만, 우리나라의 중소기업 문제와 중소기업 지원정책을 마련할 때는 이상과 같은 기업들을 일괄적으로 묶어서 논하기보다 분리해서 논하는 것이 더 적절하다. 그들이 어려움을 겪는 주요인에도 공통적인 요인과 함께 독립적인 요인도 많기 때문이다(조윤제, 2009).

현재 우리나라 중소기업 지원제도의 초점은 중소기업을 장래 성장기업으로 육성한다는 면도 있지만, 그러한 것은 대체로 세 번째 그룹의 혁신 중소기업의 기술 개발 지원, 창업 지원 등에 해당하고, 여전히 가장 큰 비용이 드는 신용보증제도와 각종 중소기업 지원제도는 중소기업에 대한 차입 비용과 수익성을 보조하는 역할을 하고 있다. 이는 다시 한계기업의 구조 조정과 퇴출을 지연시키는 역할을 하고 있다. 혁신 중소기업에 대한 자금 지원도 결국은 이들 중소기업의 시장가치를 원래 가치보다 높임으로써 시장에서 인수·합병이 활발히 일어나는 것을 저해하는 요인이 되고 있다(조윤제, 2009 참조). 기업에 대한 지원보다 사람의 훈련에 지원하는 것이 경제적으로 볼 때 중장기적으로 더 좋은 효과를 가져올 수 있다.

어떤 나라에나 이중경제가 있게 마련이지만, 우리나라는 빠르게 성장한 만큼이나 이중경제의 문제도 깊은 데다 이것이 고착화되는 경향을 보이고 있다. 산업 발전의 진행과 더불어 도태되고 퇴출되어야 할 기업들이 여전히 생존하고 있으며, 시간이 갈수록 이들의 생산성과 수익성은 선도 산업들에 비해 빠르게 낙후되고 있다. 선도 대기업들은 더욱 커지고 재래 중소기업들은 더욱 영세해지고 있는 것이다. 우리나라 10대 산업에서 상위 3사의 시장지배율은 1990년 55.1%에서 2001년 65.9%로 증가했고, 전체 476개 산업에서 상위 3사의 시장지배율은 2013년 53%에 달했다. 반면 우리나라 중소 제조업체는 경제 규모에 비해 지나치게 사업체 수가 많아 기업 규모가 영세하고 규모의 경제를 활용하기 어려운 실정이다(이영훈 엮음, 2014). 이는 우리나라 중소기업이 규모의 경제를 활용할 내부적 능력이 미흡함을 뜻하며, 동시에 그동안 퇴출되고 구조 조정이 이루어졌어야 할 중소기업이 시장에 여전히 생존해오고 있다는 것을 뜻한다. 또한 각종 중소기업 지원제도가 많다 보니 중소기업에서 중견기업으로의 성장을 주저하는 소위 '피노키오 현상'이 주요 문제로 대두되기도 한다. 회사가 성장하면 중소기업 지원 혜택을 못 받게 되어 회사를 둘로 쪼개기도 한다.

대외 수출 면에서 중소기업이 차지하는 비중은 2007년 40%에서 2013년 33%로 오히려 줄고 있다. 그만큼 우리나라 중소기업이 세계화 추세에서 소외되어 있으며 국제 경쟁력이 떨어지고 있다는 것이다. 중소기업 중 수출을 하는 기업의 비중은 2.7%(335만개 중 9만 개)에 불과하다. 독일의 중소기업 중 11%, 네덜란드의 중소기업 중 9.4%가 해외에 수출을 하고 있다. 우리나라도 독일과 네덜란드와 같이 대외 수출 의존적 국가이지만 중소기업의 국제 경쟁력은 취약하다.

중소기업이 혁신을 이루고 생산성을 높이는 데 중요한 장애 요인이 되는 또 다른 요인은 바로 중소기업이 우수한 인력을 확보하기 어렵다는 점이다. 우수한 대학 졸업생들을 유치하기 어렵고, 유능한 경력자들은 대기업에서 스카우트해 데려가기 때문이다. 닭이 먼저냐 달걀이 먼저냐 하는 것과 같은 문제이기도 하지만, 중소기업은 생산성이 낮은 까닭에 높은 보수를 지급할 수 없고 그래서 좋은 인재를 유치하기 어려우며 그 결과 연구개발과 생산성 혁신이 활발히 일어나지 않는 악순환에 갇혀 있는 것이다. 따라서 창업기업, 중소기업이 스톡옵션제도 등을 활용해 인재들을 더 많이 유치·확보할 수 있도록 소득세제상 장애 요인을 제거해줄 필요가 있다. 대학을 갓 졸업한 우수한 젊은이들이 중소기업에 취직해 스톡옵션으로 소위 대박을 터뜨린 사례가 나오기 시작하면, 중소기업을 찾는 우수한 젊은 인재들이 점점 늘어날 것이다. 중국에서는 이러한 현상이 점점 확산되고 있다.

또한 대기업에서 오래 근무한 기술·경영 인력들이 은퇴 후 중소기업에서 일할 기회가 더 넓어지도록 국가가 지원을 제공할 필요가 있다. 이렇게 중소기업과 대기업 간의 인력 흐름이 지금보다 활발해지면 기업의 경영 방식, 기술 수준의 격차도 줄어들게 될 것이다.

지금의 중소기업 지원정책을 재정비함으로써, 국가의 중소기업 지원은 이처럼 대기업과 중소기업 간 인력 흐름을 원활히 하고, 지방대학과 중소기업 간 산학 협력, 클러스터 조성 등에 더 많이 집중되도록 하는 것이 중소기업 발전에 더 실효적 도움이 될 것으로 보인다. 선진국에서도 중소기업에 대해 직접적 지원제도를 운용하기보다 산학연 클러스터 조성, 연구개발 투자를 통한 기술력 제고, 정부의 특혜적 구매 활동을 통한 지원에 중점을 두고 있다.

교육 혁신

수치로만 볼 때 우리나라의 교육은 결코 실패라고 할 수 없다. 국제학업성취도평가(PISA) 등 여러 지표에서 한국의 청소년은 세계에서 가장 높은 수준을 나타내고 있다. 그러나 이는 청소년들을 아침부터 밤까지 혹사하고 인성교육이나 체육시간 등을 희생시키면서 얻어낸 결과이며, 핀란드나 심지어 이웃 일본에 비해서도 비용 대비 효과가 매우 낮은 편이다. 특히 우리나라 학교에서 창의력을 키우는 교육 기능은 크게 떨어진다. 초·중등 교육의 혁신뿐 아니라 대학 교육의 혁신도 이루어져야 한다. 우리나라가 선진국으로 정착하려면 결국 지식과 기술, 창의력 수준이 선진국과 동등한 수준이 되어야 하는데, 이를 위해서는 무엇보다 대학 교육의 질과 수준이 크게 개선되어야 한다. 대학교수의 채용·인사 시스템이 개선되어야 하고, 해외 유수 학자들의 국내 대학 초빙 등이 더 늘어나 연구 및 강의 분위기를 더 자극해야 한다. 학자들 간에도 경쟁이 심화되어야 좋은 학자들이 많이 배출될 수 있고, 그래야 대학 교육의 질도 높아진다. 우리나라의 소위 일류대학들은 자교 출신들을 교수로 채용하려는 전통과 집착이 강하다. 우선 이러한 관행부터 바꾸어나가야 한다.

필자는 교육 전문가가 아니어서 교육 개혁에 관해 말하는 것이 매우 조심스럽다. 더욱이 교육 문제만큼이나 우리 국민의 동의를 구하기 어려운 과제도 아마 없을 것이다. 교육에 대한 우리 국민의 관점은 매우 다양하다. 국가 인재와 건전한 사회인을 양성한다는 교육의 목적을 실현하는 데 현재 우리 교육 시스템이 실패하고 있다는 것에 대해서는 이미 많은 국민들이 동의하고 있다. 또한 지금 빠르게 진행되고 있는 4차 산업혁명 시대에 맞는 인재를 배출하기 위해서도 지금의 교육 시스템은 혁신되어야 한다는 것에 이의를 가진 사람은 없을 것이다.

필자에게 교육 혁신에 관해 두 가지만 말하라고 한다면, 그 하나는 학생들 평가 방식의 다양화이며, 다른 하나는 평생교육 시스템의 구축이다. 특히 초·중등 교육 방식의 다양성을 높이고 이와 함께 학생에 대한 평가의 잣대 역시 다양화하자는 것이다.

학생 평가 시스템의 다양화

우리나라 아이들은 어렸을 때부터 공부 잘하기를 강요받고 자란다. 학업성적이라는 하나의 잣대로 아이들의 능력을 평가하는 것이다. 그러나 인간 사회는 공부 잘하는 사람들로만 구성될 수는 없다. 사업을 잘하는 사람, 예술을 잘하는 사람, 운동을 잘하는 사람, 물건을 잘 만드는 사람, 사람을 잘 모으고 즐겁게 해주는 사람 등 다양한 재능을 지닌 이들로 구성되어야 그 사회가 건강한 발전을 이루게 된다. 문제는 우리나라에서는 어렸을 때 공부를 잘 못 하는 아이들은 스스로를 열등한 사람이라는 인식을 키우며 자라게 된다는 것이다. 그리고 이것이 어려서부터 무의식 속에 열등의식으로 자리 잡고 평생을 붙어 다니며 개인을 불행하게 하는 한 요인이 된다. 공부 잘하는 10% 학생 외에는 대개 이런 열등의식을 어릴 때부터 주입받게 된다.

외국의 초·중등 교육에서는 특별활동, 예를 들어 스포츠, 봉사, 미술, 동아리 활동, 리더십, 그 밖의 특기에 높은 비중을 두는 학생 평가를 한다. 학업성적이 뛰어나지 않아도 주위의 부러움을 사고 각광받는 학생들이 많다. 반면 우리나라에서는 조선시대 과거시험을 통한 출세 전통이 아직까지 남아 있어서인지 암기를 잘하고 시험을 살 보아아 입신출세의 길이 열린다는 관념이 학부모들에게 여전히 깊이 박혀 있다. 수공업, 상업, 운동을 천시하는 옛 관념이 아직 남아서인지, 또는 여전히 고시나 대기업 입사시험에 합격하는 것이 보편적 출세의 지름길로 인식되어서인지 성장하는 학생들의 능력과 장래 가능성을 시험 성적이라는 잣대 하나로 평가하고 있다.

사람들은 타고나는 자질이 다 다르다. 어떤 아이는 공부를 잘하고, 어떤 아이는 사교성이 뛰어나 친구들을 끌어들여 놀이를 잘하고, 어떤 아이는 운동을 잘하고, 어떤 아이는 그림을 잘 그리고, 어떤 아이는 손재주가 좋으며, 어떤 아이는 감수성이 예민해 자연에 대한 관찰력이 뛰어나거나 동식물을 유달리 잘 키우고 다루기도 한다. 우리 사회는 이 모든 사람을 필요로 한다. 각자가 타고난 자질을 최대한 발휘할 때 개인은 행복해지며 사회는 조화롭게 운영되고 발전해나갈 수 있는 것이다.

그러나 공부를 잘해야만 우수한 사람이며 장래가 촉망받는다고 어렸을 때부터 주입받게 되면 공부를 잘하는 10%를 제외한 나머지 90% 이상의 아이들은 마음속에 열등감을 쌓으며 자라게 되며, 그런 사람들의 비중이 이 사회에 많아지면 많아질수록 결과적으로 이 사회의 행복 수준은 낮아지고 갈등 수준은 높아지게 된다. 조화로운 사회를 이루기 어렵게 되며, 열등감에서 오는 마음의 상처로 소통이 어려워지고 분풀이하고 싶은 사람이 많아지게 되는 것이다. 또한 그 사람들이 타고난 공부 외의 자질을 사회가 충분히 활용하지 못하는 손실을 가져오게 된다.

보다 넓게는 무엇이 개인의 '성공'인가 하는 것에 대한 우리 사회의 인식 자체가 더 다양해질 필요가 있다. 오늘날 세상은 크게 바뀌었는데도 우리 사회에서는 여전히 고시를 잘 봐서 고위 공무원이 되거나 입사시험을 잘 봐서 대기업에 들어가는 것, 혹은 박사 학위를 받는 것을 성공으로 여긴다. 사회적 성공에 고시 몇 기인지, 입사 몇 기인지가 아직도 중요한 것이다. 이렇다 보니 부모가 아이들에게 공부 잘하기를 강요하게 된다.

이를 바꿔나가야 한다. 공무원이든 대기업 직원이든 과장이나 국장 등 중간관리직에 외부에서 능력을 보인 사람들을 많이 기용하는 인사 시스템을 만들어가야 한다. 이제는 정부도, 기업도 다양한 유형의 인재를 필요로 하는 시대가 되었다. 학창시절 시험을 잘 본 것으로 평생 기득권을 쌓고 사는 사회 시스템이 바뀌어야 각 분야, 각 단계에서 경쟁이 활성화되고 각자 타고난 자질이 최대한 활용되는 방향으로 사회가 발전하며, 개인 또한 스스로 자기실현에 대한 만족도와 행복감을 얻게 된다.

물론 이렇게 되려면 초·중등학교 교사가 학생들에 대해 더욱 세세히 관심을 쏟고 관찰하며 평가할 수 있어야 한다. 학교의 교과과정(커리큘럼)도 훨씬 다양해져야 한다. 그만큼 담임교사 한 사람이 맡는 학생 수가 줄어야 하고 교사 수도 늘어야 한다. 교육에 대한 투자 확대가 필요한 것이다. 이렇게 해야 4차 산업혁명 시대에 맞는 다양하고 창의력 있는, 그리고 공동체 협력 정신을 갖춘 건전한 시민을 양성해나갈 수 있을 것이다.

더 나아가 대학의 입시제도도 대학이 자율적으로 학생들의 능력을 평가하는 방식으로 바뀌어야 할 것이다. 그리고 무엇보다 교사들의 도덕적 권위가 높아져야 하며, 교사의 학생 평가에 대한 엄정성과 신뢰도가 높아져야 한다. 그렇지 못하면 그저 암기력에 의한 시험 점수에 의존해 학생을 평가하는 지금의 시스템과 창의력 없는 인재들을 배출하는 우리 교육의 고질이 지속될 수밖에 없을 것이다.

평생교육 시스템의 구축

세상이 빠르게 변하고 고령화가 진전됨에 따라 이제 사람은 평생 배움을 이어가야 자기만족을 얻고 사회에 도움이 된다. 이미 대학 교수직을 정년퇴임한 필자는 오늘날 인터넷 시대에 컴퓨터와 스마트폰을 다루는 능력이 제자들이나 자녀들에 비해 크게 뒤진다. 하루가 다르게 생산되는 새로운 전자기기, 이동통신기기, 그리고 여기저기서 내려받아야 하는 새로운 앱에 대한 정보와 사용 능력이 현저히 떨어진다. 그 결과 필요한 자료를 찾거나 필요한 개인적 업무를 보는 데에도 젊은이들보다 훨씬 오랜 시간이 걸린다.

다른 한편으로, 지난해까지 교단에 서 있던 필자는 과연 '대학교'라는 것이 앞으로 계속 생존해나갈 수 있을 것인가 하는 의문을 가진 적이 여러 번 있다. 13세기 이탈리아 볼로냐에서 출발한 것이 시초라고 하는 대학교는 당시 주로 성직자 교육을 위한 곳으로서 생겨났으나, 오늘날에는 전 세계에 걸쳐 고등교육기관으로 지식인과 전문기술인을 배출하는 곳이 되었다. 그러나 지난 약 10년간 유튜브 등 각종 온라인 동영상 플랫폼이 발전하는 모습을 보면서, 과연 대학별로 입학시험을 보고 여기에 뽑힌 학생들이 필자와 같은 뛰어나지 못한 학자의 강의를 굳이 교통 체증에 시달리며 강의실에 나와 들을 필요가 앞으로도 있을 것인가 하는 생각을 하게 된 것이다. 가령 경제학에서도 세계적으로 유명한 학자들의 강의나 세미나 발표를 유튜브나 해당 연구소 홈페이지를 통해 얼마든지 보고 배울 수 있다. 각자 가장 편한 시간에 가장 편한 장소에서 말이다. 물론 강의실에서 이루어지는 강의는 피드백을 주고받고 성적을 매겨 학생들을 훨씬 더 자극하게 되며 자신의 이해도에 대한 평가도 할 수 있게 된다. 그러나 이러한 것은 오늘날 사이버 대학에서도 가능하다. 세계의 스마트폰 시장을 애플과 삼성이 독점해가듯, 대학 교육이라는 시장도 몇몇 세계 유수의 대학이 독점하는 형태로 가게 되지는 않을까?

이렇게 정보통신기술의 발전은 우리의 교육환경을 빠르게 바꾸고 있다. 과거 수천 년간에 걸쳐 생산된 기록물보다 지난 10년간 생산된 기록물의 양이 훨씬 많다. 반면 인간의 수명은 점점 연장되어 100세 시대를 바라보고 있다. 이러한 시대에 평생에 걸쳐 계속해서 새로운 것을 배우지 않는 사람은 금방 쓸모없는 사람이 되고 만다. 고령화는 한편으로 한 사회에서 이러한 사람들의 비중이 점점 더 커진다는 것을 뜻한다.

노인대학이 더 많이 설치되어야 한다. 이는 단순히 노인복지 대책 차원에서뿐 아니라, 사회정책이나 교육정책의 일환으로 추진되어야 한다. 할 일 없는 노인들에게 배울 기회를 주고 소일거리를 줄 뿐 아니라 이들이 사회에 기여할 수 있는 시간을 연장해주어야 한다. 지금의 각 대학 시설을 이용해 평생교육 시스템을 확충하기 위한 준비를 더 많이 해야 한다고 생각된다. 더욱이 저출산으로 대학에 진학하는 학생들은 빠르게 줄어들고 있다. 대학이 시설과 역량을 외부에 개방하고 정부가 이에 따른 비용을 대학에 지원하는 방식을 확대해나가야 할 것이다. 각 직장에서도 직원들이 자신의 능력을 개발하고 발전시키기 위해 저녁 강의를 등록하는 것을 장려하고 지원해야 할 것이다.

8장   국가지배구조의 개편

오늘날 민주주의의 문제점과 국가지배구조는 점점 더 많은 논쟁의
대상이 되고 있다. 어찌 보면 오늘날 국가 간 경쟁은 국가지배구조
간의 경쟁이다. 필자는 이에 대해 2009년 출간한 저서『한국의 권
력구조와 경제정책: 새로운 정치, 경제의 틀을 찾아서』에서 비교
적 자세히 논한 바 있다. 이 책의 논지는 민주주의체제하에서도 여
러 형태의 통치구조가 존재하며, 각국은 고유의 역사와 전통, 문
화, 사회적 기제의 발전 정도 등에 따라 이에 맞는 효율적인 국가
지배구조를 모색해나가야 한다는 것이다. 필자의 책이 출간되고
나서 해외에서도 비슷한 논지의 책들이 출간되었다(Berggruen and
Gardels, 2013; Micklethwait and Wooldridge, 2014).

　　윈스턴 처칠이 1947년 영국 하원 연설에서 갈파했듯이, "민주
주의제도는 지금까지 시도되었던 모든 정치제도를 제외하면 최악

의 제도"이기도 하다. 그의 말대로 민주주의체제는 여태까지 인류
사회가 실험해온 제도 중 최선이기는 하지만, 동시에 많은 한계를
지닌 제도이기도 하다. 지난 10여 년, 특히 세계금융위기 이후 민
주주의 정치제도에 대한 회의가 곳곳에서 확산되고 있다. 제2차
세계대전 이후 독립한 개발도상국이나 신흥국에서만이 아니다. 바
로 근대 민주주의 정치제도의 원산지라고 할 수 있는 영국과 미국,
유럽에서 이러한 회의가 자주 제기되고 있다. 특히 2~3세기 전 마
차가 다니던 시대에 도입된 의회민주주의, 혹은 대의민주의제도
는 오늘날 정당의 역할과 더불어 많은 한계점을 노출하며 '상업적
민주주의'라는 비판을 받고 있다.

　　단순히 개인의 권력을 유지하기 위해서가 아니라 그 사회가
추구하는 가치와 목표를 달성하기 위해, 오늘날 민주주의체제를
취하고 있지 않은 나라들도 있다. 중국은 공산당 일당 독재체제다.
싱가포르는 아직도 무늬만 민주주의이지 권력이 세습되고 있는 독
재체제라고 할 수 있다. 구소련에 속했던 중앙아시아의 많은 나라
들도 그러하다. 러시아도 영미식 관점에서 보면 민주주의를 제대
로 실현하고 있는 나라로 보기 어렵다. 대개 우리가 서구라고 지칭
하는 서유럽과 북미를 제외한 여타 국가들에서는 민주주의 정치제
도를 형식적으로 도입하고 있지만 그것이 제대로 작동하고 있다고
보기 어렵다. 특히 제2차 세계대전 후 민주주의체제를 도입한 신
생국들은 거의 예외 없이 장기간 혼란을 겪었거나 겉으로만 민주
주의 흉내를 내는 독재정치를 해왔다. 아시아에서도 중국은 여전
히 공산당의 일당 독재가 지속되고 있고, 일본은 1955년 자유당과

민주당의 합당으로 자민당이 출범한 이후 무라야마 연정과 민주당 정권 시기를 비롯한 몇 년을 제외하면 지난 60여 년간 거의 자민당 일당 지배가 지속되고 있다. 말레이시아, 인도네시아, 필리핀 모두 형태만 민주주의이지 실질적으로는 오랜 기간 독재가 지속되었고, 한국과 대만에서도 1980년대까지 독재정권을 경험했다.

또한 서구에서 민주주의 정치제도를 정착시킨 나라들도 모두 그들의 역사적 배경, 사회적 전통에 따라 각각 다른 정치제도나 국가지배구조를 가지고 있다. 주권재민이라는 큰 원칙, 즉 국민이 정부와 지도자를 선택할 수 있으며, 언론의 자유와 신체의 자유, 사유재산권과 같은 시민의 기본권이 제도적으로 보장된다면, 같은 민주주의국가라도 서로 다른 권력구조를 가질 수 있는 것이다.

해방 후 미 군정 시대에 독일의 바이마르 헌법과 미국식 대통령제를 모방해 급조하다시피 도입된 한국의 제헌헌법에 기초한 정치제도는 이 땅에서 제대로 작동하지 않았다. 불과 10년도 지나지 않아 세 차례의 개정을 거치는 동안 누더기 헌법이 되어버렸다. 1987년, 현재의 헌법으로 개정되기까지 40년도 채 안 되는 기간에 모두 아홉 차례 개헌을 겪었다.

1950~1960년대에 국가권력을 쥐고 있던 지배세력들이 입에 달고 있다시피 했던 말이 바로 '한국적 민주주의'다. 그들이 말한 한국적 민주주의가 무엇인지 정확히 정의되지는 않았지만, 한마디로 서구에서 도입한 민주주의 정치체제라는 것이 한국적 현실에 맞지 않는다는 것이었다. 그리고 이 한국적 민주주의라는 것에 대한 동경은 5·16 쿠데타 이후 민주적 절차에 의해 민정으로 이양한

박정희 정부가 스스로 다시 친위 쿠데타에 의한 유신헌법으로 강제 개헌을 하면서 독재체제로 돌아가게 했다. 이러한 현상이 왜 일어나게 되었는지에 대해 지금 우리는 보다 냉철하게 돌아보고 지금 한국의 권력구조와 지배구조를 개선해나갈 필요가 있다. 한국이 유신체제로 전환되지 않았더라면 아마도 이후 한국의 경제발전 방식, 시장구조, 산업구조도 지금과 크게 다른 길을 걸어왔을 것이다. 정부의 막대한 자금 동원과 보조, 지원이 들어갔던 중화학공업 육성은 민주적 절차를 거쳐야 하는 정치체제에서는 일어나기 어려운 것이었다. 지금과 같은 5년 단임 대통령제에서는 애당초 기획하기조차 어려운 것이었다.

현존하는 한국의 재벌들은 대부분 과거 그러한 지원을 받으며 중화학공업에 진출해 몸집을 불려왔고, 소위 선단식 경영 방식이 보편화되면서 오늘날과 같은 시장지배적 위치에 자리를 잡게 되었다. 따라서 오늘날 한국의 경제구조, 시장구조는 1970년대 유신체제 정부의 중화학공업 육성이라는 목표를 달성하기 위해 동원된 막대한 지원과 시장 개입의 결과로 생겨난 것이다(Woo, 1991). 오늘날과 같이 작은 정책의 결정에도 국회의 심의와 동의를 받아야 하는 환경에서 이것이 가능했으리라고 상상하기는 어렵다. 그야말로 한국식 정치체제가 한국식 경제발전과 경제체제를 가능하게 했던 것이다. 당시의 유신체제를 변호하려고 하는 것이 아니라, 정치와 경제는 서로 맞물려 돌아가는 것이며 떼어서 생각하기 어렵다는 것이다.

한국은 서구식 민주주의가 제대로 작동할 토양을 20세기에

갖추지 못했다. 또한 이것이 비단 한국만의 문제는 아니었다. 전통
사회에서 식민지를 거쳐 갑자기 민주공화국체제를 갖춘 대부분의
신생독립국도 마찬가지였다. 고려시대 말부터 조선시대를 거치는
약 6~7세기 동안 이 땅에는 유교적 관념과 전통, 관습이 뿌리 깊게
자리를 잡았다. 조선의 정부체제나 통치구조는 애초에 중국에서
모방한 것이었지만, 이것이 약 500년간 실시되는 과정에서 조선인
의 삶에 깊이 체화되었다. 유교적 관념·사고·행동양식은 조선의
일반 가정과 조직문화에, 그리고 시골 방방곡곡에 깊이 스며들어
조선인에게 익숙한 생활방식이 되어 있었다.

　　일제강점기 조선총독부를 통해 이 땅에 근대 제도가 도입되었
지만, 그 바탕이 된 당시 일본의 제도도 기본적 인권과 재산권 보
장이라는 면에서 근대 서양의 민주주의적 요소를 도입해 가지고
있었을 뿐, 천황에 대한 충성, 군국주의, 전제적 통치 방식을 고려
할 때 민주주의적 통치구조라고 할 수는 없었다. 더구나 조선총독
부는 식민지 조선에서 일본 본토에서보다 훨씬 더 전제적이고 억
압적으로 통치를 했고, 조선인에 대한 참정권도 제대로 허용하지
않았다. 조선인은 자신의 생활양식, 의식구조와 동떨어진 근대 제
도에 잘 적응하지 못했고, 타민족의 지배를 받는 피지배자 국민으
로서 오히려 법과 제도를 지키지 않는 것을 자랑으로 삼는 경향이
생겼다. 법과 제도를 지키지 않아 체포되고 구금되는 것을 핍박으
로 여기게 되었다. 그러한 상황에서 해방 후 대한민국 정부 수립을
준비하며 급조한 헌법체계, 통치구조가 신생 대한민국에서 제대로
작동할 리 없었다.

조선시대 유학자들의 성리학 논쟁과 비슷하게 대한민국 출범 이후 지식인들과 정치인들의 민주주의에 대한 논쟁도 상당히 관념적으로 흐른 면이 많았다. 조선시대 유학자처럼 신생 대한민국의 정치학자, 언론인, 야당 지도자들도 근본주의적 사고에 빠져 있지는 않았는지 되돌아볼 필요가 있다. 우리와 독일, 미국의 역사적·사회적·시민철학적 배경의 차이는 고려하지 않은 채 바이마르공화국과 미국의 헌법에서 본 엄격한 삼권분립, 의회의 행정부 견제 기능과 권한 강화, 대통령 직선제 등을 바로 민주화의 상징으로 생각하고 이러한 것과 배치되는 것은 민주화의 역행이라고 주장한 언론인이나 학자, 정치인이 대다수를 이루었다. 대한민국의 오랜 역사와 전통, 국민의 일반적 관념과 행동양식에 비추어 우리 나름대로 창의적이고 효율적인 통치구조를 만들어 확립해나가려는 노력은 부족했다. 필자가 주영 대사로 일하며 본 영국의 국가운영체계는 미국보다 삼권분립이 훨씬 덜 되어 있고 견제와 균형보다는 책임과 효율이 중시되는 모습이었다. 영국 총리의 국정운영 권한은 우리나라 대통령보다도 훨씬 강해 보였다.

동양의 국가 중에서도 대만(중화민국)의 통치구조, 일본의 통치구조, 그리고 지금 중국(중화인민공화국)의 통치구조에 비추어 한국의 통치구조는 형식적으로 가장 미국식에 가깝다. 심지어 주요 공직자에 대한 의회 인사청문회제도까지 그대로 모방하고 있다.* 우

---

* 미국에서는 정무직 공무원의 인사청문회를 하원보다 파당적 요소가 덜한 상원에서 맡는다.

리나라의 일반 가정이나 학교, 직장에서는 아직도 유교적 전통에 따른 충효사상, 장유유서의 질서가 지배하고 있다. 대한민국 국기에는 음양과 팔패라는 주자학의 세계관과 이치가 반영되어 있다. 이에 따라 운용되는 우리 사회의 관습, 윤리와 헌법에 규정된 국가 지배구조 간에는 실질적으로 상당한 괴리가 존재하며, 이것이 사실 한국 사회에서 지속되고 있는 여러 가지 혼돈과 모순의 근원적 요인이 되어왔다고 생각된다.

이웃 일본만 해도 1864년 메이지유신으로 근대화를 시작한 이래 근대적 헌법을 도입하는 데 상당한 시간을 들여 토론과 논쟁, 연구를 거치며 메이지헌법을 제정해 발효했다. 19세기 중반 이후 일본에서 서구 자유주의 사조의 도입으로 일기 시작한 민권운동은 점차 헌법에 의한 지배와 민선 의회를 통한 국민의 정치 참여를 요구했다. 일본도 근대화 초기에는 서구 문물의 영향을 받으며 서구 양식을 모방했지만, 점차 서구 양식과 일본 전통을 조화롭게 융합해나가기 시작했다. 1881년에 메이지정부는 1890년까지 헌법을 제정한다는 내용의 성명을 발표했으며, 1889년에 천황이 하사하는 형식으로 헌법을 공포한 뒤, 1890년 제한 선거로 양원제 의회가 설립되고 첫 의회가 소집되었다. 일본에서는 강력한 권한을 천황과 군부, 내각이 가지는 입헌군주제의 실험이 약 60년간 이루어지다가 태평양전쟁에서 패한 뒤 미 군정에 의해 지금과 같이 보통 선거에 의한 근대적 민주주의제도를 도입하게 되었다. 그러나 1952년에 미 군정이 끝난 뒤 일본은 1955년 자유당과 민주당이 자민당으로 합치면서 시작된 이른바 '55년 체제'를 바탕으로 사실상 자민당의 일당 지배가 계속되는 일본식 민주주의, 국가지배구조를 취해오고 있다.

한국의 통치구조도 대한민국 정부 수립 이후 지난 약 70년간 많은 변화를 거듭해왔다. 한국은 정부 수립과 함께 엄격한 삼권분립에 기초한 서구식 통치구조를 도입했으나, 실질적으로 한국의 전통적 문화를 바탕으로 매우 권위적인 대통령과 통치구조를 발전시켜왔으며, 권력의 이양 과정도 결코 순조롭지 않았다. 박정희 대통령은 집권 기간 중 세 차례에 걸쳐 개헌을 했으며, 마지막 개헌으로 이룬 유신체제는 전제군주와 다름없는 절대적 권력 행사와 그의 종신 집권을 가능케 하는 것이었다. 그에 앞서 이승만 대통령도 세 번의 개헌으로 12년 동안 집권했으며, 박정희 대통령의 암살 이후 부상한 군부세력인 전두환 역시 간접선거에 의해 7년간 대통령으로 집권했다. 전두환이 단임으로 대통령에서 물러난 것이 한국에서는 통치구조상 권위주의적 독재정치를 마감하는 것이었다. 이후 우리는 1987년 제6공화국 헌법을 도입해 대통령 직선 단임제, 엄격한 삼권분립, 국회의 국정감사권 부활 등 국회 권력 강화를 통해 서구식 민주주의 통치구조를 정착시켜왔다. 하지만 이후로도 대통령 개인의 성향, 전반적인 정치·경제 환경 등에 따라 대통령의 권력 행사 방식과 국회와의 관계는 조금씩 달랐다.

필자가 보기에 과거 정부들 중 실제 권력이 행사되는 구조가 현행 헌법에 명시된 권력구조와 가장 근접했던 것은 노무현 정부 때다. 노태우 정부 시대에는 여전히 정경유착에 기반을 둔 청와대와 여당의 관계가 지속되었고, 김영삼·김대중 정부 시대에는 가신

정치에 의해 청와대와 여당의 종속 관계가 지속되었으나, 노무현 정부 시대에는 정경유착의 고리나 가신정치의 전통이 깨어지고 대통령 스스로 검찰, 국정원, 국세청과 같은 권력기관의 정치적 목적을 위한 사용을 중지함으로써 청와대와 여당이 거의 수평적 관계를 이루게 되었다. 그러나 그 기간 중 국정은 그리 효율적으로 돌아가지 않았다. 정권에 대한 보수 언론의 비판과 거부가 심했고, 국회의 협조를 얻기가 어려워 행정부가 입안한 정책이 입법 과정에서 자주 좌절되었다. 이명박 정부에서는 여당이 다수 의석을 점했는데도 국정원과 검찰 등 권력기관을 다시 정치적 목적으로 사용했으며, 박근혜 정부에서도 그러했음이 드러나고 있다.

지금의 한국 통치구조에서 두드러진 문제는 바로 행정부(청와대)와 의회의 협력 기반이 취약하고 불확실하다는 점이다. 이는 대통령제의 한계이기도 하다. 대통령제는 '이중적 민주주의 정통성(dual democratic legitimacy)'이라는 근본적 한계를 안고 있다(조윤제, 2009). 이중적 민주주의 정통성은 민주적 선거 절차를 통해 대통령을 뽑아 그에게 국가의 최고 행정 권력과 통치 책임을 맡기는 동시에, 또 다른 민주적 선거 절차를 통해 국회의원을 뽑아 의회를 구성해 후자가 전자의 행정·통치 권한을 견제하게 하는 데서 발생하게 된다. 이러한 상황에서 대통령과 행정부는 의회의 협력과 지지 없이는 거의 아무 일도 제대로 해나갈 수 없게 된다. 의회의 의결을 거쳐야 하는 입법 사항이 많아지면 많아질수록 의회의 기능은 강해지며 행정부에 대한 견제 기능도 강해지는 것이다. 특히 우리나라는 다른 민주국가에서 행정부의 수장이 총리령 혹은 대통령령으로 할 수 있는 세세한 사항까지 국회의 의결을 거쳐야 하는 입법 사항으로 되어 있다. 어떤 나라보다 국회의 실질적 권한이 막강한 권력구조인 것이다.

내통령제의 원조는 미국이다. 미국은 영국의 식민지로부터 독립해 공화국 형태로 출발하면서 왕이 아닌 대통령이 국가원수가 되고 행정부의 수반이 되었다. 이후 남미 국가들이 스페인으로부터 독립하면서 대통령제를 택하기 시작했고, 20세기 들어서는 제1차 세계대전에서 패전해 왕정이 무너진 독일 바이마르공화국이 대통령제를 채택했으며, 신해혁명 이후의 중화민국, 소비에트연방 등이 일당제 대통령제를 도입했다. 그 밖에 유럽에서 대통령제를 채택한 나라로는 프랑스, 핀란드, 아이슬란드, 오스트리아 등이 있다. 우리나라도 식민지에서 독립하면서 왕정으로 복귀하지 않고 공화국 형태를 채택하면서 미국식 대통령제를 도입했다.

정치학자들은 미국식 대통령제의 성공적 운영이 미국인의 독특한 산물이며, 실제로 헌법제도 외적인 면에서 그 요인을 찾을 수 있다고 지적한다(강원택, 2016). 즉, 미국의 정치제도와 권력구조는 미국의 200년 역사와 매우 밀접하게 관계되어 있으며, 따라서 미국식 대통령제 역시 미국 특유의 여러 역사적·정치적·문화적 여건 아래서만 성공적 운영이 가능한 독특한 정부형태라는 것이다. 의회와 대통령이 정치적 타협 및 대화를 통한 실질적 합의를 이루어 권력의 균형을 이루며 정책을 추진하고 국가운영을 하는 전통을 형성해온 것이다.

그러한 미국에서도 제1차 세계대전 이후 의회로부터 행정부

(대통령)로 점점 더 많은 권한이 이양되었다. 전쟁을 치르는 동안 신속한 의사 결정과 집행의 필요성이 커졌고, 이에 따라 대통령에게 점점 더 많은 권한을 이양하게 된 것이다. 정치학자들은 제1차 세계대전 이전의 미국 정부형태를 의회정부(congressional government), 제1차 세계대전 이후 정부형태를 대통령정부(presidential government)라고 부르기도 한다(조윤제, 2009).

프랑스는 1789년 프랑스혁명 이후 공화제로 출발했다. 하지만 이것이 당시 프랑스 시민의 일반적 관념이나 행동양식과 잘 맞지 않아 약 100년간 왕정과 공화제를 오가며 혼란을 겪다가 나폴레옹 3세가 몰락하면서 1871년에 제3공화국에 의해 다시 공화제가 출범했다. 그러나 그 이후에도 프랑스는 권력구조를 놓고 혼란을 거듭하다가 1958년에 샤를 드골의 제5공화국이 출범했다. '드골 헌법'이라고도 불리는 제5공화국 헌법은 임기 7년에 중임이 가능한 대통령에게 거의 절대적인 권한을 부여한 것이었다. 이후 몇 차례의 헌법 개정을 거쳐 2000년 자크 시라크 대통령 때에 대통령 임기를 줄이고 국회의원과 임기를 일치시켜 지금은 5년 중임제를 채택한 상태다. 제3공화국(1871~1940년) 시절에는 70년 동안 무려 104번이나 내각이 교체되었다. 내각의 평균수명은 겨우 8개월에 불과했다고 한다. 독일의 점령이라는 치욕을 겪은 후 출범한 제4공화국(1946~1958년)도 마찬가지였는데, 12년 동안 25번 내각이 바뀌어 내각의 평균수명은 6개월이 채 못 되었다. 드골이 국민의 지지를 얻어 내각제 대신 강력한 대통령제를 도입한 것은 이런 프랑스 내각제의 정치적 불안정성 때문이었다고 한다. 1958년 5월 알

제리에서 일어난 혁명을 계기로 프랑스에서는 사회적 혼란이 야기되었고, 이러한 상황에서 권력을 잡은 드골은 1958년 9월 국민투표를 통해 신헌법을 채택하고 1959년 1월 제5공화국 초대 대통령으로 취임했다.

프랑스 대통령은 우리나라 대통령보다 훨씬 막강한 권력을 행사하면서 국정을 주도해나갈 수 있다. 대통령은 의회해산권과 국민투표 회부권, 비상대권을 가지고 국정의 최고 책임자가 된다. 만약 야당이 다수당이 될 경우 총리가 야당 출신이 되어 소위 동거정부를 구성해나가게 되는데, 이 경우에도 대통령과 총리, 혹은 대통령의 소속 정당과 야당이 타협과 절충을 이루게 되면 국정을 순조롭게 이끌어갈 수 있다. 대통령이 속한 정당이 다수당을 차지하면 프랑스의 대통령제는 제5공화국 헌법이 애초에 의도했던 대로 강력한 대통령제가 된다. 드골이 제5공화국 헌법을 확정할 때 그는 동거정부의 가능성을 예견하지 못했다고 한다.

드골 대통령은 1965년 12월 대통령 선거에서 재선되고 1968년 5월 위기 후에도 총선에서 승리했으나 1969년 국민투표의 부결로 대통령직을 사임했다. 1969년 드골의 후임으로 선출된 조르주 퐁피두 대통령은 임기를 채우지 못하고 1974년에 사망했으며, 이로 인해 1974년에 치러진 대통령 선거에서는 중도우파의 발레리 지스카르 데스탱이 사회당 후보 프랑수아 미테랑을 누르고 당선되었다. 1981년 5월 대통령 선거에서 데스탱과 미테랑이 다시 경쟁해 이번에는 좌파연합 후보 미테랑이 승리함으로써 우파에서 좌파로 정권교체가 이루어졌다. 미테랑은 취임 후 곧바로 하원을 해산하고 총선을 실시해 원내 안정 의석을 확보하고 대대적인 사회주의 개혁을 단행했다. 하지만 이에 대해 우파와 경제계의 전면적 저항에 부딪혔으며, 결국 다음 선거에서 의회 다수당을 잃게 되자 의회 다수당 출신 총리와 권력을 나누고 타협에 의해 국가운영을 해나가게 되었다. 이러한 권력구조를 우리나라에서는 '이원정부제'라 부른다. 그러나 현재 프랑스 헌법이 추구하는 원래의 권력구조는 강력한 대통령제다. 대통령이 속한 정당이 의회 다수 의석을 잃게 되었을 경우에만 의회 다수당 출신의 총리와 협치를 해나가는 소위 이원정부제가 되는 것이다.

지금 지구상에는 200여 개의 나라가 존재한다. 나라마다 다른 통치형태를 갖고 있고, 이들 중 똑같은 통치구조를 가진 나라는 없다. 각국은 그들의 전통과 역사적 배경에 따라 서로 다른 통치구조를 가지고 있다. 크게는 주권이 누구에게 있느냐에 따라 '군주제'와 '공화제'로 분류할 수 있고, 권력구조로 보면 '대통령제'와 '내각제'로 분류할 수 있다. 지금도 약 40여 개국이 군주제를 유지하고 있다. 사우디아라비아 등과 같이 왕이 직접 통치하는 군주제를 유지하는 나라도 있지만, 군주제 국가 중에서도 다수는 국왕이 있으나 '군림할 뿐 통치하지는 않는' 입헌군주제 형태를 취하고 있다. 대표적인 나라가 영국과 일본이며, 네덜란드와 노르웨이, 스웨덴, 스페인, 벨기에도 입헌군주제 국가다. 호주, 뉴질랜드, 캐나다 같은 영연방 국가들은 국가원수가 영국 여왕이라 입헌군주제이기는 하나 실질적으로 총리가 국가를 통치한다.

국가의 권력구조와 통치형태는 해당 국가의 고유한 역사와 전통을 기반으로 그 나라 국민들이 추구하는 가치를 반영해 가장 효율적이고 합리적으로 작동할 수 있는 형태를 국민들이 선택해가면 되는 것이다.

정부형태와 권력구조

필자는 1987년 개헌으로 출범한 이른바 '87년 체제'에 기반을 둔 지난 30년간의 정치와 국가운영의 경험을 미루어볼 때, 우리나라의 국가지배구조는 지금보다 훨씬 더 효율적인 의사 결정과 집행이 가능한 구조로 바뀌어야 한다고 생각한다. 그러기 위해서는 국가지배구조가 한국인들이 오랜 역사를 거치며 그 유산으로 가지고 있는 가치체계, 행동양식, 전통적 윤리 기준, 사회적 관습, 삶의 방식 등과 더 잘 조화하는 형태로 바뀌어야 할 것으로 생각한다. 민주주의를 추구하면서도 단순히 서양의 제도를 그대로 이식한 것이 아니라 한국인의 역사와 삶의 방식, 가치 추구 형태, 이에 따른 행동양식을 잘 반영한 실효성 있는 정부형태, 권력구조를 갖추어야 한다.

해방 후 한국이 새로운 정부를 수립할 때 당시 지도자들과 위정자들이 서구 선진국의 문물과 제도를 무비판적·맹목적으로 받아들였던 것은 이후 한국 정치·사회에 많은 문제점을 노정시켰다. 민주공화국의 정신을 살리되 좀 더 실용적인 자세로 우리의 역사와 전통, 실정에 맞는 법제도와 권력구조를 도입하지 못하고 맹목적으로 미국식 혹은 서구식 제도를 모방·도입하게 된 것은 당시 우리 국민이 준비되지 않은 상황에서 해방을 맞고 급박하게 정부를 구성해 나라를 다시 세워야 했기 때문일 것이다. 또한 당시에는 우리 국민의 교육수준과 지식수준도 매우 낮았다. 중등교육을 받은 국민이 전체의 3%도 채 되지 않았고, 문맹률이 70%를 넘었다. 이제는 국민들 간 충분한 토의를 거쳐 급변하는 국제 정세와 세계 경제 질서하에서 이 나라의 지속적 발전을 이루어갈 수 있는 더욱 효율적이고 실효성 있는 국가지배구조를 갖춰나가야 한다.

새로운 국가지배구조는 한국이 선진국을 향해 추격해나가야 할 과정이 아직 남아 있는 만큼 이를 위해 효율성을 갖춘 구조여야 한다. 그리고 미래 남북통일의 가능성도 염두에 두고 개편되어야 한다. 지금 우리 국민은 국가 사회 전반적 상황에 대해 깊은 불신과 불만을 가지고 있다. 우리 사회에 널리 퍼져 있는 불공정, 부패, 반칙, 비효율과 같은 것들이 정부와 지도자들 그리고 사회 전반에 대한 국민의 불신을 낳고 있다. 그리고 거기서 나오는 분노와 좌절이 대립과 갈등, 반목의 골을 깊게 하고 있다. 이를 고쳐나가기 위해서는 앞서 제시했듯이 결국 전반적 국가제도와 운영체계의 개편이 일어나야 하고 이러한 개편을 추진할 수 있는 강력한 힘을 가진 정부형태, 권력구조가 필요하다.

우리나라는 근대 제도의 도입, 민주주의제도 운용의 경험이 미국과 영국, 유럽 국가들, 심지어는 이웃 일본보다 짧은 나라다. 그리고 불과 한 세기 전까지 이들 어떤 나라보다 중앙집권적 행정체계, 전제적 왕권, 엄격한 신분 질서하에 통치되던 나라다. 이후 일제의 압제를 거쳐 대한민국 정부가 수립된 지 이제 겨우 70년이 흘렀다. 이 짧은 기간에 한국은 세계 역사에서 전례를 찾기 어려운 놀라운 경제적 성과를 거두었지만, 그러한 약진이 제대로 된 민주주의 정치제도하에서 일어난 것은 아니었다. 이후 '87년 체제'라는 민주주의체제하에서 국민의 인권과 자유는 신장되었으나, 세계화 시대에 걸맞은 개혁은 지체되어왔으며, 경제는 정체를 거듭하고, 사회적 불신과 갈등은 오히려 커져왔다.

대한민국은 서양의 민주주의를 제도적이고 형식적인 측면에서 도입했을 뿐 그것을 제대로 운영할 수 있는 사회적 자본이 충분히 갖추어지지 않았고, 국가와 지도자들은 국민에게 그런 역량을 제대로 길러주지도 않았다. 단절된 역사의 과정을 거치며 전통사회에서 근대국가로 급격히 이행해오면서 우리 국민은 민주 시민 교육을 제대로 받지 못했다. 배우지 않고 아는 사람은 없다. 공동체의식, 법의식, 민주의식을 체득한 민주공화국 시민으로 하루아침에 태어날 수는 없는 것이다. 프랑스처럼 오랜 갈등과 정치적 불안정, 혼돈의 과정을 거치며 시민의식이 성숙되기를 바랄 수도 있다. 그러나 그 과정에서 우리나라는 정체되고 국제적 입지는 더욱 축소될 것이다.

지난 70년간 대한민국을 여기까지 발전시켜온 제도와 제도 운용 방식은 이제 수명을 거의 다했다. 그것에 의존해 여기서 더 도약하여 선진 경제, 선진 사회를 이루어나가기 위해서는 정치, 경제, 사회 전반에 새로운 보상·유인 체계가 도입되고 혁신이 일어나야 한다. 그러나 이러한 혁신을 이루기 위해서는 지난 반세기 동안 이 사회에 형성·고착된 기득권 세력의 엄청난 저항을 이겨낼 수 있어야 하고, 이를 추진하는 지도자는 그만큼 강력한 지도력과 정치적 세에 기반을 두고 있어야 한다. 우리 사회에 점차 강성하고 강고해진 재벌권력, 노동권력, 언론권력, 시민사회권력의 저항을 이겨낼 수 있는 힘과 국민적 합의를 모아낼 수 있는 제도적 바탕을 모색해야 할 때다. 지금과 같은 '87년 체제'가 더 이상 지속되는 것이 바람직하지 않다는 것은 바로 지금의 체제에서 그러한 강력한 지도력을 가진 정부가 나오기 어렵다고 판단되기 때문이다. 이에 대한 국민적 공감대는 이미 형성되어 있다고 생각한다. 그것이 바로 지난 몇 해 동안 꾸준히 개헌 논의가 제기되고 이어진 이유다. 그러면 우리에게는 어떤 권력구조, 정부형태가 바람직할 것인가?

대통령제의 유지와 중임 허용

필자는 대통령제가 의원내각제보다 우리나라의 지배구조로 아직은 더 적합하다고 생각한다. 의원내각제는 장점이 매우 많은 제도다. 의회의 다수를 차지하게 된 정당이 집권하며 집권당의 정책 방향이 바로 입법 과정을 통해 집행될 수 있어 효율성이 높은 통치형태다. 앞서 논한 '이중적 민주주의 정통성' 문제를 안고 있는 대통령제에 비해 국정운영의 낭비가 덜하다. 과반수 의석을 차지한 정당이 없을 때는 연정에 의해 정부를 구성하게 되는데, 이 경우에는 여러 정당의 정책 공약과 가치 추구의 타협점을 찾아야 하기 때문에 긍정적으로 보면 권력의 분점에 의한 타협 정치와 이에 기초한 균형적 정책의 추진이 가능하다. 그러나 부정적으로 보면 개혁과 혁신의 추진력이 약화되고 정국의 불안정이 지속될 수 있다.

나라에 따라 의원내각제의 성과도 다르다. 영국은 소선거구제에 기반을 두고 있어 전통적으로 양당제를 이루어왔고, 최근 보수당과 자유당, 북아일랜드당과의 짧은 기간의 연정과 제2차 세계대전 중의 거국내각 연정 기간을 제외하면 지난 수백 년간 연정을 해오지 않았다. 근래에 들어서는 보수당과 노동당, 과거에는 보수당과 자유당의 양당 제도하에서 어느 한쪽이 과반을 얻어 정부를 구성해 총리가 강력한 힘을 가지고 정부를 운영해온 것이다. 책임과 효율이 견제와 균형보다 더 강조되어온 것이 의원내각제의 원조 국가인 영국이다.

반면 독일은 전체 의석 중 비례대표가 3분의 1을 차지하는 선거제도를 채택해 여러 정당이 의석을 차지하며 한 정당이 과반을 얻기 쉽지 않은 정치구조를 가지고 있다. 그 결과 자주 연립정부가 출현하며, 정부의 안정성도 매우 높은 편이다. 현재 앙겔라 메르켈 총리는 제2차 세계대전 이후 8대 총리다. 독일에서 지난 70년간 총리의 재임 기간은 평균 8년이 넘고, 헬무트 콜 총리는 무려 16년간 총리로 재임했다. 이는 독일의 국가 형성 역사, 즉 1871년 통일 국가를 형성하기 전까지 각기 독립적이었던 주들이 뭉쳐 연방제 국가를 형성한 역사와 더불어 독일 국민의 전통과 문화가 반영된 결과로 볼 수 있다. 독일 통일을 이루어낸 독일 제국의 초대 총리 오토 폰 비스마르크는 30년 이상을 총리로 재임했다.

이웃 일본은 지난 약 130년간의 의원내각제에서 총리의 평균 재임 기간이 1~2년에 불과했다. 1885년 내각제가 출범하면서 초대 내각총리대신을 지낸 이토 히로부미 이후 현재의 아베 신조 총리는 97대 총리다. 재임 기간 4년을 넘긴 총리로는 요시다 시게루, 사토 에이사쿠, 나카소네 야스히로, 고이즈미 준이치로, 아베 신조 등 극히 소수에 불과하다. 반면 일본은 이러한 총리직의 불안정성에 대해 이른바 '55년 체제'라는, 거의 자민당 일당 집권을 가능하게 한 정치구조를 만들어놓음으로써 정치의 안정성을 지향해왔다.

앞서 언급했듯이 프랑스에서는 의원내각제였던 제3공화국(1871~1940년)의 70년 동안 무려 104번이나 정권이 교체되었다. 정권의 평균수명은 겨우 8개월에 불과했다. 제4공화국(1946~1958년)에서도 마찬가지였는데, 12년 동안 25번 내각이 바뀌어 내각의 평균수명은 6개월이 채 못 되었다. 이러한 상황은 이후 프랑스가 제5공화국 드골 헌법을 통해 강력한 대통령제를 도입하게 되는 데 주요한 요인이 되었다.

지금 한국의 정당구조와 정치적 환경, 정치문화 등 여러 면을 고려해볼 때, 한국에서 의원내각제를 도입하면 오랜 기간 정치적 불안정을 겪고 나서야 이것이 제대로 정착될 수 있을 것으로 보인다. 필자의 견해로는 우리나라 국민들이 전통적으로 가지고 있는 지도자에 대한 기대, 정부의 역할에 대한 기대, 언론 환경, 그리고 우리나라가 당면한 한국의 혁신 과제들이 던지는 도전의 깊이 등을 고려할 때 대통령제의 유지가 더 안정적이며 적절하다고 생각된다.

반면 지금과 같은 5년 단임 대통령제는 바뀌어야 한다. 대통령 임기는 4년 혹은 5년 중임이 더 적절하다고 보인다. 지금 한국은 전반적 국가 질서의 혁신이 요구되고 있다. 국가의 혁신과 변화를 이루기 위해서는 적어도 10년 정도의 지속적이고 일관성 있는 개혁정책의 추진이 필요하다.

한편 지금과 같이 형식적 역할을 하는 국무총리를 대신해 부통령제를 신설하는 방안도 고려해볼 수 있을 것이다. 현재 우리나라에서 국무총리는 제헌헌법 제정 당시 내각책임제 역할이 가미되면서 매우 어중간한 역할을 부여받고 있다. 대통령에 의해 지명되는 총리가 각료 제청권이나 해임 건의권 등을 실질적으로 행사하기 어렵고 대개 의전 총리 역할에 그치기 쉽다. 대통령이 직접 장관들을 통할하고 장관들과 함께 국사를 논하는 것이 헌법과 현실적 상황에 합치하는 길이다. 부통령은 대통령의 유고 시 대통령 권한을 대행하고 여러 의전 업무를 대통령을 대신해 수행할 수 있을 것이며, 대통령의 판단에 따라 대통령이 위임하는 특수한 과제를 맡아 주도해나갈 수도 있을 것이다. 권력구조에 관해서는 필자의 저서 『한국의 권력구조와 경제정책』(2009)에서 보다 자세히 논하고 있다.

대통령 자문기구의 역할 강화

반면에 대통령의 독단적인 결정, 1인 권력의 독점에서 나오는 폐해를 줄이기 위해서는 대통령 주위에 실질적이며 실효성 있는 자문기구를 두어 이를 통해 대통령의 독단에 의한 정책 결정의 오류를 견제할 수 있게 하는 것이 필요하다. 다시 말해, 대통령의 임기와 국정운영에 관한 권한을 강화하되, 국가정책 방향에 대한 대통

2부 무엇을 어떻게 바꾸어야 하는가

령실의 의사 결정과 실행이 집단의 지혜와 비전에 따라 이루어질 수 있도록 소수의 전문가로 구성된 몇 개의 대통령 자문기구를 두고 행정부 내부에서 견제와 협의가 상시적으로 일어날 수 있는 시스템을 갖추는 것이 필요하다. 예를 들어, 10인 이내로 구성되는 중국의 상무위원회의, 독일의 '5현자 위원회', 일본의 '경제재정자문회의', 우리 역사에서 찾자면 고려시대의 중서문하성, 조선시대의 사간원*과 비슷한 역할을 할 수 있는 조직이나 제도를 도입하는 것을 고려해볼 필요가 있다.

대통령의 공식 자문기구로서 실질적이며 상당히 전문적이고 정치 중립적인 입장에서 대통령과 상시적으로 해당 분야의 정책을 토론·협의하며 집단적 지혜를 모아 의사를 결정할 수 있는 제도를 갖추는 것이 좋겠다고 생각된다. 국무회의도 이러한 역할을 할 수 있겠지만, 지난 수십 년간 보여준 모습을 보았을 때 우리나라 국무회의는 각 부처 장관이 국무위원으로서의 역할을 하기보다 부처의 수장으로서 준비한 현안과 법안에 동의를 구하는 형식적 역할을 하게 되기 쉽다. 상시적·공시적 의론이 일어나고, 행정사항 결정기구로서 고려시대 말의 도평의사사, 조선시대의 의정부와 유사한 기능이 오늘날의 국무회의에서도 실질적으로 일어날 수 있게 회의를 운용해야 한다. 이러한 기능이 활성화되면 더욱 장기적이고 전

---

* 조선시대에 일단 간관이 되면 직무를 충실히 이행할 수 있도록 신분의 보장과 특별한 예우가 제도적으로 규정되어 있었다. 그 예로 대간은 포폄(褒貶)을 받지 않은 것이나 이들에게는 당상관도 정중히 답례하도록 한 것을 들 수 있다.

문적인 관점에서 국가정책 방향이 입안되고 추진될 수 있을 것이다. 미국이나 영국에서는 국무위원인 장관을 우리말로 비서로도 번역되는 'Secretary'라고 부른다. 즉, 장관은 원래 대통령의 참모로서 대통령에게 자문을 제공하는 역할을 맡는 것이다. 국무회의가 단순히 안건 처리 회의가 아닌 대통령과 국가운영 방향에 대한 자문기구의 역할을 하려면 국무회의에서의 토론이 지금보다 훨씬 더 활성화되어야 한다.

물론 행정부 바깥에서는 국회가 행정부 정책 결정에 대해 강력한 견제 기능을 맡는다. 국회의원 개개인은 우수하고 전문적 식견을 가진 분이 많지만, 국정의 세세한 부분에까지 국회 의결을 거쳐야 하는 제도는 국정의 효율성과 전문성, 장기적 일관성을 모두 떨어뜨리고 국가정책이 단기적·정치적·당파적 입법 활동에 의해 흔들리게 되는 결과를 가져와 국가 발전의 정체를 불러일으킬 수 있다.

대통령에게 형식적이 아닌 실질적이고 의무적으로 국정에 관해 자문을 제공하는 자문기구가 설립되어야 한다. 특히 박근혜 정부에서와 같이 형식적이며 홍보 효과를 노린 국민경제자문회의나 평화통일자문회의 같은 방식이 아니라 소수의 인사들로 구성해 대통령과 상시적으로 대화하고 토론하며 협의할 수 있는 기구를 구성해 운영하는 것이 좋을 것이다. 가령 경제, 외교·안보, 과학기술, 사회문화 등 분야를 나누어 임기를 정해놓고 대통령의 의견에 반대되는 제언도 할 수 있게 해야 한다. 원칙적으로 무보수로 하되 활동비를 지원하고 국책연구원들의 상시적 지원을 받을 수 있게 하며 각 분야의 최고 전문성과 통찰력을 갖춘 인물들로 구성되도록 하면 좋을 것이다. 또한 그 운영 방식을 제도화·법제화해야 대통령이 이를 자의적으로 혹은 일시적으로 운영하거나 단순히 같이 모여 사진이나 찍는 홍보 수단으로 사용하지 않을 것이다.

다른 한편으로 행정부의 상대적 권한이 강화되면 관리들의 부패나 권력 남용이 일어나기 쉬운 만큼, 이를 감시·감독하는 기능을 가진 강력하고 상시적인 반부패기구도 도입해야 할 것이다. 지금 정부가 추진하고 있는 고위공직자수사처도 좋은 대안이라고 생각된다. 고려시대의 어사대, 조선시대의 사헌부, 지금의 감사원 기능을 참고하되 지나친 정책감사보다는 공무원의 도덕성, 부패를 엄격히 감시하는 역할을 맡게 하는 것이 좋을 듯하다. 감사원의 정책감사 기능은 과거 독재 시대에 국회의 국정감시 기능이 무력화되어 있을 때 대통령에게 국회 대신 행정부를 감시하는 기능을 제공해 유효한 역할을 했으나, 지금은 국회가 이 기능을 수행하므로 공무원의 일탈이나 부패를 중심으로 감사를 하는 것이 옳다고 생각된다. 그래야 공무원들이 더욱더 소신껏 정책을 추진할 수 있다.

앞서 말했지만 민주주의는 그 대안을 찾기 어려운, 인류가 긴 역사를 통해 여태까지 발전시켜온 제도 중에 최선의 제도임이 틀림없다. 그러나 결점도 많은 제도다. 한 사회의 시민의식 발전 수준, 민주주의의 원활한 작동이 일어날 수 있게 하는 여러 명시적인 또는 암묵적인 사회적 기제가 결여되어 있는 나라에서는 이를 창의적인 방법으로 보완할 필요가 있다. 시민의식은 하루아침에 자라는 것이 아니다. 공정하며 균형감각을 갖추고 미래지향적인 여론을 형성해나가는 언론도 하루아침에 자라는 것이 아니다. 이러한 상황에서는 경제, 과학기술, 복지 등에 관한 전문적 지식과 높은 정보 분석력을 가진 소수의 전문화된 그룹을 적극적으로 활용해 더욱 미래지향적이며 전문성을 가지고 의사 결정을 내릴 수 있게 하는 체제가 더 훌륭한 결과를 낳을 수 있다.

우리의 과거 발전 과정을 돌아보더라도 이를 쉽게 수긍할 수 있을 것이다. 만약 당시 언론과 일반 여론이 하자고 하는 대로만 했다면 우리나라는 1960년대 수출 지향적 경제정책이나 경부고속도로 건설, 한일 국교 정상화를 할 수 없었을 것이다. 1980년대의 예산 동결과 물가 안정도 이루지 못했을 것이다. 그 당시 언론에서는 이에 대해 강하게 반대하는 의견이 주류를 이루었고, 다수의 학계 인사나 대학생도 마찬가지였다. 어떤 일에 대한 결정은 그 일에 관해 가장 많은 정보를 수집하고 과거 국내외에서 그 일을 추진한 경험에 관해 많은 지식을 가진 사람들이 숙고와 토의를 거쳐서 하는 것이, 그 일에 대해 언론의 피상적 분석과 여론몰이에 잠시 귀를 빌려주고 그 사안과 관련한 정보를 수집하고 분석할 충분한 시간과 지식을 갖지 못한 제너럴리스트나 일반 대중의 선호도에 맡겨두는 것보다 더 좋은, 다시 말해 그 사회의 미래를 위해 더 바람직한 것일 수 있다.

국민 개개인의 권리와 여론을 무시하자는 것이 아니다. 국민 모두가 관심을 가지고 있는 국가 중대사는 당연히 국민 여론에 바탕을 두고 결정해야 한다. 그러나 대중민주주의제도가 가지고 있는 결점을 보완할 필요도 있다. 실제로 민주주의가 발전한 많은 서구 선진국에서는 이를 위한 사회적 기제를 갖추고 있다.

가령 영국의 상원의원은 국민의 선거로 선출되는 직이 아니며 정치, 경제, 외교, 과학, 예술 등 각 분야에서 일가를 이루고 사회에서 능력을 인정받은 전문가를 총리의 추천을 받아 종신직으로 여왕이 임명한다. 어떤 법안이나 주요 국가 어젠다에 대한 상원에서의 토론은 파당적 관점이 아니라 전문가적 경륜에 바탕을 두고 행해져 그 사회의 여론을 이끌고 미래지향적 의사 결정을 가능하게 한다. 미국의 상원도 미국 건국 당시 로마의 원로원을 모델로 만든 것이라고 한다. 1923년까지 미국의 상원의원은 직접선거가 아니라 주지사가 각 주에서 존경받는 원로를 2명씩 지명해 워싱턴으로 보내는 방식으로 선출되었다. 하원의 임기가 2년인 데 비해 상원은 6년이며, 당파적 이해가 아니라 좀 더 미래지향적으로 국사를 논하는 전통이 강하다. 고위 정무직에 대한 인사청문회도 하원이 아닌 상원이 맡아서 하고 있다.

요컨대, 전문적 토론을 필요로 하는 구체적 정책에 대한 결정은 국민의 위임을 받은 정부가 전문가를 규합해 조직을 구성하고 거기서 더 나은 의사 결정 환경을 만들어 이들이 신속하고 미래지향적인 의사 결정을 할 수 있게 하자는 것이다. 그리고 국민들이 정부의 전체적인 성과를 보고 판단해 정부 선택권을 행사하게 하자는 것이다.

만약 모든 정책을 국민의 투표로 결정한다고 가정해보자. 사실 오늘날 거의 모든 정책에 대해 언론사에서는 여론조사기관의 전화를 통한 여론조사로 찬반 의견을 묻고 어느 쪽이 다수인지를 일상적으로 보도하고 있다. 다수가 반대하는 정책을 취하는 것은 정부로서는 큰 부담일 수밖에 없어 대개 정부는 다수가 지지하는 방향을 선택하곤 한다. 또한 언론사는 자신의 주장과 반대되는 정책을 이러한 여론조사를 빌려 정부를 압박하는 수단으로 활용하는 경우도 많다. 주지하듯이 여론조사는 설문을 어떻게 설계하느냐에 따라 결과에 큰 차이가 생기기도 한다. 또한 공공선택이론에 의하면, 중위투표자(median)가 어떤 정책을 원하느냐에 따라 정책 방향이 정해지게 된다. 그러나 중위투표자, 즉 1부터 100까지 놓았을 때 50 근처에 해당하는 투표자의 선택이 해당 사안에 관해 더 많은 지식과 정보를 지닌 전문가들이 선호하는 선택보다 반드시 이 사회에 더 미래지향적이고 우월한 복지의 결과를 가져올 것이라고 보기는 어렵다. 민주주의의 기본 정신에 따라 중요한 국가적 의제에 대해서는 국민의 여론을 존중해 국가운영을 하되, 전문적이며 세부적인 정책 사항에 대해서는 전문가 그룹의 심의와 제언에 바탕을 두고 방향을 결정하는 것이 국민과 국가 미래를 위해 더 적절할 수 있다.

관료 시스템의 개편

대통령을 수반으로 하는 행정부 혹은 집행부의 역할이 강화·개선되어야 한다면, 이를 위해서는 유능한 행정관료 시스템을 정착시키는 것이 무엇보다 중요한 과제다. 행정관료는 어느 시대, 어느 사회를 막론하고 국가 발전의 핵심으로 중요하게 인식되어왔다. 시장경제의 발전과 더불어 시장의 힘이 상대적 우위를 점하는 추세가 이어져 왔지만, 여전히 어떤 나라에서나 정부와 관료의 역할은 막중하다. 개방화, 자유화, 세계화에도 불구하고 지난 한 세기 동안 전 세계적으로 공공부문은 오히려 점점 더 확대되는 양상을 보이고 있다. 20세기 초까지만 해도 GDP 대비 약 10%에 불과하던 공공지출 비중은 지금 많은 선진국에서 40%를 넘고 있다. 지난 10년 동안에도 이 비중은 지속적으로 증가해왔으며, 우리나라도 GDP 대비 정부예산 비중이 2004년 22.5%에서 2015년 25.1%로 증가했다(조윤제, 2014.12.20).

정부의 역할은 어떤 시대에든 대단히 중요하다. 관료가 우수하고 관료 시스템이 튼튼해야 국가의 지속적인 발전을 도모할 수 있다. 특히 지금처럼 정치가 상업적 또는 대중영합적으로 흐르기 쉽고 정당의 정책 기능이 매우 취약하며 5년 단임제 정권하에서 정책 기조와 방향이 일관성을 유지하기 어려운 상황에서 관료 시스템이 유능한 인재들을 끌어들이지 못하고 정책 기능이 흔들리기 시작하면 한국 경제·사회의 발전은 더 정체될 수밖에 없다. 따라서 유능하고 전문적이며 국가 사회에 대한 소명의식과 도덕성을 갖춘 관료 시스템을 유지·발전시켜 나가는 것은 국가 발전을 위해 무엇보다 중요한 일이다. 특히 장관이나 차관, 실장 및 국장 등 고위 관료는 우리 사회에서 최고의 식견과 능력을 갖춘 엘리트들이 맡게 하고 이들에게 적합한 인센티브를 주어야 합리적·효율적·미래지향적 국가제도와 정책을 도입·실현해나갈 수 있을 것이다.

우수하고 유능한 관료 시스템을 정착시키려면 ① 우수한 인력을 채용해 ② 바른 보상·징벌 체계를 제공하며 ③ 잘 정립된 훈련·인사평가·승진 과정을 거치게 해야 한다. 현재 우리나라 관료 시스템은 우수한 인력을 채용하고 있으나, 바른 보상·징벌 체계를 제공하지 못하며, 훈련·인사평가·승진 시스템에 많은 취약점을 안고 있다. 그 원인은 제도의 취약점에서도 찾을 수 있지만, 관행에서 오는 취약점도 큰 요인일 것으로 생각된다. 이는 궁극적으로 우리나라 관료의 전문성을 낮추고, 민관유착 관계를 조장하는 요인이 되고 있다.

관료의 임용·훈련·승진 시스템의 개선

최근 우리 사회에서 큰 비판을 받고 있는 소위 '관피아' 문제에 대한 접근도 결국 퇴직 관료의 공급과 수요라는 측면에서 접근해볼 필요가 있다. 우리나라에서는 고위직 관료 출신이 너무 많이 양산되고 있다. 아마도 지난 20년 동안 한국처럼 많은 장관, 차관, 차관보, 국장급 출신을 배출한 나라도 드물 것이다. 이렇게 많은 고위직 출신을 배출하는 주요인은 이들의 평균 재임 기간이 매우 짧다는 것이며, 또한 고위직으로의 승진 과정에서 공무원들을 적절히 선별하지 못하고 모두 고위직까지 오르게 한 다음 잠깐의 고위직 재임 기간을 거치게 한 후(혹은 '위성'으로 떠돌게 하다가) 퇴직시키기 때문이다. 이렇게 많은 고위직 출신이 배출되면 이들이 짧은 기간 고위직으로 있다가 퇴임한 뒤에 찾아서 나갈 '낙하산' 자리도 그만큼 많아야 하는 것이다. 약 30년의 공직 생활 후 퇴임하면 관계 기관

외에 마땅한 일자리를 찾기 어려운 것이 현실이다. 과장, 국장, 차관보로 진급하는 평가에서 뒤처진 공무원들이 중간 단계에서 나가 다른 직장을 찾게 되면 대개 민간부문의 중견 간부직으로 옮겨가게 될 것이기 때문에 관피아의 문제로까지 얽히지는 않게 된다.

우리나라 관료사회에서는 대개 국장이나 차관보급 이상의 고위직에 오르게 되면 곧 후배들에게 자리를 비워줘야 한다는 무언의 압력을 받게 된다. 결국 짧은 재임 기간밖에 채우지 못하게 되며, 차관이나 장관으로 임용되지 못하면 퇴임해 관련 협회나 기관으로 자리를 옮기게 된다. 장차관으로 임용되더라도 대개 1~2년도 채우지 못하고 다시 관계 기관, 로펌 등에 들어가 전관예우나 민관유착의 사슬을 형성하게 되는 것이다.

직업관료가 고위직에 오르는 과정에서 엄격한 경쟁 및 선발 과정을 거치게 하고, 그러한 과정을 거쳐 고위직에 기용되면 오랫동안 그 자리에서 능력을 발휘할 수 있게 해야 한다. 그렇게 될 때 고위직의 전문성과 경륜도 높아질 수 있다. 그렇게 되기 위해서는 직무평가 시스템이 매우 잘 정립되어 있어야 하며, 직무평가가 엄격하고 철저하게 이루어져야 한다. 또한 직책에 대한 직무분석이 분명히 이루어져야 하며, 직무평가도 철저히 업무 능력과 실적 위주로 이루어져야 한다. 직속상관이 담당 직원들에 대한 엄정한 평가에 많은 시간과 노력을 쏟도록 시스템을 개편해야 한다. 예를 들어, 부하 직원을 엄격하고 공정하게 평가하는 능력이 관리직을 평가하는 데 주요 항목이 되도록 해야 한다.

이러한 과정을 거쳐 유능한 인재는 일찍 발탁해서 오랫동안 고위직을 경험하게 하고, 업무 능력이 떨어지는 직원들은 일찍이 신호를 주어 다른 직장을 찾아 나가게 하거나 본인이 원할 경우 부처에 남아 있되 향후 고위직으로의 승진 기회가 제한될 것이라는 점을 미리 인지하게 힘으로써 기대 수준을 낮추는 인사 시스템을 정착시켜나가야 한다.

우리나라의 현재 시스템에 따르면, 행정고시(현재 5급 공채)로 임용된 거의 모든 공무원이 적어도 국장 또는 차관보급으로 승진하려 하고, 이렇게 고위직을 거쳐야 퇴직 후 관계 기관이나 공기업 고위직으로 가서 공무원 재임 중의 상대적으로 낮은 보수를 보상받으며 노후대책을 제대로 마련할 수 있다고 여기게 된다. 이 때문에 조직이 스스로 이러한 관행을 막지 못하는 것이다. 관료의 이익을 위해 관료사회 내부의 담합을 통해서 정착된 관행이다. 이러한 관행에 따라 거의 모든 사무관들이 특별한 징계 사유가 없는 한 약 12~15년의 기간을 거쳐 과장으로 승진하고, 10여 년 여러 과장 보직을 거친 뒤 국장급으로 승진하며, 다시 4~5년의 기간을 거쳐 실장, 차관보급으로 승진해 그 자리에서 1~2년도 채우지 못하고 떠나거나 그중 일부가 차관, 장관으로 승진해 각각 겨우 1년여를 채우고 부처를 떠나게 된다. 이러한 관행을 개혁하려 하면 직원들에 대한 동기 부여와 사기 유지가 어렵고 조직원들의 강한 저항이 따르게 마련이어서 1~2년의 단명 장관들이 이를 바꿔나가기란 현실적으로 매우 어렵다. 또한 장관들이 자신의 짧은 재임 기간 중 이러한 난제를 애써 풀어가게 할 만한 인센티브도 없다. 따라서 중앙에서 시스템 자체를 바꿔줘야 한다.

선진국에서는 유능한 인재들을 일찍 발탁해 승진시키며, 과장, 국장, 차관보로 각각 상당 기간 일하게 하고, 나중에 차관이나 정무직에 올랐을 때 다시 한 자리에서 수년씩 재직하게 한다. 반면에 우리나라에서 장관은 가령 50대 후반에 그 직에 오르더라도 대부분의 경력을 사무관(13~15년), 과장(10여 년) 등 중·하위직에 머물며 보냈기 때문에 나이가 비슷하거나 더 어린 외국 각료들과 비교할 때 정책 결정의 경험이나 경륜에서 훨씬 뒤지는 경우가 많다.

또한 21세기 정보화 사회에서 복잡다기한 사회문제들을 풀어나가기 위해서는 정부 내에서만 훈련받은 사람들의 식견과 시각만으로는 부족한 경우가 많다. 기업이나 컨설팅회사, 연구소, 혹은 학계에서 전문성을 쌓은 사람들을 중간간부직에 기용해 정책의 입안과 실행을 맡겨야 할 경우도 있다. 지금 한국의 관료사회는 행정고시 기수별로 서열을 세우고 고시 출신끼리 뭉쳐 돌아가면서 자리를 나누어 가지며 외부에서 중간에 들어오는 사람들에 대해서는 배타적인 관행을 만들어놓았다. 행정부처의 주요 직위가 이들에 의해 독점되고 이들이 강고한 기득권 집단으로 행동하는 경우가 많다.

지금과 같이 사회가 다양화하고 많은 분야의 정책 결정에 전문성이 크게 요구되는 상황에서는 중간간부직에 대한 외부 수혈을 늘려 이들이 고시 출신과 같은 조건에서 경쟁하게 함으로써 공무원들의 전문성을 자극해나가야 한다. 그러기 위해서는 역시 엄정한 직무분석과 성과평가, 그리고 이에 기초한 인사 시스템이 정착되어나가야 한다.

보수체계의 개편

관료들의 평가·승진 시스템의 개선은 보수체계의 개선과 함께 이루어져야 실효성을 가질 수 있다. 엄격한 업무평가는 많은 탈락자를 낳게 되고 또한 여기서 지속적으로 좋은 평가를 받는 공무원들은 거의 평생을 공무원으로 살아가게 되기 때문에 이들이 한눈팔지 않고 소명의식을 가지고 일하게 하기 위해서는 적절한 보상체계가 제공되어야 한다.

특히 현재와 같이 공무원의 일률적인 보수체계는 맡은 직무에 대한 자격 요건, 전문성 등에 따라 보수에 차등을 두는 시스템으로 바꿔나가야 한다. 중앙부처와 지방부서 간에, 그리고 정책을 다루는 경제부처와 단순한 민원업무를 담당하는 부서 간에 현실적 상황을 반영해 보수에 차등을 둘 필요가 있다. 그렇게 하지 않고서는 중앙부서의 개방형 중간관리자급에 외부로부터 우수한 인력을 끌어들이기도 어렵다.

또한 현재 공무원 보수체계를 개편해 민간부문처럼 고위직에 오르면 지금보다 훨씬 높은 봉급을 받을 수 있도록 현재의 하후상박형 보수체계를 개편할 필요가 있다. 민간부문과 비교했을 때 공무원의 보수는 하위직의 경우에 상대적으로 낮지 않거나 높은 반면, 고위직의 경우에는 고위직에 이르기까지의 근무 연수와 경력을 고려할 때 상대적으로 크게 낮은 상황이다. 우리나라에서 행정고시로 임용된 공무원이 과장으로 진급하기까지는 약 12~15년, 국장으로 진급하기까지는 약 25년이 걸리게 되는데, 학력이나 근무 경력, 연령대가 비슷한 민간부문 임직원과는 보수 수준에 큰 차이가 나는 실정이다. 철저한 경쟁과 엄정한 평가로 지금보다 승진의 기회를 좁히되, 이를 통과해 승진에 이르면 그에 합당한 보수를 보장하는 식으로 보수체계를 개편해야 한다. 그래야 부정부패도 줄일 수 있으며, 퇴임 후 민관유착에 대한 동기도 줄일 수 있을 것이다. 대개 행정고시 혹은 5급 공채를 통해 중앙부처에서 공무원을 시작한 사람들은 한국의 최고 엘리트 수준에 속하는데, 대기업이나 금융기관에 취업한 비슷한 연배들과의 보수 차이가 시간이 갈수록 커지게 되면 아무래도 본인이나 가족이 주위의 유혹에 넘어가기 더 쉽고 도덕성을 지키면서 청렴한 공무원 생활을 이어가기가 쉽지 않다. 더욱이 보수체계를 현실에 맞게 개편해야 부정부패 행위에 대해 더 엄격히 징벌하는 제도나 퇴임 후 관피아 문제를 막기 위한 제도를 도입했을 때 더 설득력을 가지고 실효성을 거둘 수 있을 것이다.

사무관에서 과장, 과장에서 국장, 국장에서 차관보로 올라가는 과정에서 많은 공무원이 탈락하고 그 단계에서 부처를 떠나 다른 직장을 찾아 나가게 해야 하며, 유능한 직원은 일찍 고위직으로 발탁해 오랫동안 재임하게 함으로써 관료의 전문성과 경륜을 높여 나가야 한다. 이렇게 되면 유능한 고위직 출신 공무원에 대해서는 그 전문성만으로 민간부문에서 찾는 수요가 많을 수 있으며, 굳이 퇴직 후 관계 기관에 재취업해 민관유착과 전관예우의 끈을 이어가지 않아도 되는 이들도 늘어나게 될 것이다.

현재 관료사회 문제점의 많은 부분은 관료들이 스스로 노력해 개선해야 한다. 우선 일하는 방식이 크게 바뀌어야 한다. 지금은 공무원들이 바쁘게 장시간 일하지만, 업무의 효율성은 매우 낮은 편이다. 불필요한 회의 참석, 배석, 보고와 결재를 위한 대기 시간을 줄여야 한다. 그리고 중요한 정책 제안서와 정책 이슈에 관한 논문을 중간관리직과 고위직 공무원이 직접 작성하는 관행이 자리를 잡아야 그들의 전문성이 선진국 공무원과 대등하게 올라갈 수 있다. 전문성 있는 상관 아래서 훈련받아야 전문성 있는 공무원들이 자랄 수 있다. 부처 내에서 정책에 관해 토론하는 문화를 더 활성화하고, 사무관뿐 아니라 과장 또는 국장이 직접 정책논문(policy paper 또는 memorandum)을 작성해 토론과 정책사고를 자극해야 지금과 같은 21세기 민주사회에서의 복합적이고 다면적이며 전문적인 과제들을 잘 풀어나갈 수 있다. 이는 제도보다 관료사회 내에서의 관행을 바꾸고 스스로 새로운 기풍을 세우려는 노력이 있어야 가능한 일일 것이다.

이와 더불어 경제인문사회 계통의 국책연구원에 관한 제도와 구조도 바뀌어야 한다. 현재는 공무원들이 직접 사고하고 분석할 일들까지 국책연구원의 연구분석에 의존함으로써 특히 젊은 관료들이 자신의 정책연구 역량을 제대로 발전시켜나가지 못하고 있다. 1970년대 중반까지 한국의 경제관료들은 정책을 고안할 때 스스로 해외 사례를 조사·연구함으로써 자연스레 정책 마인드를 길러갔으나, 오늘날 젊은 관료들은 주요 정책연구를 국책연구원에 의존하게 되어 관료 스스로 정책 마인드를 갖추는 훈련 과정을 제대로 거치지 않고 있다.

반면 국책연구원은 우수한 연구 인력을 확보하고 있지만, 정부로부터의 독립성을 확보하지 못하고 단기 과제들에 얽매여 우리 사회가 가지고 있는 장기적 어젠다에 관한 연구에 매진하기 어려우며 주요 정책 방향에 대해 중립적 견해를 내놓지 못하고 있다. 그동안에는 정권이 바뀔 때마다 국책연구원의 원장도 바꾸는 경우가 많아 연구 방향과 내용이 정권에 따라 자주 바뀌는 것도 문제로 지적되었다. 국책연구원은 매년 수천억 원의 예산을 쓰고 있는데, 차라리 일부 연구원들은 공무원 신분으로 전환해 부처 내 연구조사국을 신설해서 흡수하거나 연구 업무를 주요 대학의 연구소에 맡기는 방식으로 민영화해 더욱 장기적인 국가 어젠다를 연구해나가게 하는 방향도 검토해볼 필요가 있다.

국가미래연구원의 설립

앞서 말했듯이 우리나라 국책연구원들의 연구가 주로 해당 부처에서 주문받은 단기적 정책 과제들에 집중되어 있기 때문에 정부 부처들과 마찬가지로 국가의 장기적 어젠다에 관한 분석과 연구, 비전의 제시가 제대로 이루어지지 않고 있다. 또한 과거의 수요에 따라 만들어진 국책연구소의 역할과 구조는 오늘날과 같은 융합의 시대에 필요한 학제 간 융합적 연구와 분석, 정책 제시에 많은 한계를 안고 있다. 이 책에서 여러 번 강조했듯이 경제현상도 사회현상의 일부이며, 이는 또한 국제정세의 변화, 정치적 과정을 통해 형성되는 것이다.

현재 국무총리실 소속으로 되어 있는 경제인문사회연구회 산하 26개 국책연구원에 대해 직접 지원되는 국가예산만 연간 5000억 원이 넘는다. 각 연구원은 이 예산 외에도 관련 정부 부처가 별도로 기지고 있는 연구예산을 지원받아 정책 과제에 관한 연구용역을 진행하며, 공공기관들로부터도 연구용역 과제를 수주해 진행하고 있다. 이러한 예산을 모두 합치면 정확히 얼마가 되는지 알수 없지만 아마도 조 단위에 가까울 것이다.

앞서 언급했듯이 지금 대한민국은 세계경제, 국제정세의 대전환기를 맞아 내우외환의 상황에 처해 있다. 동북아 정세, 국제질서의 변화에 맞추어 우리나라의 장기적 외교안보전략을 세우고 미래의 통일을 준비해나가야 한다. 세계경제 환경 변화에 맞추어 경제정책·제도·질서를 재구성해나가야 한다. 그리고 빠르게 진행되고 있는 4차 산업혁명이 가져오게 될 삶의 방식 변화, 의사소통 방식변화, 정치 방식 변화, 의회민주주의 변화 등을 예측하고 이에 맞추어 지금의 정책과 제도에 대한 개혁을 준비하고 실천해나가야한다. 그러나 지금 이러한 통괄적·융합적 연구분석을 수행하고 이에 기초해 중·장기적 국가 어젠다와 혁신 과제를 제시하는 국책연구원을 찾아보기란 어렵다.

이미 정부가 지원하는 국책연구원의 예산 규모는 막대하다. 그리고 국책연구원은 우리나라의 우수한 연구 인력을 많이 확보하고 있다. 여기에 국가미래연구원이라니, 웬 새로운 국책연구소인가 하는 의문을 제기하는 국민도 많을 것이다. 하지만 국가미래연구원이라는 기관을 새로이 설립해 외교, 안보, 환경, 조세·재정,

금융, 의료, 복지, 보건, 국토계획 등을 관통하는 주요 장기적 국가 어젠다를 선별한 뒤 기존 국책연구원들로부터 해당 분야의 전문성을 갖춘 우수한 연구 인력을 수년간 파견받아 그러한 장기적 국가 어젠다를 집중적으로 연구하고 미래 국가 과제에 대한 비전을 제시하게 하는 것은 국가운영에 매우 유용한 일이 될 것으로 생각된다. 국내 최고의 연구 브레인들을 국가미래연구원에 모아(원소속은 현재의 국책연구원, 혹은 학술원에 두더라도) 큰 추가적 예산 비용 없이 국가의 장기적 개혁 과제와 방식에 관해 연구하게 하면 지금 우리 정부·사회 전반이 가지고 있는 단기적 시계를 극복하는 데 도움이 될 것이다. 그리고 이들이 일정 기간 파견 후 원소속 국책연구원으로 돌아가게 되면 그 연구원의 연구 시계를 장기화해나가는 데에도 도움이 될 것이다.

국가미래연구원을 어디 소속으로 둘 것인지는 좀 더 검토할 필요가 있겠지만, 청와대 혹은 국회 둘 중 한 곳에 소속되도록 하는 것이 좋겠다고 생각된다. 둘 다 모두 장단점이 있을 것이다. 그 밖의 세부적인 사항에 관해서도 좀 더 검토해봐야 할 것이나, 이러한 기관을 잘 설계해 운영하면 그 유용성은 크리라 생각된다.

참고문헌

강영훈. 2008. 『나라를 사랑한 벽창우: 강영훈 회고록』. 동아일보사.

강원택. 2016. 『대통령제, 내각제와 이원정부제: 통치형태의 특성과 운영의 원리』. 인간사랑.

강종구·박창귀·조윤제. 2012. 「국가별 패널자료를 이용한 소득불균형 확대의 원인분석」. 한국은행. ≪경제분석≫, 제18권 1호.

권규호·조동철. 2014. "20년 전의 일본, 오늘의 한국: 인구구조 고령화와 경제역동성 저하". 조동철 엮음. 「우리 경제의 역동성: 일본과의 비교를 중심으로」(연구보고서 2014-03). 한국개발연구원.

김낙년. 2012. 「한국의 소득집중도 추이와 국제비교, 1976-2010: 소득세 자료에 의한 접근」. 한국은행. ≪경제분석≫, 제18권 3호.

_____. 2013. 「한국의 소득분배」. 낙성대경제연구소, Working Paper 2013-06.

_____. 2015. 「한국에서의 부와 상속: 1970~2013」. 낙성대연구소 Working Paper 2015-07.

김낙년·김종일. 2013. 「한국 소득분배 지표의 재검토」. ≪한국경제의 분석≫. 제19권 2호, 1~64쪽.

김병연. 2014. 「한국의 시장경제: 제도의 부정합성과 가치관의 혼란」. 이영훈 엮음. 『한국형 시장경제체제』. 서울대학교 출판문화원.

김상조. 2015. 「경영권승계에 대한 사회적 규범의 모색」. 경제개혁연대.

_____. 2016. 「비은행권 금산분리 규율체계의 재설계」. 한국금융학회 정책심포지엄 발표논문(2016.2.25).

김인섭. 2016. 『기적은 끝나지 않았다: 민주시민을 위한 대한민국 현대사』. 영림카디널.

김종일. 2016. 「산업구조와 소득분배」. 조윤제 엮음. 『한국의 소득분배: 추세, 원인, 대책』. 한울.

김준경. 2016. 「최근의 경제현황과 지속가능한 성장을 위한 과제」. 전경련 2016 전망세미나(2016.6.16).

김진국. 2016.1.2. "[김진국의 시대공감] 분노의 해, 희망의 해". ≪중앙일보≫.

김희삼 엮음. 2015. 「세대 간 갈등의 분석과 상생 방안의 모색」. 한국개발연구원.

박상인. 2016. 『삼성전자가 몰락해도 한국이 사는 길』. 미래를 소유한 사람들.

박성재. 2014. 「고졸자 초기 경력 형성에 관한 연구: 1965~79년생을 중심으로」. 한국노동
연구원 연구보고서 2014-03.

박종규. 2013. 「한국 경제의 구조적 과제: 임금(賃金) 없는 성장과 기업저축의 역설」. 한
국금융연구원.

성명재. 2016. 「재정과 소득분배」. 조윤제 엮음. 『한국의 소득분배: 추세, 원인, 대책』. 한울.

안종석 외. 2010. 『지하경제 규모의 측정과 정책시사점』. 한국조세연구원.

여유진 외. 2015. 「사회통합 실태진단 및 대응방안 II: 사회통합과 사회이동」. 한국보건
사회연구원.

윤영관. 1999. 『21세기 한국정치경제 모델: 좌, 우, 그리고 집중 구조를 넘어서』. 신호서적.

_____. 2015. 『외교의 시대: 한반도의 길을 묻다』. 미지북스.

윤희숙. 2012. 「1990년대 이후 한국경제 구조변화가 빈곤구조에 미친 영향과 정책적 함
의」. 한국개발연구원.

_____. 2014. 「한국경제 구조변화 속에서의 노동시장 구조개혁: 왜 무엇을 어떻게?」.
KDI 정책토론회.

이영훈 엮음. 2014. 『한국형 시장경제체제』. 서울대학교출판문화원.

이재열 외. 2013. 「한국인의 마음의 행로: 베이비붐 세대와 에코붐 세대의 비교」. 창조경
제연구원 연중세미나 발표자료(2013.9.6).

이정우. 2010. 『불평등의 경제학』. 후마니타스.

이종찬. 2015. 『숲은 고요하지 않다: 이종찬 회고록』(제1권), 한울엠플러스.

이주호 외. 2016. 「한국인의 역량: 실증분석과 개혁과제」. ≪한국경제포럼≫, 제9권 1호.

장덕진. 2016.2.3. "희망제작소·허핑턴포스트코리아 공동기획 시대정신을 묻는다 ②: 남
은 시간은 7~8년뿐, 그 뒤엔 어떤 정책도 소용없다". ≪허핑턴포스트코리아≫.

조덕희. 2012. 「중소기업 고용 변화의 세 가지 논점과 향후 정책과제」. 산업연구원 ISSUE
PAPER 2012-292.

조순. 2015. 「자본주의 경제의 지속적 발전을 위한 경제운영의 원리」. 대한민국학술원.
≪학술원논문집≫, 제54집 1호.

조윤제. 2009 『한국의 권력구조와 경제정책: 새로운 징지, 경세의 틀을 찾아서』. 한울.

_____. 2011. 「공정사회와 한국의 경제정책」. 2011년 경제학 공동학술회의 전체회의 주
제발표 논문(2011.2.6),

_____. 2014. 「'87년 체제'와 한국의 경제구조, 권력구조의 변화」.≪철학과 현실≫, 제101
권(여름).

_____. 2014.12.20. "[중앙시평] 우리는 어떤 관료시스템을 원하는가?". ≪중앙일보≫.

_____. 2016.9.8. "[중앙시평] 김영란법-생활문화 개선 계기 돼야". ≪중앙일보≫.

_____. 2016. 『위기는 다시 온다: 세계금융위기 이후 선진국은 왜 금융 규제를 강화하는
가』. 한울.

조윤제 엮음. 2016. 『한국의 소득분배: 추세, 원인, 대책』. 한울.

조윤제·박창귀·강종구. 2012. 「한국의 경제성장과 사회지표의 변화」. 한국은행 경제연
구원 Working Paper 제470호.

≪중앙일보≫. 2017.7.12. "문재인 정부 향한 원로 4명의 조언".

최광. 2013. 「지하경제의 양성화와 세제개혁」. 포럼오래 토론회 발표문(2013.3.26).

패스트라이쉬, 임마누엘(Emanuel Pastreich). 2016.1.2. "[임마누엘 칼럼] 정치인들에게
기적을 기대할 수 있을까". ≪중앙일보≫.

함승희. 2014. 「국가혁신의 제1과제는 반부패 개혁이다」. 포럼오래·김병준 외. 『세상을
바꿔라 2』. 조명출판사.

헨더슨, 그레고리(Gregory Henderson). 2013. 『소용돌이의 한국정치(완역판)』. 이종삼·
박행웅 옮김. 한울.

홍성철 외. 2014. 「최근 중소제조업 주요 위상지표 변화 원인 및 시사점: OECD 국가패널
자료를 활용」. 중소기업연구원. ≪KOSBI 중소기업 포커스≫, 제14-10호.

Ahn, Choong Yong. 2016. "Rising Inequalities in South Korea and the Search for a
New Business Ecosystem." *Global Asia*, Vol.11, No.2(Summer).

Berggruen, Nicolas and Nathan Gardels. 2013. *Intelligent Governance for the 21th
Century: A middle Way Between West and East*. Cambridge, UK & Malden,
MA: Polity.

Cho, Yoon Je. 2001. "International Environment and Korea's Economic Development
during 1950s-1970s." Economic Papers, Bank of Korea, Vol.4, No.2, November
2001.

_____. 2002. "Financial Repression, Liberalization, Crisis, and Restructuring: Lessons
of Korea's Financial Sector Policies." ADB Institute Research Paper No.47,
November 2002.

_____. 2011. "What do Asian Countries Want the Seat at the High Table for? Global Economic Governance Reform and the G20." ADB Working Paper, No 73, February 2011.

_____. 2012. "Global Economic Governance Reform and the Role of Asia: Opportunities Offered by the G20." *Journal of International Economic Affairs*, Vol.16, No.1.

Cho, Yoon Je and Joon-Kyung Kim. 1993. "Credit Policies and Industrialization of Korea." World Bank Discussion Paper No.50, World Bank.

The Economist. 2011.10.22. "A Tale of Three Islands."

Fukuyama, Francis. 2006. *The End of History and the Last Man* (Reissue edition). New York: Free Press.

Gordon, Robert. 2016. *The Rise and Fall of American Growth: The U.S. Standard of Living since the Civil War*. Princeton, NJ: Princeton University Press.

IMF(International Monetary Fund). 2014. "Fiscal Policy and Income Inequality." IMF Policy Paper.

Kim, Nak Nyeon and Jongil Kim. 2014. "Top Incomes in Korea, 1933~2010: Evidence from Income Tax Statistics." Naksungdae Institute of Economic Research, Working Paper 2014-03.

Koo, Richard C. 2008. *The Holy Grail of macroeconomics: Lessons from Japan's Great Recession*. Singapore & Hoboken, NJ: Wiley.

Krugman, Paul R., Maurice Obstfeld and Marc J. Melitz. 2012. *International Economics: Theory & Policy*, 9th ed. Boston: Pearson Addison-Wesley.

Lipton, David. 2015. "Income Inequality: The Role of Fiscal Policy." Paper for SNU Seminar '소득불평등과 재정정책의 역할'(2015.2.4).

Maddison, Angus. "Statistics on World Population, GDP and Per Capita GDP, 1-2008 AD." University of Groningen.

Mian, Atif and Amir Sufi. 2014. *House of Debt: How They (and you) Caused the Great Recession, and How We Can Prevent It from Happening Again*. Chicago & London: University Of Chicago Press.

Micklethwait, John and Adrian Wooldridge. 2014. *The Fourth Revolution: The Global Race to Reinvent the State*. New York: The Penguin Press.

참고문헌

North, Douglas. 1990. *Institutions, Institutional Change and Economic Performance.* Cambridge & New York: Cambridge University Press.

OECD(Organization for Economic Cooperation and Development). 2013. "Implication of Global Value Chains for Trade, investment, Development and Jobs."

_____, 2015. "Education at a Glance 2015."

_____. 2016. "Society at a Glance 2016: OECD Social Indicators."

_____. 2017a. "Poverty Rate (indicator)." doi: 10.1787/0fe1315d-en.

_____. 2017b. "Social Spending (indicator)." doi: 10.1787/7497563b-en.

_____. 2017c. "Tax on Personal Income (indicator)." doi: 10.1787/94af18d7-en.

_____. 2017d. "Tax Revenue (indicator)." doi: 10.1787/d98b8cf5-en.

OECD Statistics. http://stats.oecd.org/

Ohno, Kenichi. 2006. "The Economic Development of Japan: The Path Traveled by Japan as a Developing Country." GRIPS Development Forum.

Park, Kyung Suh. 2015. "The Corporate Governance of Korean Firms and Policy Issues." The Bell Conference(2015. 9).

Piketty, Thomas. 2014. *Capital in the Twenty-First Century.* Cambridge, MA.: The Belknap Press of Harvard University Press.

Reich, Robert B. 2015. *Saving Capitalism: for the Many, Not the Few.* New York: Alfred A. Knopf.

Sato, Kazuo. 1999. 「The Transformation of the Japanese Economy」, Armonk, NY.: M.E. Sharpe.

Thompson, Derek. 2016.6.19. "The Economic History of the Last 2,000 Years in 1 Little Graph." *The Atlantic.*

WID.world(World Wealth & Income Database). "Top 10% National Income Share." http://wid.world/share/#0/countriesmap/sptinc_p90p100_z/all/last/eu/k/p/ye arly/s/false/25.253500000000003/80/curve/false

Woo, Jung-en. 1991. *Race to the swift: State and Finance in Korean Industrialization.* New York: Columbia University Press.

World Values Survey. http://www.worldvaluessurvey.org/wvs/jsp

조윤제

서울대학교 무역학과를 졸업하고 스탠퍼드대학에서 경제학 박사학위를 받았다. 이후 세계은행, 국제통화기금(IMF)에서 이코노미스트로 약 10년간 근무하면서 주로 거시경제정책, 국제금융, 금융 개혁 문제를 다뤘다. 1993년에 귀국해 한국조세재정연구원 부원장, 부총리 겸 재정경제원장관 자문관을 지내면서 한국 경제의 문제점을 분석하고 구조 개혁을 위한 정책을 도입하는 데 애썼다. 1997년 봄 서강대학교로 자리를 옮겨 국제경제학, 국제금융론, 금융제도론, 한국경제론 등을 강의해왔다. 대학에서 강의하는 중에도 아시아개발은행, 세계은행, 국제통화기금, 중남미개발은행 등 국제기구의 자문 역할을 지속적으로 수행했다. 2003년부터 2년간 대통령 경제보좌관으로 청와대에서 전반적인 경제정책을 다루었으며, 2005년부터 3년간 주영국 특명전권대사로 일하면서 영국 정치, 사회를 깊이 들여다볼 기회를 가졌다. 2008년 서강대학교로 돌아온 이후 강의와 연구를 지속하는 한편, 세계은행과 중국 정부의 금융 개혁 방안에 대한 자문 역할 등을 해왔다. 2016년에는 문재인 당시 대통령 후보의 싱크탱크인 '정책공간 국민성장'의 소장을 맡았다. 2017년 서강대학교에서 정년퇴임하고 현재 서강대학교 명예교수 겸 KAIST 금융전문대학원 초빙교수로 있다.

그동안 국내외 학술지에 논문 70여 편을 발표했으며, 저서로는 *Lessons from Financial Liberalization in Asia: A Comparative Study* (공저, 1989), *Credit Policies and Industrialization of Korea: Lessons and Strategies* (공저, 1997), *Financial Repression Liberalization, Crisis and Restructuring: Lessons of Korea's Financial Sector Policy* (2002), 『한국의 권력구조와 경제정책』(2009, 문광부 우수학술도서 선정), 『제자리로 돌아가라』(2015), 『위기는 다시 온다』(2016), 『한국의 소득분배』(공저, 2016, 세종도서 학술부문 선정) 등이 있다.

생존의 경제학

한국 경제가 저성장의 바다를 건너기 위하여

ⓒ 조윤제, 2017

|---|---|
지은이	조윤제
펴낸이	김종수
펴낸곳	한울엠플러스(주)
편집	최규선

초판 1쇄 인쇄 2017년 9월 29일

초판 1쇄 발행 2017년 10월 16일

주소	10881 경기도 파주시 광인사길 153 한울시소빌딩 3층
전화	031-955-0655
팩스	031-955-0656
홈페이지	www.hanulmplus.kr
등록번호	제406-2015-000143호

Printed in Korea.

ISBN 978-89-460-6393-8 03300 (양장)

ISBN 978-89-460-6392-1 03300 (반양장)

※ 책값은 겉표지에 표시되어 있습니다.